AF509084

la cour de cassation ; ils doivent influer sur la
décision des contestations auxquels ils sont re-
latifs, jusqu'à ce qu'ils soient attaqués d'in-
constitutionnalité. (*)

Force et effet
de ses avis.

« La décision du conseil d'état, n'est pas
» une loi, *dit M le Proc. gén.*, mais une dé-
» cision solemnelle. »

« Sans doute, c'est une décision solemnelle
» et des plus solemnelles. Dire qu'elle n'est pas
» obligatoire pour la cour de cassation, c'est
» une erreur. En l'approuvant, le chef du
» gouvernement se la rend propre, la conver-
» tit en décret impérial. Qui oserait contester
» la force de cette autorité ? L'avis du conseil
» d'état a le pouvoir d'une loi ; tant qu'il n'a
» pas été deféré au sénat ; à plus forte raison
» quand il est approuvé par le chef du gou-
» vernement. »

« Un avis du conseil d'état, ne peut avoir
» d'effet rétroactif, il ne peut influer sur une
» contestation qui lui est antérieure. »

« Sans doute, la loi ne peut avoir d'effet ré-
» troactif ; mais un avis du conseil d'état n'est
» que déclaratif du sens de la loi : ce n'est pas
» faire une loi nouvelle, que de déclarer le
» sens de la loi qui existe déjà Il est de la na-
» ture des choses, que l'interprétation re-
» monte au temps de la loi même, n'étant
» autre chose que la loi clairement expliquée ;
» ainsi un avis du conseil d'état doit influer
» dans les contestations, comme s'il faisait
» partie de la loi qu'il explique. »

La cour de cassation, visant les lois qui la

(*) Suivant l'avis de M MERLIN, et l'opinion de la
cour de cassation, manifestée par ses prouoncés dans
le sens de M. le Procureur-général.

dirigent dans ses décisions , comprend les avis du conseil d'état, ce qui est conforme aux principes de M. le Procureur-général. (1)

CONSENTEMENT.

En fait d'adoptiou.
Avant le Code civil

1.º *Le CONSENTEMENT du père d'un enfant n'a point été nécessaire pour l'adoption de ce dernier , pendant l'intervalle qui a eu lieu entre la loi du 18 janvier 1792 , celle du 16 frimaire an VIII et le code civil.*

En vain, ferait-on valoir contre ce principe, que l'adoptant se serait déclaré père naturel de l'adopté , né d'une mère en puissance de mari; et dirait-on : sous aucune législation, ce père naturel n'aurait été admis à adopter cet enfant, du moins sans le consentement du père légitime de celui-ci; la raison et la morale publique s'élèvent contre une pareille adoption; et s'appuyerait-on des lois romaines citées au mot adoption. (*)

A ce que nous avons rapporté à l'article cité, on ajouterait avec succès : « par la loi du 16 » frimaire en III, la convention nationale, » a non seulement confirmé le principe dé- » crété le 18 janvier 1792 , mais a encore so- » lemnellement reconnu que des adoptions » avaient pu être faites depuis cette époque ; » et cette loi n'a également prescrit *ni formes ,*

---

(1) 30 *Pluv. an XIII.* Cass. MACMAHON. Voyez l'espèce aux mots *Absent,* nomb. 6, et *Divorce,* dans laquelle les principes ci-dessus ont reçu leur application.

(*) Au mot adoption , l'arrêt de la cour est daté 16 *Frimaire,* pour 16 *Fructidor an XII.* ERRATA.

» *ni conditions* pour la *validité* d'un acte d'a-
» doption. » (1)

2.° *Le* CONSENTEMENT *d'un accusé à ce que,
lors des débats, la partie plaignante soit entendue comme témoin, ne peut autoriser les
juges à le faire ainsi.*

Voyez aux mots *Accusés* et *Accusation*, p.
31 du second volume.

CONSIGNATION. (*)

1.° CONSIGNATION (une) *faite dans la juridiction du ci-devant châtelet de Paris, sans
l'autorisation du juge est nulle.*

En effet, « selon l'ancien usage du châtelet
» de Paris, une consignation n'etait valable,
» qu'autant que l'autorité du juge était in-
» tervenu : cet usage n'a été abrogé par au-
» cune loi postérieure. » (2) Voyez l'article

SUIVANT L'ANCIENNE LÉGISLATION.
Usage. Châtelet de Paris.

---

(1) 16 *Fruct. an XII.* Cass. BREDIN. Bul. de la Cour,
an 12, p. 428. —— Jour. des Aud. an 13, p. 8. — Jour.
du Pal. an 12, 2. s p. 228.

(*) *Consignation.* Consigner, mettre en dépôt une
somme d'argent, des billets ou des papiers; *RERUM
RES DEPOSITA.* La consignation se fait entre les mains des
officiers et receveurs à ce commis par la loi ou par la
justice. — La consignation a été soumise à diverses
formalités et a été autorisée pour divers cas depuis la
révolution française. — Il importe de connaître tous
les changemens auxquels elle a été soumise : car les
consignations n'ont point de terme fixe, elles peuvent
exister pendant un siècle comme pendant vingt-quatre
heures; ainsi nous donnerons les règles propres à la
consignation, d'après l'ancienne législation et d'après la
nouvelle ; chacune séparément.

(2) 30 *Flor. an X.* Cass. TIREL. Jour. du Pal. an 10,
2. s. p. 292. —— *Daté* 11 *Prair. an X.* Jur. an 10, p. 207.

1259 du code civil qui adopte le même principe.

D'où il suit, que les juges, en annullant celle qui aurait été faite sans cette autorisation, ne commettraient point d'excès de pouvoir : « car en se conformant à une jurispru-
» dence anciennement etablie ils ne viole-
» raient aucune loi. » (1)

Parlement de Pau.

2.º *CONSIGNATION (une) faite, dans le res-
sort du ci-devant Parlement de Pau, était régulière, lorsqu'elle était autorisée par jugement, quoique le créancier n'eût pas été mis en demeure d'y être présent.*

Car, « aucune loi en vigueur à l'époque dont
» il s'agit, n'exigait pour la validité des con-
» signations, que le débiteur y appellat le
» créancier qui avait réfusé ses offres réelles;
» il s'était établi dans les anciennes cours de
» justice une jurisprudence consacrée par
» les arrêts, à laquelle les nouvelles aurorités
» judiciaires ont dû se coeformer, soit jusqu'à
» l'époque de la publication du code civil,
» soit jusqu'à ce que le nouveau code judi-
» ciaire ait été publié : or, une consignation
» ayant été effectuée antérieurement au code
» civil, les juges en se conformant à la juris-
» prudence *du lieu* et à l'époque de la con-
» signation , mettaient leur décision à l'abri
» d'une critique fondée. » (2)

Suivant l'édit de 1771.

3.º *CONSIGNATION (la) du prix d'un im-*

---

(1) 12 *Fruct. an XI.* Rej. GIARD. Jour. du Pal. au 12,
1. s. p. 52. — Jour. des Aud. an 12, p. 93.

(2) 20 *Brum. an XIV.* Rej. LAURÉ *et* DARACQ. Jour.
u Pal. 1806, 1. s. p. 289.

meuble vendu sous l'empire de l'edit de 1771, ordonné par jugement, a pu être faite sans appeller les créanciers opposans au sceau des lettres de ratification.

Ordonnée par jugement.

Car, en principe, « la consignation, lors-
» qu'elle a dû avoir lieu, n'a pû ni dû être
» ordonnée contradictoirement qu'entre le
» vendeur et l'acquereur, les créanciers
» n'ayant à réclamer leur paiement que jus-
» qu'à concurrence de la vente »

« Si la somme consignée ne suffit pas pour
» y satisfaire, en ce cas, l'acquéreur qui a
» exposé son contrat au tableau des hypo-
» thèques n'a contracté d'autres obligations
» envers lesdits créanciers que celle de four-
» nir ce qui manquerait au conseing, pour
» completter le prix entier de la vente ,
» et ces derniers ne peuvent rien exiger de
» plus. » (1)

« Quoique, d'après les art. 7, 15 et 19 de
» l'édit de 1771, l'acquéreur soit comptable
» aux créanciers de la totalité du prix de la
» vente, lorsque les créances l'excèdent ou
» l'égalent, ce serait néanmoins les étendre et
» en faire par conséquent une fausse appli-
» cation, d'en induire que l'acquéreur ait été
» tenue de consigner la totalité du prix de
» son acquisition, soit lorsque le capital des
» créances était au dessous du prix, soit lors-
» que ce capital était inconnu ; »

Or, et « d'après ces principes, un acquéreur
» a été fondé, après avoir payé à son ven-
» deur une partie du prix de son acquisi-
» tion, à faire des offres réelles du surplus

---

(1) 18 *Germ. an XIII.* Rej. FREBOURG. Jour. des Aud.
an 13, S. p. 119. —— Jur. an 13, S. p. 139.

» du prix aux créanciers opposans, dès qu'ils
» n'avaient point fait connaître le montant
» de leurs créances; »

« Si l'acquéreur avait fait des offres de
» parfaire la totalité du prix en cas de né-
» cessité, le droit des créanciers se réduisait
» à exercer contre lui une action pour l'ob-
» liger à payer ce supplément, en justifiant
» de l'insuffisance des premiers offres relati-
» vement à leurs créances; mais ils n'avaient
» pas par conséquent le droit de demander la
» nullité de ses offres et de la consignation qui
» en aurait été la suite, dans un temps où
» le montant des créances n'était pas connu. »
(1)

En fait de retrait.
Coutume de Normandie.

4.º *CONSIGNATION (la) était, aux termes de la coutume de Normandie, indispensable à faire le même jour qu'une action en retrait était intentée :* même pour le retrait d'un droit de retrait.

En vain dirait-on contre cette régle : que la disposition de l'article 503 de la coutume de Normandie établissait en matière de con-signation un droit exorbitant, qui devait être réduit au cas prévu de vente *d'immeubles réels ;* que le droit exorbitant ne peut rece-voir d'étendue par force d'analogie, et le cas *de retrait d'un droit de retrait* n'étant pas littéralement prévu, il doit être soumis au droit commun.

On répondrait: « dans l'espèce, le retrayant
» devait faire sa consignation le jour même
» de ses offres; s'il ne les a fait que *cinq mois*

---

(1) 17 *Niv. an VII.* Cass. COLLET. Jur. notice, p. 192.

» *après* elle était tardive, et les juges en la
» déclarant valable, auraient violé ou viole-
» raient directement la disposition dudit ar-
» ticle 503 de la coutume de Normandie. » (1)

5.° CONSIGNATION (*la*), *autorisée par les ar-*
ticles 1 *et* 2 *de la loi du 6 messidor an III, a*
pu être faite par tous débiteurs de billets à
ordre, « *faute par le porteur de s'être pré-*
» *senté à l'échéance pour en recevoir le mon-*
» *tant.* »

  « En faisant cette consignation, le débiteur
» s'est conformé aux dispositions de cette loi,
» lorsque l'acte de consignation rappelle la
» date des billets, leur échéance et le nom de
» leur porteur originaire ; ce qui établit une
» identité parfaite entre les billets dont il
» peut être question, et ceux énoncés dans
» l'acte de consignation. »

  « La loi ne distingue pas, ponr cette con-
» signation, entre les effets de négociant à
» négociant, et ceux qui ne le sont pas, puis-
» qu'elle autorise à faire cette consignation
» à tout porteur d'effets négociables. » (2)

Aux termes de la loi du 6 messid. an III. Billets.

6.° CONSIGNATION (*la*) *dont il s'agit, a pu*
être valablement faite par un tiers au nom
du débiteur.

Parce que « l'article 1.ᵉʳ de la susdite loi de
» messidor an III, ne restreint pas au seul
» signataire ou débiteur, la faculté de rem-
» bourser l'effet de commerce échu. » (3)

Idem, faite par un tiers.

<hr>

(1) 23 *Frim. an* XI. Cass. GERICAUT. Jur. an 11, p. 158.

(2) 12 *Messid. an* IX. Cass. ROGER. Jour. du Pal. an
10, 1. s. p. 45. —— Bul. de la Cour, an 9, p. 250.

(3) 13 *Germ. an* X. Cass. ROGER. Jour. du Pal. an
10, 2. s. p. 209. — Bul. de la Cour, an 10, p. 275.

7.º *Consignation* (la) *aux termes de la susdite loi de floréal an III a pu être remplacée par la remise des fonds, par le débiteur, au lieu indiqué dans un billet à ordre.*

Par exemple : si en vendemiaire de l'an III, j'ai souscrit au profit de A. . . un effet payable en l'an IV à Paris chez B. . . ; la circonstance que mon billet serait parvenu à C. . . par la voie des endossemens, n'aurait rien changé à l'indication *du lieu* pour le paiement de mon billet ; et tout ce qui pouvait être exigé de moi était d'en verser le montant *en ce lieu* pour le jour du paiement.

En effet « suivant les dispositions de l'or-
» donnance de 1673, le débiteur d'un effet
» négociable souscrit sous l'obligation d'en
» faire remettre les fonds dans un lieu indi-
» qué, a rempli son engagement en y faisant
» cette remise avant l'échéance de l'effet ; »
Si « l'art. 3 de la loi du 6 thermidor an III,
» a introduit en faveur du débiteur d'effets
» négociables un nouveau mode de libéra-
» tion, elle ne lui a pas interdit ceux que
» lui présentaient les lois antérieures qui n'ont
» point été abrogées par celle-ci, qui n'était
» que facultative dans sa disposition. »
« D'où il suit qu'en décidant que je ne pou-
» vais me libérer *à défaut de paiement à C...*
» que suivant le mode *de consignation* auto-
» risé par l'article 1er de la susdite loi de
» thermidor, les juges feraient une fausse
» application de cet article, et par suite vio-
» leraient les articles 31 et 32 du titre 5 de
» l'ordonnance de 1673, qui devraient leur
» servir de règle. » (1)

____

(1) 4 *Frim. an VIII.* Cass. BLANQUART. Jur. notice, p. 266.

8.º

8.º *Consignations (les) pour raison de Rap-*
port d'héritiers ne peuvent avoir lieu avant
le partage des droits successifs.

C'est-à-dire que si j'ai été admis, en l'an III,
au partage d'une succession à charge de rapporter préalablement 6000 francs, que ma
mère aurait reçus en dot avant le papier monnaie ; les offres réelles et la consignation de
la somme de 7000 francs, par moi faites en
prairial an III, avant le partage, à laquelle
j'aurais fixé en assignats la somme de 6000
francs de dot et les intérêts à rapporter ; ne
pourraient être déclarées valables sans une violation formelle des lois relatives aux remboursemens, et notamment du décret du 1.ᵉʳ
fructidor an III, qui porte : *un remboursement*
est consommé, lorsque le débiteur s'est déssaisi
par la consignation.

En effet, d'après les lois sur les partages et
» les rapports, l'obligation de rapporter et la
» fixation des rapports ne derivent que de
» la liquidation des droits de chacun des hé-
» ritiers. »

« D'où il suit que les juges, en autorisant
» mes dites offres et consignation, feraient
» une fausse application des lois relatives aux
» remboursemens des dettes et obligations
» formées, et notamment du décret du 1.ᵉʳ
» fructidor an III. » (1)

9.º *Consignation (la) effectuée par suite*
des offres d'un remboursement, antérieurement
à la loi du 12 frimaire an IV, en vertu d'un juge-
ment provisoire et dont il y a appel, est nulle

Successions.
Rapport
d'héritiers.

Antérieure-
ment à la loi
du 12 frimaire
an IV.

---

(1) 18 *Prair. an VII.* Cass. Montaxier. Jur. notice,
p. 217.

par l'effet de la suspension des remboursemens prononcé par cette loi.

En effet, « la consignation dont il s'agit,
» n'ayant été faite que provisoirement et en
» vertu d'un jugement dont il y aurait appel :
» d'après la disposition de la loi du 12 frimaire
» an IV , portant que *tout créancier qui se*
» *croira lésé par le paiement ou rembourse-*
» *ment qui lui sera offert* , *sera libre de le re-*
» *fuser ;* celle de l'article 2, portant que *toute*
» *procédure commencée à raison du refus de*
» *recevoir les paiemens ou remboursemens*
» *désignés dans l'article précédent* , *demeure*
» *suspendue;* les juges se conformeraient à la
» loi en déclarant nulle et comme non ave-
» nue , une consignation qui aurait donné
» lieu à une instance non encore terminée à
» l'époque où la loi de la suspension fut pro-
» clamée. » (1)

En vertu de la loi du 6 ther- an III.

10.° Mais : *la CONSIGNATION faite, en vertu de la loi du 6 thermidor an III , antérieure- ment à la publication de la loi du 12 frimaire an IV est valable.*

La raison de la différence , dans ces deux espèces , existe dans la circonstance, que dans la première , la consignation est censée faite provisoirement , en vertu d'un jugement ; tandis que dans la présente espèce , elle est censée faite en vertu de la loi.

Or , « s'il n'y a pas eu de publication légale
» de la loi du 12 frimaire an IV , lors de la
» consignation , la conséquence est qu'elle
» doit être appréciée d'après la loi du 6 ther-

---

(1) 15 *Brum. an XIII.* Rej. Sɪᴄᴀʀᴛ. Jour. des Aud. an
15, p. 99.

» midor an III; d'où il suit qu'il y aurait con-
» travention à cette loi, » dans le jugement
» qui aurait annullé la consignation sous le
pretexte qu'elle n'aurait point été précédée
d'offres réelles non exigées par la susdite loi
de thermidor an III. (1) Voyez *Bordereau*,
Caution, nomb. 1.º, deuxième volume, page
338.

11.º *Consignation (une) faite en vertu d'un jugement qui a validé des offres réelles, et autorisé le débiteur à en consigner le montant, n'est pas nulle pour n'avoir pas été précédée de nouvelles offres.*

De la forme des consignations.

Lois romaines.

« Aux termes de la loi 9, cod. DE SOLUTIONI-
» BUS, il suffit pour la régularité de la con-
» signation d'une somme régulièrement of-
» ferte, qu'elle ait été effectuée dans les mains
» d'un dépositaire public : » (dans l'espèce
un receveur de l'enregistrement)

D'ailleurs, « lorsque le jugement qui auto-
» risait à consigner, n'imposait pas *au debi-*
» *teur* l'obligation de réitérer ses offres; les
» juges, en déclarant la consignation nulle,
» sous le motif que *ce débiteur* était obligé de
» faire de nouvelles offres dans l'intervalle
» dudit jugement à la consignation, auraient
» créé une nullité qui n'existe pas, et par con-
» séquent commis un excès de pouvoir. » (2)

12.º *Consignation (le délai de trois jours indiqué pour la) des sommes dues par billet*

Du délai dans

---

(1) 13 *Brum. an X.* Cass. PENNE. Jur. an 1c, p. 111.
(2) 16 *Vent. an XI.* Cass. JULIEN. Jour. du Pal. an 11,
2. s. p. 129. —— Bul. de la Cour, an 11, p. 190. —— Jur.
an 11, 249.

lequelle elle a été faite.

à ordre, aux termes de la loi du 6 thermidor an III, n'était point de rigueur : c'est-à-dire, qu'une consignation faite après les trois jours n'en était pas moins valable.

Parce que « si cette loi veut que le débiteur » d'un billet de commerce ne puisse consi- » gner immédiatement qu'après les trois jours, » elle n'oblige point ce débiteur à consigner » immédiatement après les trois jours, elle » lui laisse par conséquent la faculté de » consigner postérieurement même au délai » de trois jours. » (1)

Lorsqu'elles sont forcées.

13.º « *Les formalités requises pour la va-* » *lidité des conseings, ne sont nécessaires que* » *lorsqu'il s'agit des consignations volontai-* » *res, et elles ne sont nullement applicables* » *à l'hypothèse d'un conseing forcé.* »

« En le décidant ainsi, les juges se confor- » meraient exactement à la disposition tex- » tuelle des articles 4 et 5 de la déclaration » du 5 septembre 1783, interprétative de l'édit » de 1771. » (2)

En fait de pourvoi en CASSATION. Amende.

14.º CONSIGNATION (*la*) *d'amende de là part de ceux qui se pourvoient en cassation doit être ;* savoir,

Pour ceux, « qui se sont pourvus en cassa- » tion contre un jugement rendu contradic- » toirement; l'amende à consigner par chaque » partie qui se pourvoit contre un tel juge- » ment doit être de 150 francs. »

---

(1) 3 *Brum. an VIII.* Cass. MORREAU. Jur. notice, p. 252.

(2) 18 *Germ. an XIII.* Rej. FREBOURG. Jour. des Aud. an 13, S, p. 119. —— Jur. an 13, S. p. 139.

La circonstance que le pourvoi serait exercé par plusieurs frères ne les dispenserait pas de la consignation particulière; « lorsque leurs » prétentions sont absolument distinctes et » séparées les unes des autres ; lorsque chacun » d'eux demande la cassation du jugement » attaqué dans son intérêt particulier . . . ; » ils doivent, pour se pourvoir en cassation , » consigner chacun une amende de 150 francs, » et s'il ne le font pas , leur requête ne doit pas » être reçue , selon l'article 6 du titre 4 de la » première partie du réglement de 1738. » (1)

Mais « s'il s'agissait de la qualité d'héri- » tier , qui leur serait contestée , et à l'éta- » blissement de laquelle ils auraient le même » intérêt ; alors , étant tous parties dans le » jugement attaqué , ils pourraient se pourvoir » conjointement , et ne seraient tenus qu'à » la consignation d'une seule amende. » (2)

Enfin , « si les parties n'accompagnent leur » pourvoi ni d'un certificat de consignation » d'amende, ni d'un certificat constatant leur » indigence, la cour les déclare non-recevables » et les condamne à 150 fr. d'amende. » (3)

CONSTITUTION. (*)

1.º *CONSTITUTION (la) de dot , pour être gé-nérale , n'a pas besoin d'être exprimée en ter-*

DE DOT.
Lois romaines.

---

(1) 1.ᵉʳ *Brum. an XIII.* Rej. MICHEL *et consorts.* Jour. des Aud. an 13, S. p. 50.

(2) 2 *Vent. an XII.* Cass. REUSSE. Jour. des Aud. an 13, S. p. 1.ʳᵉ

(3) 18 *Germ. an X.* Cass. d'office. Bul. de la Cour, an 10, part. crim. p. 29.

(*) *Constitution;* Ce mot a diverses acceptions: c'est la

*mes exprès : on peut l'induire des termes gé-
néraux insérés dans l'acte.*

*Espèce.
Copie de
l'acte.*

Par exemple, si mon épouse s'est elle-même
constituée en dot la somme de . . . du légat de
feu son père. pour l'exaction et recouvrement
de laquelle somme, *ensemble de tous les droits
qui pourraient lui obvenir,* si elle m'a fait et
constitué son procureur général et spécial, et
à jamais irrévocable : . . . et que j'ai promis de
reconnaître à ma dite épouse tout ce que j'aurais exigé de *sa dot et droits,* sur tous mes
biens présens et à venir, et de la restituer à
qui de droit.

« En décidant que la clause ou stipulation
» dotale, dont s'agit, contient une constitu-
» tion générale de dot de tous les biens pré-
» sent et à venir, et en concluant que *ma
» femme* et *moi* n'avons pu aliéner les biens
» même échus à la première, depuis l'époque
» de la stipulation, sans le consentement res-
» pectif l'un de l'autre. les juges ne viole-
» raient pas la loi romaine *DE JURE DOTIUM.* »
(1) Voyez *Dot.*

*Portant inté-
rêts, oblige
le dotateur à
payer lesdits
intérêts.*

2.º « *CONSTITUTION (la) d'une dot portant
» intérêts ou fruits par sa nature,* (*) *celui
» qui l'a constituée en doit payer les intérêts
» du jour de la constitution;* »

loi générale qui règle ce qui est de droit public; elle
établit la juridiction des magistrats, etc.

En jurisprudence, c'est la création d'une *rente,* d'une
servitude sur son héritage, d'une *dot*; voyez ces mots.
En terme de pratique, c'est l'acte par lequel on fait choix
d'un avoué, d'un procureur fondé.

(1) 11 *Flor. an XI·* Rej. *A· DIBERT.* Jur. an 11, p. 264.

(*) C'est à dire, qu'il n'est pas besoin que les intérêts
aient été stipulés.

« Sans distinguer si la loi l'obligeoit à faire
» une telle constitution, ou si il l'a consentie vo-
» lontairement, par pure générosité, et alors
» qu'il n'y était pas tenu. » (1)

3.º *CONSTITUTIONS (les) de rentes « ne sont* **DE RENTES.**
» *point expressement assujetties à l'approba-* Déclaration
» *tion de la somme qui y est exprimee, et* de 1733.
» *exigée par la déclaration de 1733.* » (2)

Voyez *Approbation*, nomb. 5. et observez
qu'en cet article la constitution n'est présentée
comme assujettie à la formalité dont il s'agit,
que comme étant contenue dans un *simple
billet*. Voyez au mot *Rente*, la distinction qui
y est établie relativement aux rentes véritablement constituées; et remarquez, que le 17
thermidor, la cour a décidé qu'il n'y avait
point eu violation de la loi dans le jugement
qui avait déclaré ce billet constitutif d'une
rente assujetti à la formalité de l'approbation;
et que le 13 fructidor an II la cour a seulement déclaré que les constitutions de rente
n'étaient point expressement comprises dans
la déclaration de 1733 : ce qui, à notre sens,
n'est point décider la question; mais seulement que dans le premier cas comme dans
le second, les juges n'ont point violé ladite
déclaration.

CONTESTATION, (sur le mot) qui doit
s'entendre de procès et contestation en cause;

---

(1) 2 *Niv. an XIV*. Rej. MATHON. Jour. des Aud. an
14 et 1806, p. 106.

(2) 13 *Fruct. an XI*. Rej. FLAMELLE. Jour. du Pal.
an 12, Coll. p. 120.

voyez le *Traité de compétence*, les mots indicatifs des matières qui produisent les contestations, et *le code de procédure*.

CONTRAINTE, *à Paiement*.

En matière de DOMAINES. 1.° *CONTRAINTES (sur les)* décernées par les receveurs de l'enregistrement et des domaines, voyez les mots *Domaines* et *Enregistrement*.

En matière de CONTRIBUTIONS. 2.° *CONTRAINTE (la)* decernée contre un contribuable pour le paiement de son droit de patente n'est en aucun façon soumise à l'autorité judiciaire.

C'est à-dire, que les tribunaux ne peuvent point annuller une semblable contrainte sous le prétexte qu'elle n'aurait point été visée par le Président du tribunal du ressort.

Car, « leur jugement, dans l'espèce, con
» tiendrait une double contravention à la loi
» 1.° en appliquant à une contrainte pour pa
» tente *l'article 4 de la loi du 12 septembre*,
» qui n'y a aucun rapport; 2.° en déclarant
» cette contrainte nulle par défaut d'un visa
» que la loi des patentes n'exige pas. » (1)

3.° *Enfin, ils ne peuvent connaître des oppositions aux mêmes contraintes, ni des comptes pouvant devenir nécessaires en matière de contribution :*

Par exemple, si le contribuable a porté son opposition à la contrainte devant l'autorité administrative pour faire ordonner que compte serait fait sur les rôles et bordereaux ; si le re-

______

(1) 12 *Fruct. an XI.* Cass. *Règie de l'enregist.* Bul. de la Cour an 11, p. 401.

ceveur à fait citer le contribuable, avec énonciation dans la citation qu'il entend décliner l'autorité administrative, et pour voir dire, qu'il sera débouté de son opposition, et que les contraintes auront leur effet jusqu'à l'entier paiement des sommes dues :

« L'opposition formée par *le contribuable*
» aux contraintes décernés contre lui, ayant
» été portée devant l'autorité administrative,
» une semblable réclamation ne peut être
» évoquée sous aucun prrétexte devant les
» tribunaux; et le déclinatoire *du percepteur*,
» énoncé dans la citation, et dirigé contre
» l'autorité administrative, ne peut être non
» plus dans leurs attributions, et en est for-
» mellement exclut. » (1).

CONTRAINTE, *par Corps.*

1.º *La* CONTRAINTE PAR CORPS *peut être* En matière de *exercée, en vertu d'un titre antérieur à la loi* COMMERCE. *du 9 mars* 1793.

En vain dirait-on : la loi du 9 mars 1793 abolit l'exercice de la contrainte par corps. en vertu de titres, soit postérieurs, soit même antérieurs ; en conséquence, elle statue que tous prisonniers pour dette seront élargis.

Cette loi est rapportée par l'article 1.er de celle du 24 ventôse an V; cette dernière maintient l'abolition de la contrainte par corps, non seulement à l'égard des titres constitués, dans l'intervalle du 9 mars au 24 ventôse,

____

(1) 29 *Therm. an XI.* Cass. *BAUZON.* Bul de la Cour, an 11, p. 390. — Voyez au *Traité de compétence*, p. 55. nombres 55 et suivans.

mais encore à l'égard des titres constitués dans le temps antérieur au 9 mars 1793;

La loi du 15 germinal an VI, qui a pour objet de préciser les cas auxquels doit être appliqué le principe de la contrainte par corps, est relative au temps qui suivra la loi, et ne peut être appliquée au temps antérieur à l'abolition de ladite contrainte;

La contrainte par corps ne peut être maintenue qu'en vertu d'une loi vivante; or, si les lois existantes au moment d'une obligation et prononçant la contrainte par corps, ont cessé d'exister par son abrogation, la contrainte par corps ne peut être accordée qu'en donnant à la loi du 15 germinal un effet rétroactif au jour de cette obligation, ce qui est impraticable.

A cette logique, qui a eu pour partisans des hommes recommandables par leurs lumières, on répondrait:

« La loi du 9 mars 1793 n'a fait que suspen-
» dre l'exercice de la contrainte par corps;
» cette suspension a été levée par les lois des
» 24 ventôse an V, et 15 germinal an VI; »
(1) « ainsi lorsque les obligations dont il s'agit,
» ont été souscrites antérieurement à la loi
» du 9 mars 1793, et sous la garantie de la
» contrainte par corps; cette contrainte doit
» être prononcée. » (2)

« D'où il suit que les juges peuvent, sans
» contrevenir à aucune loi, prononcer, de-
» puis la promulgation de celle du 24 ventôse

______

(1) 11 *Prair. an XI.* Rej. *Wolff.* Jour. du Pal. an 11, 2. s. p. 305.

(2) 21 *Germ. an X.* Rej... Jour. du Pal. an 10, 2. s. p. 468..

» an V , que *les créanciers* sont rentrés dans
» la plénitude de leurs droits, et de leurs
» engagemens primitifs, dont (dans l'espèce)
» la contrainte par corps est un accessoire
» légal. » (1)

2.º « *Les négocians et marchands qui signent*
» *des billets pour valeur* REÇUE COMPTANT,
» *sont par cela même. . . sujets à la contrainte*
» *par corps.* »
Voyez au *Traité de compétence*, pag. 87,
nomb. 84, et le mot *Billets.*
  Mais, *lorsqu'il s'agit de billets qualifiés lettres*
« *de change*, pour que ces effets soient consi-
» dérés comme tels, et pour que les tireurs
» et accepteurs soient soumis à la contrainte
» par corps, il faut qu'il y ait remise de place
» en place. » (2) Voyez *Lettres de change.*

3.º *La* CONTRAINTE PAR CORPS *à lieu entre* En matière de
sociétaires pour raison de reliquat de compte,   SOCIÉTÉ.
contre le co-associé débiteur ou reliquataire.
  En effet, « il est de principe parmi nous,
» qu'en matière de société, la contrainte par
» corps doit avoir lieu, ce qui n'était pas
» dans les sociétés du droit romain. » (3)
  « La loi du 15 germinal an VI n'excepte   Dommages
» point les associés de la contrainte par corps   intérêts.
» entre négocians pour affaires de leur com-
» merce; cette contrainte étant autorisée pour
» le capital, elle l'est à plus forte raison pour
» les dommages-intérêts, qui, outre leur qua-

____

(1) 4 *Niv. an* IX. Rej. PETIT. Jur an 9, p. 382.
(2) 2 *Vend. an* X, Rej. FEESCV. Jur. an 10, p. 74.
(3) 25 *Prair. an* X. Rej. MAGNET *et* BELFORT. Jour.
du Pal. an 10, 2. s. p. 353. —— Jur an 10, p. 321.

» lité d'accessoire qui les soumet par consé-
» quent au même mode d'exécution que le
» capital, supposent encore une injustice par-
» ticulière à réparer et sont considérés comme
» une peine judiciaire infligée aux témérai-
» res plaideurs, et dont il est nécessaire d'as-
» surer l'exécution . . . . par la terreur des
» peines et par la sévérité de leur exécu-
» tion. » (1) Voyez *Dommages-intérêts.*

Exception à la règle précédente.

4.° *La* **CONTRAINTE** *PAR CORPS est faculta-*
tive, lorsqu'il s'agit de dommages intérêts re-
sultant de traités antérieurs à la loi du 15
germinal an VI.

« Il faut distinguer, *avec M.* MERLIN, dans
» les lois relatives à la contrainte par corps,
» les dispositions qui ordonnent de celles qui
» permettent aux juges de la prononcer . . . ,
» selon l'importance de la matière. le carac-
» tère des individus, et la gravité des circons-
» tances. »

« La loi du 15 germinal an VI ordonne la
» contrainte par corps de marchand à mar-
» chand, pour fait de marchandises dont ils
» se mêlent respectivement; mais la loi du 15
» germinal est sans application, lorsque le
» traité dont il s'agit, est de date antérieure
» à sa publication, » (c'est-à-dire postérieure
à la loi de ventôse an V, mais antérieure à
celle de germinal.)

Dans ce cas « les lois de l'espèce sont celles
» qu'à remises en vigueur la loi du 24 ven-
» tôse an V, c'est-à dire, l'ordonnance de
» 1667 et l'ordonnance de 1673. »

---

(1)24 *Vend. an XII* Rej. *Darmentier.* Jour. du Pal.
an 12, 2. s. p. 42. — *Daté* 24 *Brum.* Jour. des Aud. an
12, p. 165. — Jur. an 12, p. 129.

« Or, l'ordonnance de 1667, tit. 31, art. 4
» admet bien la contrainte par corps...; mais
» elle ne l'admet pas d'une manière impéra-
» tive; elle dit seulement ne pas la défendre. »

« Quant à l'ordonnance de 1673, tit. 7, elle
» ordonne bien la contrainte par corps pour
» l'exécution du commerce maritime; mais
» elle ne fait que la permettre pour l'exécu-
» tion du commerce continental. »

« Donc, les lois en vigueur à l'époque
» dont il s'agit, n'étaient pas impératives de
» la contrainte par corps: donc en ne la pro-
» nonçant pas, il n'aurait point été contre-
» venu aux lois de la matière. »

Dans l'espèce, la cour a décidé, « qu'au-
» cune loi n'ordonne la contrainte par corps
» pour raison de dommages-intérêts en ma-
» tière de commerce. » (1)

5.º *CONTRAINTE PAR CORPS (l'exemption de* L'exemption
la ; peut toujours être proposée, même en cas- peut toujours
sation, lorsqu'elle n'aurait point été proposée être proposée.
devant les juges de la matière.

C'est-à-dire que, si je suis condamné par
corps, comme notaire, au paiement d'un billet qui aurait passé en différentes mains, je
peux attaquer ce jugement par la voie de la
cassation encore que je n'aurais point proposé
mon exemption devant les juges de commerce.

En vain mon adversaire dirait-il, devant
la cour suprême; que n'ayant point proposé
mon exemption, et étant porteur d'un effet
de commerce par moi souscrit, les juges au-

---

(1) 12 *Therm. an IX.* Rej. *La compagnie de France.*
Jur. an 10, p. 9.

raient eu juste raison de penser que je me livrais à des spéculations de commerce.

On lui répondrait : « d'après l'article 1.er
» du titre 2 de la loi du 15 germinal an VI,
» la contrainte par corps n'est autorisé dans
» le cas de billets à ordre, qu'autant que l'ac-
» tion relative à ces billets est dirigée contre
» un marchand ou négociant; »

Et que, dans l'espèce. « le jugement qui
» me condamnerait comme notaire, à faire
» le remboursement du billet à ordre dont il.
» s'agit, étant rendu contre un particulier
» non marchand ni négociant; il s'ensuivrait
» qu'en me condamnant consulairement et
» par corps à faire ce remboursement, les
» juges auraient violé la disposition de l'ar-
» ticle ci-dessus, ce qui dispenserait d'exa-
» miner les autres moyens que j'aurais pro-
» posés contre ce jugement. » (1)

En matière de **DOUANES.** 6.º *La* CONTRAINTE PAR CORPS *en matière de douanes est réglée par les lois particulières de la matière.*

En effet, « la loi du 9 mars 1793, portant abo-
» lition de la contrainte par corps, en matière
» civile et de commerce. n'avait point dé-
» rogé aux règles établies par celle du mois
» d'août 1791, concernant les douanes na-
» tionales; »

» Et la loi du 15 germinal an VI n'ayant
» point abrogé les réglemens particuliers, re-
» latifs à l'administration des douanes, elle
» n'a pu avoir son effet que pour les cas,
» qu'elle a prévus nominativement. »

---

(1) 20 *Flor. an XI.* Cass. *PÉAN DE St.-GILLES.* Bul. de la Cour an 11 , p. 247. —— Jour. du Pal. an 11 , 2 s. p. 343.

« D'où il suit qu'il y aurait fausse applica-
» tion , soit de la loi du 9 mars 1793 . soit de
» celle du 15 germinal an VI , dans le juge-
» ment qui prononcerait que la contrainte par
» corps autorisée par la loi d'août 1791 , est
» astreinte dans son ·exercice aux formalités
» prescrites par la loi du 15 germinal. » (1)

7.º *La* CONTRAINTE PAR CORPS *a lieu en matière correctionnelle pour le remboursement des frais de poursuite dûs au trésor public , par suite d'une condamnation à une peine quelconque.*

EN MATIÈRE
CORRECTION-
NELLE.
Frais de poursuite.

« En matière de police correctionnelle , les
» *dommages-intérêts* , ainsi que la *restitution*
» et les *amendes* , emportent la contrainte par
» corps. »
Voyez au *Traité de compétence* , pag. 142 ,
nomb. 39.

CONTRARIÉTÉ *de jugement.* (*)

CONTRARLÉTÉ *(pour qu'il y ait) il faut que les deux décisions attaquées soient inconciliables.*

Par exemple , s'il s'àgit d'une donation attaquée par les héritiers du donateur ;
Si la première disposition d'un jugement

---

(1) 14 *Vend. an XI.* Cass. . . . , Jour. du Pal. an 12,
Coll. p. 254. —— Jur. an 11, p. 151.

(*) On sait que la contrariété de jugement consiste
en deux décisions en dernier ressort, rendues entre les
mêmes parties, sur le même fait, par des tribunaux différens, ou par différentes sections d'un même tribunal, et
contenant des dispositions inconciliables; c'est un moyen
de requête civile; article 408 du code de procédure.

« donne acte à *un des héritiers* de sa décla-
» ration qu'il n'entend point contester ladite
» donation, et le mette en conséquence hors
» de cause; »

Si la seconde disposition de ce jugement,
« ordonne que les biens compris en la dona-
» tion qu'il annulle. seront également partagés
» entre tous les heritiers; »

*Ces deux dispositions n'impliquent point con-
trariété, elles ne sont pas inconciliables, et le
donataire serait non-recevable à les attaquer
comme contenant contrariété*

En effet, « cette déclaration ayant été faite
» dans l'intérêt du *donataire* et à son profit
» seulement, la disposition du jugement même
» qui ordonne que les biens compris en la
» donation annullée seront partagés égale-
» ment entre tous les héritiers, ne renferme
» aucune contrariété avec la précédente; at-
» tendu que *l'héritier* ne pouvant recueillir
» sa portion d'après sa déclaration, et sa mise
» hors de cause il résulte de cette disposition,
» si non explicitement. au moins d'une ma-
» nière évidemment implicite, que le *dona-
» taire* sera autorisé lors du rapport desdits
» biens à la masse de la succession, à retirer
» la portion qui aurait appartenu audit *hé-
» ritier* sans l'événement de sa déclaration. »
(1)

Voyez la savante dissertation. de *M. le Substitut LAMARQUE.* sur cette matière. dans son
plaidoïer rapporté avec l'arrêt ci-dessus extrait dans le même recueil.

---

(1) 2 et 3 *Pluv. an XI.* Après délibéré. Rej. **BERULLE.**
Jur. an 12, p. 134 à 144.

Par

Par autre exemple, dans la même espèce ; si mon oncle chanoine, possesseur d'une maison appartenant au chapitre, qui la vendait à vie aux chanoines, lesquels avaient, dans certaines circonstances, le droit de la vendre à d'autres chanoines, à leur profit, et avec l'autorisation du chapitre, si, dis je, mon oncle a vendu sa maison à B... et m'a institué héritier, avec le droit d'en toucher le prix ; si B., aussi chanoine a signifié au chapitre l'abandon de sa propre maison, et que le chapitre ayant attaqué l'acte d'abandonnement, les juges, sans s'arrêter à cet acte, ayent annullé la vente faite par mon oncle, en me condamnant à garantir B... des condamnations contre lui prononcées, et, en outre au remboursement des frais d'acquisition et aux dépens ; ce jugement ayant été exécuté,

On ne pourrait dire qu'il y aurait contrariété entre la première disposition de ce jugement et la seconde, à cause qu'elle me rendrait responsable d'une éviction causée par le fait de B..;

En vain dirair-on que cette seconde disposition choque également la raison et les principes, et est en contradiction manifeste avec la première ; et s'en ferait-on un moyen de requête civile :

Car, en principe, « il n'y a de contrariété » entre les dispositions d'un jugement, que » lorsque ces dispositions se détruisent réci- » proquement, en telle sorte qu'elles ne puis- » sent être toutes exécutées ; »

Or, « dans dans l'espèce, la contrariété qui » serait relevée dans le jugement ne tom- » bant que sur les motifs supposés à ce jugement, » et nullement sur ses dispositions, puisque

» chacune de celles-ci serait susceptible de
» recevoir et aurait en effet reçu son exécu-
» tion . il s'en suivrait que les juges auraient
» appliqué faussement l'article 34 du titre
» 35 , et violé l'art. 5 tit. 27 de l'ordonnance de
» 1667 , en admettant la requête civile pré-
» sentée contre ce jugement. » (1)

CONTRAT. (*)

Règles générales.

1.° CONTRAT (*la loi du*) *est violée , lorsque les juges transportent une obligation d'un cas à un autre.*

Par exemple, si j'ai contracté l'engagement de payer à *Paul* une rente viagère de 1000 fr. avec cette condition , *tant que je jouirai de là place de Major de la citadelle de Strasbourg ;* cette place ayant été supprimée : les circonstances que j'aurais obtenu une pension de retraite , et que j'aurais repris du service ; ne pourrait autoriser *Paul* à exiger que, nonobstant la suppression de la place de Major de la citadelle de Strasbourg , je lui continue la pension de 1000 fr.

En effet « la rente annuelle et viagère de
» 1000 fr. , ne devant être payée, aux termes

Contrat: dans le droit français, c'est toute convention faite entre deux ou plusieurs personnes, lesquelles s'obligent toutes l'une envers l'autre : PACTUM , PAC-TION , CONVENTUM , CONVENTIO , CONTRACTUS , disent ordinairement les jurisconsultes. C'est un instrument écrit qui sert de preuve de la volonté des parties; contrats de *mariage*, voyez *Mariage*; contrat de direction, voyez *Abandonnement ;* d'union, voyez *Union , Attermoiement,* ainsi de suite pour tous les mots indicatifs des diverses espèces de contrats.

(1) 4 Germ. an XIII. Cass. BASTEROT. Bul. de la Cour, an 13, p. 252.

» du contrat, qu'autant que je jouirai de la
» place de Major de la citadelle de Strasbourg;
» cette place ayant été supprimée, et n'y
» ayant été rien réglé par le contrat pour le
» cas où j'obtiendrai une pension de re-
» traite; les juges auraient transporté mon
» obligation d'un cas à un autre, et trans-
» formé une dette conditionelle en une det-
» te pure et simple. *en me condamnant à*
» *payer et continuer la rente de* 1000 *fr.* ce qui
» serait une violation des conventions et des
» lois sur les contrats, et de la loi 7 ,§ 7 , *DE*
» *PACTIS*, au digeste : *AIT PRÆTOR, PACTA*
» *CONVENTA SERVABO.* » (2)

2.º *CONTRAT (la violation de la loi du) donne
ouverture à cassation.*

Voyez au mot *Cassation*, 2.ᵉ vol. pag. 352,
nomb. 2.º et suivant.

3.º *CONTRAT* pignoratif *(le) doit être apprécié, depuis les lois qui permettent le prêt à
intérêt, autrement qu'il ne l'était sous l'empire
des lois contre l'usure.*

C'est-à-dire que la vente faite, par un débiteur a son créancier, en 1733 sous les conditions 1.º que le vendeur demeurerait fermier
pendant neuf ans ; 2.º qu'à defaut de paiement le bail serait nul ; 3.º que s'il rembour-

*PIGNORATIF,
(a)
Anciennement
stipule.*

---

(1) 2 *Germ.* an X. Cass. *CHENEVIERES.* Bul. de la
Cour, an 10, p. 260.

(a) Celui par lequel on vendait un bien avec perpétuelle faculté de réméré: protecteur de l'usure, admis
dans quelqu'unes de nos ci-devant coutumes, rejeté
par le plus grand nombre : il fut enfin proscrit par la
jurisprudence française, et plus formellement encore
par l'art. 1660 du code civil.

sait le prix de la vente, elle serait nulle, n'était point un contrat pignoratif.

A l'appui du principe ci-dessus, il est important de remarquer « qu'il n'existe aucune
» loi romaine qui ait prononcé qu'une vente
» faite par un débiteur à son créancier avec
» faculté de rachat et relocation au profit du
» vendeur, dût être regardée comme un sim-
» ple contrat pignoratif; »

« La jurisprudence, introduite par les ju-
» risconsultes français, en haine de l'usure,
» était nécessairement étrangère au droit ro-
» main, qui permettait le prêt à intérêt; »

« Cette jurisprudence française n'était au-
» torisée par aucune loi qui eut indiqué les
» cas, ou les conditions sous lesquelles une
» vente devait être regardée comme un sim-
» ple contrat pignoratif; et les jurisconsultes
» français ne s'accordent pas même entr'eux
» sur les conditions et le nombre de celles
» dont ils exigeaient la réunion; » (1) Voyez
Prescription.

4.° *Contrat* pignoratif(*n'était point*) *celui
d'une vente à réméré, avec bail à ferme de
l'objet vendu.*

En effet, « lorsque l'acte de vente avec fa-
» culté de réméré pendant trois ans et six
» mois, et portant bail à loyer, (au vendeur)
» présente tous les caractères d'un véritable
» contrat de vente, (quant à sa forme) cet
» acte est autorisé par les lois; il doit rece-
» voir son exécution entre les parties; »

« D'où il suit qu'en considérant cet acte

---

(1) 24 *Fruct. an VIII.* Rej. *Hérit.* DALBAN.. Jur.
notice, p. 313

» comme un contrat pignoratif prohibé par
» les lois, les juges l'auraient essentiellement
» dénaturé ; et en dispensant l'une des parties
» de son exécution ils auraient violé le res-
» pect qu'on doit aux conventions. » (1)

CONTRAVENTION.

1.º *CONTRAVENTION (il n'y a point de) lors- | Principes
que le fait qui y donne lieu, est encore incer- | généraux.
tain ; et il ne peut y avoir de poursuite en-
core moins de jugement.*

« Si le jury de santé . . . sans s'expliquer,
» si *j'ai* ou si *je n'ai* pas la capacité requise
» dans l'art de guérir, se contente de con-
» signer dans ses registres que *je n'ai* produit
» aucune pièce qui prouve que *j'eusse* fait
» des études dans une université de méde-
» cine ; . . . si considérant le résultat de cette
» délibération comme un déni de justice, *je*
» *me suis* pourvu au Préfet, auquel *j'ai* pré-
» senté un mémoire . . . ; de ces faits il ré-
» sulte qu'il y a litispendance devant le Pré-
» fet sur le point de savoir si les titres *que j'ai*
» produis, étaient suffisans ou non pour m'au-
» toriser à exercer la profession d'officier de
» santé ; le Préfet est seul juge compétent,
» pour décider une semblable question, et
» avant ce jugement je ne peux être considéré
» comme contrevenant à l'arrêté du 22 ger-
» minal an IX. »
Or, « les juges excéderaient leur pouvoir et
» leur compétence en *me* condamnant à une

---

(2) 6 *Frim. an VIII.* Cass. *LAMBERT.* Jur. notice , p.
270. — Bul. de la Cour, an 8, p. 71.

» amendé de 500 f. pour être contrevenu à l'ar-
» rêté de germinal an IX, avant que l'auto-
» rité compétente ait prononcé sur l'existence
» de cette prétendue contravention. » (1)

2.° *CONTRAVENTIONS (les procès-verbaux
destinés à constater les) aux lois d'ordre public, ne peuvent être annullés sans une disposition expresse de la loi.*

En effet, « les nullités surtout des actes
» destinés à constater les contraventions aux
» lois d'ordre public, et à maintenir les prin-
« cipes de la police, ne peuvent être créées
» par les tribunaux, sans une disposition ex-
» presse de la loi. » (2) Voyez *Procès-
verbaux.*

Les contraventions se divisent en contraventions aux *réglemens de police*, de la part
des *juges* et des *particuliers*; voyez les mots
qui distinguent chacunes de ces contraventions, et le *Traité de compétence.*

A la loi, *en fait de décla-ration de command.* 3.° *CONTRAVENTION* à la loi (*il y a*) *là où
les juges, sans avoir contrevenu à un texte po-
sitif, auraient donné à la loi un sens qui rendrait sa disposition* inutile, impossible *et* ab-
surde :

Telle serait la disposition qui, en vertu de
l'article 68, n.° 24 du §. 1.er de la loi du
22 frimaire an VII, aurait ordonné qu'une
déclaration de command, fut signifiée au command dans les vingt-quatre heures :

______

(1) 28 *Vent. an X.* Cass. *BAILLIF.* Bul. de la Cour,
an 10, part. crim. p. 261. — Jour. du Pal. an 10, 2.
s. p. 337.

(2) 26 *Fruct. an XI.* Cass. d'office. Jour. des Aud. an
11, p. 102.

En effet, « une semblable disposition se-
» rait véxatoire, et même absolument im-
» praticable, toutes les fois que le command
» serait domicilié à une distance éloignée
» du lieu de la vente ou adjudication : »

En vain dirait-on que cette disposition ne
pourrait être la matière d'un pourvoi en cassation, parce que ce n'est pas la contravention à l'*intention* du législateur, mais la contravention aux dispositions du *texte* de la loi,
qui peuvent donner ouverture à cassation ;

Parce que « c'est violer ouvertement la loi,
» que de lui supposer un sens évidemment
» inapplicable en plusieurs cas et detourné de
» son sujet, lorsqu'elle en comporte un autre
» dont l'application est naturelle et facile. » (1)

CONTREBANDE.

1.º *Contrebande* (*il y a*) *avec attroupe-* Avec attrou-
ment, lorsque le contrebandier arrêté était ac- pement et port
compagné de plusieurs individus qui n'ont pu d'armes.
être arrêté, et lorsqu'il était porteur d'un bâton
noueux dont il a fait usage.

Parce que « la loi n'exige pas que tous
» ceux qui accompagnent l'individu qui fait
» la contrebande en soient eux-mêmes char-
» gés ; »
« Et qu'un bâton ou massue n'est pas une
» canne ordinaire. » (2)
V. *Armes, Préposés, Saisies,* et autres mots in-

---

(2) 3 *Therm. an IX.* Cass. *Régie de l'engist.* Bul. de la
Cour, an 9, p. 306. —— *Daté* 4 *dito,* Jur. an 10, p 39.
(3) 15 *Flor. an XII.* Cass. d'office. Jour. du Pal. an
12, 2. s. p. 551. —— Jour. des Aud. an 12, p. 435.

dicatifs des diverses circonstances relatives à la contrebande.

CONTREFAÇON. (*)

De la législa-tion sur cette matière.

1.° *CONTREFAÇON (la) des ouvrages de l'esprit est un délit du ressort de la police correctionnelle.*

De la poursuite.

« Les lois anciennes relatives aux contre-
» façons d'ouvrages de librairie, notamment
» les arrêts du conseil des 30 août 1773 et 13
» juillet 1778, ont qualifié les contrefaçons,
» de délits, succeptibles même de poursuites
» criminelles. »

« Ces lois n'ont pas été abrogées, mais seu-
» lement modifiées par celles des 19 juillet
» 1791 et 25 prairial an III, qui considérant
» toujours les contrefaçons comme de véri-
» tables délits et de véritables larcins, ont
» soumis les contrefacteurs à des confisca-
» tions, qui de leur nature sont essentielle-
» ment pénales. » (1)

2.° *La poursuite de ce délit appartient au*

(*) *Contrefaçon*; fraude qui se fait en contrefaisant ou l'impression d'un livre ou la manufacture d'une étoffe. Sous ce dernier rapport, voyez *Brevet d'invention* et *Privilège*, cet article étant consacré aux *Contrefaçons* proprement dites.

Contrefacteur, celui qui contrefait un livre dont un autre a le privilège; *terme de librairie.*

Contrefaction, signifie la même chose ; il est particulièrement usité en librairie, pour indiquer la réimpression d'un livre par un autre que le propriétaire.

(1) 28 *Vent. an IX*. Rej. d'office. Jour. du Pal. an 9, 2. s. n.° 20, p. 7. — 21 *Prair an XI*. Cass. d'office. Bul. de la Cour, an 11, part. crim. p. 270. — Jour. des Aud. an 12, sous la date du 12 dito, p. 1.re

ministère public, comme celle du vol , de l'es-
croquerie , de l'homicide , &c.

Cette action lui appartient directement ,
dit M. Merlin, abstraction faite du défaut
de la partie privée , ou de sa renonciation à
la poursuite : il suffirait de lire les articles 4
et 5 du code des délits et des peines , pour
s'en convaincre ;

En effet « les juges appliqueraient fausse-
» ment la loi du 19 juillet 1793 , en décidant
» que le mot *véritable propriétaire*, mis en
» opposition avec celui de contrefacteur , doit
» se restreindre au véritable propriétaire ;
» tandis que les articles 5 et 6 de ladite loi
» étendent l'action en contrefaçon à tous ceux
» qui sont aux droits du véritable proprié-
» taire, ses héritiers, cessionnaires , &c. »

«Dans l'espèce, ou il s'agissait d'une plainte en
» contrefaçon , c'est-à-dire d'un délit, le mi-
» nistère public était partie essentielle par la
» nature du fait , soit pour la poursuite , soit
» pour la réquisition des peines prononcées
» par la loi du 19 juillet 1793. »

« En admettant, que la nation serait seule
» intéressée (*) et que la poursuite devrait
» être exercée en son nom par l'agent du trésor
» public, ou par tout autre agent du Gou-
» vernement ; cette circonstance , en la sup-
» posant vraie, ne serait pas un motif pour
» paraliser, éteindre même l'action publique,
» qui, pour être mise en mouvement en ma-
» tière de délit, n'a pas besoin de l'interven-
» tion ou du concours de la partie privée ou

(*) Dans l'espèce, il s'agissait de la contrefaçon du
Dictionnaire de l'Académie.

» civile. » (1) Voyez au *Traité de compétence*, pag. 118, nomb. 11.

Où il n'y a pas contrefaçon.
Musique.

3.° CONTREFAÇON (*il n'y a pas*) *dans le fait de celui qui grave ou imprime en France, sans la permission du propriétaire, un ouvrage qui a déjà été publié dans un pays étranger : même dans le cas où l'auteur, né en pays étranger, aurait été naturalisé français, et aurait déposé son ouvrage à la bibliothèque impériale.*

CONTREFAÇON (*il n'y a pas*) *dans le fait d'arranger un ouvrage de musique pour différens instrumens.*

Toutes allégations de principes contraires anx règles ci-dessus seraient vaines !

Ces règles se justifient par les principes suivans ;

« La loi du 19 juillet 1793, concernant les
« contrefaçons ne peut être applicable qu'aux
» ouvrages faits par un français, contrefaits
» par un autre français, et *non* à des ouvra-
» ges Publiés par un auteur non français
» dans un pays étranger, et dont il a été fait
» des *copies* en France. »

« Il résulte de là, *par exemple*, qu'un marchand
» de musique à Paris peut y faire graver des
» compositions musicales faites par un auteur
» d'outre Rhin et par lui publiées à l'étran-
» ger ; ce marchand peut pareillement faire
» faire ce qu'on appelle des traductions de
» ces sortes d'ouvrages, pour les rendre pro-
» pres à d'autres instrumens que ceux pour

---

(1) 7 *Prair. an XI.* Cass. d'office. Bul. de la Cour, an 11, part. crim. p. 250. — Jour. du Pal. an 11, 2. s. p. 218.

» lesquels ils ont été faits par leur auteur. »
« Si plusieurs de ces traductions avaient
» été publiées et vendues en France par ce
» marchand avec l'indication de l'auteur al-
» lemand, cette circonstance ne constiturait
» pas le délit de contrefaçon et ne présen-
» terait qu'un abus de nom ; »

Enfin il n'y a pas contrefaçon envers cet
auteur « s'il n'est point établi par lui que le
» marchand lui ait fait soustraire en Allemagne
» quelques unes de ces productions manus-
» crites pour les faire graver en France : et
» s'il n'est pas prouvé non plus que ce mar-
» chand ait fait faire de nouvelles gravures
» de compositions musicales publiées par l'au-
» teur depuis qu'il se serait établi en Fran-
» ce. » (1)

4.° *CONTREFAÇONS (les) faites dans un pays
étranger, mais depuis réunis à l'empire fraçais,
n'ont pu être vendus en France ni dans ce
même pays, depuis sa réunion, sans encourir
les peines portées par les lois contre les contrefacteurs.*

*Où il y a
contrefaçon.*
En pays
réunis.

C'est-à-dire que, si j'ai acheté, étant libraire à Deux-pons, et avant la réunion de ce
pays à la France, une édition contrefaite des
œuvres de BUFFON, je n'ai pu vendre cette édition en France, après la réunion du duché
de Deux-ponts.

En vain dirais-je : un arrêté d'un réprésen-
tant du peuple porte que mon imprimerie,
mes magasins, qui avaient été séquestrés,
me seront rendus, avec toutes les apparte-

---

(1) 17 *Niv. an XIII.* Cass. *SIEBER.* Jour. des Aud. an
13, p. 278.

nances, à condition que je fixerais mon domicile à Metz : avant la réunion de Deux-Ponts à la France, l'édition dont il s'agit était ma chose, mon bien, ma propriété; quelqu'en fût le mérite, contrefaite ou non, j'avais droit de la vendre et de la distribuer à mon gré; l'arrêté du représentant du peuple, prémentionné, en prononçant main-levée du séquestre apposé sur mes magasins, m'a, par là même, assuré la libre distribution des marchandises qui y étaient contenues.

Ces moyens, quelques séduisans qu'ils paraîtraient, serait réfutés, par les principes; « que j'aurais bien pu, tant que j'étais domicilié à Deux-Ponts, distribuer en pays » étranger les ouvrages contrefaits, sans être » atteint par les lois française; mais que du » moment où j'aurais fait ce débit sur l'ancien territoire de la France, le *propriétaire de cet ouvrage* aurait pu employer » contre moi la voie que les lois françaises » lui donnaient pour arrêter et réprimer la » vente d'une édition faite contre le droit » de l'auteur et de ses *ayant droit*; »

« Qu'enfin les arrêtés des représentans du » peuple, dont j'aurais excipé, ne m'aurait » point autorisé à débiter en France l'ouvrage de Buffon, au préjudice d'un tiers. » (1)

Avec des additions et corrections.

5.º CONTREFAÇON (*la*) *d'un ouvrage sous le même titre que l'original, mais avec des corrections et des additions, sans la permission du propriétaire ou de son cessionnaire doit être con-*

----

(1) 29 *Therm. an XI.* Cass. *Veuve* BUFFON. Jur. an 12, p. 33. —— Jour. du Pal. an 12, 1. s. p. 5.

sidérée comme une contrefaçon pure et simple.

» En effet, aucune distinction entre la con-
» trefaçon résultante de la réimpression totale
» ou de l'imitation parfaite d'un ouvrage, et
» la contrefaçon qui résulte, comme dans
» l'espèce, du texte et du titre de l'ouvrage,
» mais avec des additions, corrections et
» changemens, n'a jamais eu lieu dans la li-
» brairie, où suivant que le prouvent les an-
» ciens réglemens, il était également défendu
» de faire imprimer, sans la permission de
» l'auteur le texte littéral de son ouvrage, et
» de faire imprimer ce même texte avec des
» additions, corrections, changemens et com-
» mentaires.»

(1) Voyez au *Traité de compétence*, pag. 118,
nomb. 11, le développement de ce principe.

6.º *Contrefaçon (la) des écrits, mande-*
mens, cathéchismes &c. de messieurs les évê-
ques est soumise aux mêmes peines que la con-
trefaçon de tout autre ouvrage.

En effet, « la loi du 19 juillet 1793 assurant
» aux auteurs d'écrits en tous genres le droit
» exclusif de disposer de leurs ouvrages et
» d'en céder la propriété, et prohibant toute
» édition imprimée sans la permission des
» auteurs, on ne pourrait sans violer cette
» loi, contester à un évêque le droit de dis-
» poser de son ouvrage, et maintenir une édi-
» tion qui aurait été faite sans son consente-
» ment; ce serait à tort qu'on voudrait trou-
» ver dans l'article 5 des articles organiques

Ouvrages de
messieurs les
Evêques.

----

(1) 28 *Flor. an XII.* Cass. *Bossanges et consorts.* Bul.
de la Cour, an 12, part. crim. p. 200. —— *Daté* 18 *Flor.*
Jour. des Aud. an 12, p. 475.

» de la convention du 26 messidor an IX une
» exception à cette règle générale; car cet
» article. en déclarant que toutes les fonc-
» tions ecclésiastiques sont gratuites, sauf les
» oblations qui seraient autorisées par les ré-
» glemens. n'a fait qu'énoncer un principe,
» qui a toujours ete reconnu et exécuté en
» France; mais cette règle n'impose pas aux
» ecclésiastiques l'obligation de faire impri-
» mer à leurs frais leurs ouvrages. et ne leur
» defend pas de choisir un imprimeur et de
» lui confier le droit exclusif de les vendre;»
  « Plus ces ouvrages sont d'une utilité géné-
» les rale et ont du rapport à l'instruction
» publique, plus il est essentiel d'écarter les
» éditions contrefaites, et qui ne sont pas
» avouées par les auteurs » (1) Voy. *Ecrits*,
Imprimeurs et au mot *Action* civile, nomb. 15.

De la saisie des ouvrages contrefaits.

7.° CONTREFACTIONS (*toutes*) *doivent être constatées ou saisies par des officiers ayant caractère légale et suffisant: faute de quoi la saisie et les poursuites ultérieures sont nulles.*

Par exemple: « *le libraire* qui n'aurait d'au-
» tre titre pour en accuser *un autre* d'avoir
» attenté à ses propriétes littéraires, » que le
procès-verbal de saisie « dans la maison de
» ce dernier libraire de plusieurs exemplaires
» prétendus contrefaits de *tel ouvrage;* par
» un *agent de police* n'étant ni commissaire
» de police, ni juge de paix, » ne serait point
fondé à continuer des poursuites.

En effet « aux termes de l'article 3 de la loi

***

(1) 25 *Therm. an XII.* Cass. *Veuve MALASSIS.* Jour.
des Aud. an 12, p. 578. —— *Daté* 29 *id.* Bul. de la Cour,
an 12, part. crim. p. 306.

» du 19 juillet 1793 , et 1.er de celle du
» 25 prairial an III . cette découverte ne
» peut être valablement constatée que par un
» commissaire de police ou un juge de paix , »
« Le défaut de qualité dans la personne
» de . . . (le rédacteur de la saisie) ne permet
» point de baser sur le procès-verbal rédigé
» par lui , une procédure correctionnelle ; et
» en le faisant , les juges commettraient un
» excès de pouvoir , qui devrait être répri-
» mé , d'après le vœu de l'article 456 du code
» des délits et des peines. » (1)

8.º *Contrefaction (les* condamnations *pour
cause de) ne peuvent être arbitrées ni modé-
rées par les juges.* — *Des condamnations.*

Parce que « la loi du 19 juillet 1793 , en
» condamnant tout contrefacteur à payer au
» véritable propriétaire de l'ouvrage contre-
» fait , une somme équivalente au prix de
» trois mille exemplaires de l'édition origi-
» nale, n'autorise point les tribunaux à procé-
» der eux-mêmes à l'estimation de l'ouvrage
» qu'ils déclarent contrefait. » (2)

9.º *Contrefacteurs* marchands (*les*) peu-
*vent être condamnés aux dommages-intérêts du
propriétaire de l'objet contrefait : encore qu'ils
ayent indiqué à la justice l'artiste qui aurait
exécuté la contrefaction.* — *Dommages-intérêts.*
*Ils ne peuvent prétendre à la garantie indi-
quée par la loi en matière civile.*

______

(1) 9 *Messid. an XIII.* Cass. **Bidault**. Bul. de la Cour,
an 13, part. crim. p. 300.

(2) 6 *Niv. an XIII.* Cass. *Williams*. Bul. de la Cour,
an 13, part. crim., p. 88. — *Daté* 25 *Pluv.* Jour. du Pal.
an 13, Coll. p. 355.

Envain un marchand dans ce cas dirait-il: j'ai mon magasin ouvert indistinctement à tout le monde, je ne suis pas obligé de connaître, comme les artistes eux-mêmes, toutes les finesses, les délicatesses de l'art, et les nuances dont ils se composent: faut-il que, sur chaque objet qu'on présente à mes spéculations, je laisse mon magasin, pour aller fouiller dans la bibliothèque impériale, et y chercher le vrai propriétaire?

Si j'étais dans l'impossibilité d'indiquer mon vendeur, je devrais subir les peines des contrefacteurs; mais cette obligation de ma part, lorsque je le fais connaître à la justice, doit faire cesser toute prevention, et je dois être absous;

S'il s'avoue l'auteur de la contrefaçon, cette confession est décisive, l'auteur du délit est connu, c'est donc lui qu'on doit punir; la sanction de la loi n'a évidemment que lui en vue, lorsqu'elle inflige une peine pécuniaire contre le contrefacteur; la circonstance qu'il serait insolvable ne changerait rien à la disposition de la loi; elle devrait être exécutée contre le contrefacteur seulement;

Enfin, aux termes des articles 1.er et 2 du titre 8 de l'ordonnance de 1667, les garans doivent relever les garantis des condamnations pécuniaires auxquels ces derniers sont soumis; il y aurait lieu d'appliquer, dans le cas de condamnation à ma charge, la disposition des articles invoquées, et de condamner cet artiste à m'indemniser.

A ces raisonnemens, dont la première partie surtout paraît avoir une certaine force, on répondrait:

« Il est constant et démontré que vous êtes
» contrefacteur,

» contrefacteur, et non simple débitant des
» gravures saisies à votre domicile; » et vous
avez dû être condamné en votre nom.

« En cette matière, la responsabilité des
» garans n'est point en vigueur, et l'ordon-
» nance de 1667 n'est point applicable. » (1)

10.° CONTREFAÇON (la) des sceaux des au- *Des sceaux des autorités constituées.*
torités constituées. doit être rangée dans la
classe des faux dont la connaîssance est attribuée aux cours spéciales mixtes :

Voyez au *Traité de compétence* , partie
crim. , page 251 , nomb. 144.

CONTRE-LETTRE. (*)

CONTRE-LETTRE (toute) portant augmen- *Avant le code civil.*
tation du prix, stipulé dans un contrat de
vente est nulle, de nullité absolue.

En effet, « la nullité prononcée, par l'ar-
» ticle 40 de la loi du 22 frimaire an VII, est
» générale, sans exception ni réserve d'un ef-
» fet quelconque dans l'intérêt privé des par-
» ties ; »

« La privation de toute action en paiement
» de la somme stipulée en augmentation au

---

(1) 6 *Vent. an X.* Rej. JEAN. Jour. du Pal. an 10,
2. s. p. 17.

(*) *Contre-lettre;* écrit secret, acte qui détruit un
autre acte public ou plus solemnel, qui en altère ou en
diminue les clauses, qui y déroge, ou qui contient une
déclaration contraire. ARCANA SYNGRAPHA ALTERIUS
VIM IMMINUENS, ELEVANS, AEROGANS, REFIGENS.

Ces actes, d'une essence frauduleuse, étaient proscrits
par la coutume de Paris, en fait de mariage; ils l'ont
été généralement, par l'art. 40 de la loi du 22 frimaire

» profit du vendeur, se concilie parfaitement
» avec la peine que l'acquéreur doit subir
» dans l'intérêt et au profit du trésor public. »

D'où il il faut conclure « que lorsqu'il est
» constant qu'une somme qui a été adjugée
» *à un vendeur*, était stipulée dans une contre-
» lettre sous seing privé, portant augmenta-
» tion du prix d'une vente stipulée dans un
» acte notarié, et qui nécessitait l'application
» de la nullité d'effet, voulue par l'article ci-
» dessus cité; » il y a lieu à se pourvoir même en cassation, *contre le jugement qui ne*
l'a pas prononcé. (1)

CONTRIBUTIONS. (*)

Principes
généraux

1.° *CONTRIBUTIONS* foncières (*les*) *sont sup-*
portées par les créanciers des rentes et autres
redevances, à moins qu'il n'y ait une clause
formelle qui les exempte de cette retenue au
profit des débiteurs.

« Le principe général, consacré par l'art.
» 1.er de la loi du 10 juin 1791 et par l'art. 2
» de celle du 30 juillet 1792, est que les créan-
» ciers, soit d'intérêts, soit de rentes fonciè-
» res ou autres, et de prestations quelconques

---

an VII ; ils n'ont maintenant d'effet qu'entre les parties contractantes. (*art. 1321 du code civil.*); et ils
doivent, en fait de mariage, être rédigés avec les
mêmes formalités que le contrat, etc. (*art. 1396 et 1397*
du même code.)

(1) 13 *Frim. an XI.* Cass. *LAURIER.* Jour. du Pal. an
12, 1. s. p. 180. — Jour. des Aud an 12, p. 44.

(*) *Contribution :* c'est le paiement que chacun fait
de la part qu'il doit supporter des dépenses de l'état;

» en argent ou en denrées, soient tenu de
» souffrir annuellement une retenue propor-
» tionnelle à la contribution foncière due sur
» les fonds affectés au service de ces intérêts,
» rentes ou prestations; et que les débiteurs,
» n'importe qu'ils aient la propriété utile de
» ces fonds, sont autorisés à faire cette re-
» tenue, à moins que les contractans n'ayent
» stipulés la condition expresse de non-
» retenue. »

Or, si, dans un procès, » il n'a pas été
» prétendu que cette condition expresse ait
» été stipulée, et que néanmoins les juges re-
» fusent au debiteur la faculté de retenir, à
» raison de la contribution foncière, le cin-
» quième de la redevance par lui due.... il
» y a contravention aux articles ci-dessus
» cités. » (1)

« En autorisant cette retenue, tant sur les
» rentes ci-devant seigneuriales constituées,
» principalement pour la reconnaissance du
» domaine direct, que sur les rentes fonciè-
» res ou autres prestations qui sont le prix
» de la jouissance de l'objet qui y est assu-

Contributions lustrale : était un impôt qui se levait
autrefois sur les marchands, et ressemblait beaucoup
au droit de *patente.*

En termes de palais : c'est le *partage* de l'avoir d'un
débiteur qui ne peut payer entièrement ses *créanciers*;
chacun est payé au marc le franc, ou au centime le franc,
suivant qu'il y a à perdre; il en est de même en matière de *succession,* lorsque les *héritiers* doivent payer
les *dettes* du défunt. Voyez les mots indiqués en *italique.*

(1) 16 *Messid. an XI.* Cass. *HÆSENFORDER.* Bul. de la
Cour, an 11 p, 321.

K 2

» jetti, la loi a eu uniquement en vue de faire
» concourir le propriétaire de ces rentes ou
» prestations au paiement de l'impôt. »

« Un bail qui ne contient pas la condition
» de la non-retenue des impositions par le
» preneur, mais seulement l'obligation vague
» de jouir *ainsi que cela est de droit et d'usage,*
» ne saurait être considéré comme l'équiva-
» lent de cette condition, de laquelle la loi
» fait dépendre le droit du propriétaire de
» la rente, d'en exiger le paiement sans re-
» tenue. » (1)

Car « l'exemption des impositions stipulées
» dans un contrat, est un excédant d'inté-
» rêts qu'il n'était point permis d'exiger, *sous*
» *l'empire* de l'édit de 1749; lequel a imposé
» la contribution d'un vingtième sur toutes
» les rentes constituées et intérêts, et a voulu
» que cette contribution due par les rentiers
» et autres créanciers, fut à la décharge des
» propriétaires grévés desdites rentes, et par
» eux retenues lorsqu'ils feraient le paiement
» des arrérages. »

« Autoriser l'affranchissement de cette re-
» tenue, ce serait contrevenir aux lois ancien-
» nes, qui ne permettaient la perception de
» l'intérêt que sous la déduction de la con-
» tribution, et qui voulaient qu'elle vint à la
» décharge des propriétaires. »

» Il est certain dans le droit, *disait M MER-*
LIN, que le débiteur peut s'opposer à la non-
retenue, stipulée sous l'ancienne législation. »

En effet « l'article 98 de la loi du 3 frimaire
» an VII, déclare formellement que les dé-

______

(1) 2 *Vent. an XI.* Cass. SPINNER. Bul. de la Cour,
an 11, p. 157.

» biteurs de rentes et intérêts créées avant
» la publication des décrets de novembre
» 1790 , et qui étaient autorisés à retenir les
» impositions alors existantes, feront la rete-
» nue dans la proportion de la contribution
» foncière. » (1)

2.º *CONTRIBUTIONS (les rôles des) et le paie-* **Les rôles**
ment d'icelles font preuves suffisantes de mu- *font preuve.*
tation pour exiger les droits d'enregistrement. Mutation.

Parce que « lorsqu'il est reconnu par l'ins-
» truction d'une affaire, qu'un individu a été
» inscrit au rôle des contributions foncières
» pour raison *d'un bien*, et qu'il a fait des
» paiemens d'après ces rôles, qu'il a touché
» des fermages et vendu des bois ; de tels ac-
» tes suffisent pour établir la mutation de
» propriété, ou d'usufruit d'un immeuble,
» pour la demande du droit d'enregistre-
» ment. » (2)

3.º « *CONTRIBUTIONS (le* crime de faux com- *En matière*
» *mis sur les rôles des) est compris dans les* *de faux*
» *attributions des tribunaux spéciaux par*
» *l'art. 2 de la loi du 23 floréal an X* »

« Car, ce délit n'est pas du nombre de
» ceux dont la connaissance est exclusivement
» attribuée à la cour de justice criminelle du
.» département de la Seine. » (3)

CONTUMACE et CONTUMAX (sur les mots).

---

(9) 9 *Brum. an XIII.* Cass. *Héritiers* MAJORET. Jour. du
Pal. an 13, 1. s. p. 545. — Bul. de la Cour, an 13, p. 21.

(2) 4 *Pluv. an XII.* Cass. RENUSSON. Bul. de la Cour,
an 12, p. 147. —— Jur. an 12, S. p. 76.

(3.) 22 *Frim. an XIII.* Cass. d'office. Bul. de la Cour,
an 13, p. 64.

pour éviter des redites fatigantes, et qui n'auraient d'autre résultat que de grossir ce volume : voyez principalement au *Traité de compétence*, part. crim. nombres 113 et 114; *Accusation* et *accusé*, *Identité*, *Option*, *Prescription* et *Témoins*.

CONVENTIONS. (*)

Synallamatiques.
Depuis
le code civil,
art. 1325.

1.º *CONVENTIONS* (*les*) *synallagmatiques, portant des obligations reciproques de la part des parties contractantes, peuvent être prouvées par un ensemble de pièces privées, et communes à toutes les parties, sans qu'il soit de nécessité absolue d'en produite l'acte fait double.*

Envain prétendrait-on contre cette règle,

Que les juges doivent prononcer la nullité des écrits sous seing privé, cessions, ventes et autres, s'il n'y a autant d'originaux de l'acte sous seing privé, qu'il y a de parties ayant un intérêt distinct.

Parce que « les juges, en ordonnant l'exécu-
» tion d'écrits qui en les considérant bons,
» comme actes sous seing privé auraient dû
» être faits doubles, comme contenant des
» conventions synallagmatiques, ne contre-
» viendraient point à l'article 1325 du code

(*) *Conventions :* c'est le consentement de deux ou plusieurs personnes sur un même objet, dans la vue de contracter une obligation; *CONVENTIO, CONVENTUM.*

Toutes les conventions ont un nom ou une cause; c'est pourquoi nous renvoyons le lecteur aux mots indicatifs des noms ou des causes sur lesquels il désirera connaître la jurisprudence de la cour : nous ne rapporterons ici que les maximes générales qui sont propres à toutes les espèces de conventions.

» civil, qui est sans application contre la preuve
» résultante d'un ensemble de pièces com-
» munes aux deux parties. » (1) Voy. *Preuve*
et *Vente.*

2.° « *CONVENTIONS* (*les*) *arrêtées verbale-*
» *ment n'acquièrent d'existence légale que par*
» *la rédaction, suivie du consentement ou de*
» *la signature des parties.* »

Or, si « une transaction supposée arrêtée
» verbalement entre les parties n'a pas été
» rédigée en acte consenti ou signé par elles
» respectivement ; s'il n'y a point d'écrits
» émanés d'elles, sur les objets en question,
» il n'y a point de commencement de preuve
» par écrit de la *convention* : d'où il suit
» qu'en admettant *les parties* à prouver par
» témoins, que l'une d'elles aurait consenti
» ladite transactions, les juges feraient une
» fausse application de la loi qui admet la
» preuve vocale, lorsqu'il y a commencement
» de preuve par écrit. » (2)

3.° *CONVENTIONS* (*les*) *ne doivent être exé-*
cutées que conformément aux lois sous l'em-
pire desquelles elle ont eu lieu ;

D'où il suit « qu'en autorisant l'affranchis-
» sement des retenues des contributions im-
» posées sur les rentes, aux termes des édits de
» 1725 et 1749, il y aurait contraventions aux-
» dits édits » (3) V. *Contributions* et *Retenues.*

---

(1) 14 *Frim. an XIV.* Rej. LIBERT. Jour. des Aud.
an 14 et 1806, p. 141. — Jour. du Pal. 1806, 1. s. p. 385.

(2) 9 *Vent. an VIII.* BOISVER. Bul. de la Cour, an 8,
. 163

(3) 9 *Brum. an XIII.* Cass. MAJOREL. Bul. de la Cour ›

4.º *CONVENTIONS (les) passées sous l'ancienne législation, et en due forme, étaient d'une rigoureuse observation.*

En effet, « l'article 46 de l'ordonnance de
» 1510, l'article 30 chapitre 8 de celle d'oc-
» tobre 1535, et l'article 134 de celle de
» 1529, veulent que les actes et conventions
» passés entre majeurs, et non attaqués par
» les voies de droit, soient exécutées suivant
» leur forme et teneur. » (1)

5.º *CONVENTION (toute) verbale qui a donné lieu à une condamnation en justice, est assujettie au droit proportionnel d'enregistrement.*

« L'article de la loi du 22 frimaire an VII, a
» nécessairement entendu atteindre, lors de la
» condamnation, et assujettir au droit propor-
» tionnel de deux pour 100, toutes conventions
» obligations sans titre, dont le titre, s'il eut
» existé, aurait été susceptible d'enregistre-
» ment; autrement l'article n'aurait aucun sens
» ni application, et laisserait ouverture à frau-
» der les droits d'enregistrement. » (2) Voyez *Enregistrement.*

Voyez en outre, et principalement, les mot *Aveux, Bail, Bannalités, Cassation,* §. de la violation du contrat, page 352, 2.ᵉ vol.; *Collatéraux, Contrat, contribution, Obligation, Remboursement, Rente* et *Retenue.*

CONVENTION. *En matière criminelle.*

CONVENTION (si une) ayant pour objet une

---

an 13, p. 21. — Jour du Pal. an 13, 1. s. p. 545. — 21 *Vent. an XIII. MAJOREL.* Bul. id. p. 249

(1) 6 *Frim. an VIII.* Cass. *LAMBERT.* Jur. notice, p. 270. — Bul. de la Cour, an 8, p. 71.

(2) 21 *Frim. an XIII.* Cass. *Régie de l'enregist.* Jour.

valeur de plus de 150 francs . *a donné lieu à*   De leur preuve
un délit dont la repression dépende de l'exis-
tence de cette convention, (si elle est contestée,)
il y a lieu seulement à renvoyer devant les ju-
ges civils pour faire préalablement constater
son existence , ou sa non existence ; en se
réservant , par les juges criminels . de statuer
sur la plainte , après l'événement de la con-
testation civile.

En effet, « si, dans l'espèce, la convention
» n'est pas prouvée par écrit, ou s'il n'en
» existe pas un commencement de preuve
» littérale, la procédure criminelle doit être
» suspendue jusqu'à ce que les juges civils
» aient prononcé sur le fait de l'existence
» préalable de cette même convention. »

Par le principe « que lorsqu'un délit présup-
» pose une convention antérieure, dont la
» preuve testimoniale n'est pas admise par la
» loi, il serait inutile, et il est par suite
» défendu, de prouver le délit par témoins,
» tant que la convention n'est pas prouvée par
» une autre voie légale ; puisque le défaut
» de preuve légale de la convention entraîne
» nécessairement la conséquence que le délit
» n'a pas été commis. »

« Tel est le résultat de la combinaison
» du principe, qui réjette la preuve pour
» toute convention dont l'objet excède 100
» livres, (150 francs depuis le code civil)
» avec la disposition qui la permet. lorsqu'il
» y a commencement de preuve écrite. » (1)

---

des Aud. an 13, p. 182. —— Jour. du Pal. an 13, 1.
s. p. 357.

(1) 20 *Fruct. an XII.* Rej. MERLIN-H... Jour. du

Voyez l'espèce où ces principes ont été appliqués au mot *Aveu*, nomb. 4. et le mot *Preuve*.

CONVOCATION. (*)

De parens.
Divorce.
Loi de 1792.

CONVOCATION (les) de parens, en matière de divorce, pour incompatibilité d'humeur, sous l'empire de la loi de 1792 , n'ont point dues être nécessairement faites par huissier.

« L'opinion contraire, a dit M. DANIELS, Subst. du Proc. gén., ne nous paraît pas dénuée de tout fondement ; »

« Car désigner tel ou tel parens, dans un acte qu'on fait signifier à une partie adverse, ce n'est pas encore convoquer ces parens; il faut, à cet effet, un acte qu'on fasse signifier aux parens eux-mêmes. On peut dire que la partie poursuivante, qui n'a point prouvé cette convocation, n'a point satisfait à la loi ; » (ceci est en thèse générale.)

« Mais quelque spécieux que puisse paraître ce raisonnement, il ne peut attaquer la règle posé ; ce serait supposer à la loi du 20 septembre 1792, une rigueur qui est contraire à son esprit. » . . . .

« La loi n'exige une convocation de parens, *par exploit d'huissier*, que dans le cas d'une demande en divorce , par consentement mutuel. »

Pal. an 13, Coll. p. 167. —— 12 *Messid. an XI.* Cass. *ROLLIN.* Bul de la Cour, an 11 , part. crim. p. 296.

(*) Les Convocations, *en matière civile*, sont réglées par le code de procédure de 1786 ; et *en matière criminelle*, elles le sont par le code des délits et des peines, auxquels nous renvoyons le lecteur, ainsi qu'aux mots *Parens* et *Jures* ci après.

En effet, « l'article 8 , §. 2, de la loi du 20
» septembre 1792. sur le divorce n'impose
» pas à l'époux demandeur en divorce, pour
» cause d'incompatibilité d'humeur , l'obli-
» gation de convoquer par un huissier les
» parens ou amis , comme elle l'exige pour
» le divorce. par consentement mutuel , par
» l'article 2 du même § ; car l'article 13 dit
» seulement que si les parens ou amis indi-
» qués ne peuvent se trouver à l'assemblée, le
» demandeur en divorce pourra les faire rem-
» placer par d'autres à son choix »
« D'où il suit : que les juges ajouteraient à la
» loi , en annullant les actes préliminaires d'un
» divorce, sous prétexte que le demandeur
» n'aurait pas constaté, par un acte exprès
» adressé à un parent. la convocation de
» celui-ci. quoiqu'il eut dénoncé ce choix
» à l'époux défendeur » (1)

Cette décision , nous a paru devoir trouver place ici. pour les cas analogues , et les
affaires anciennes du genre de celle qui lui
a donné naissance.

COPIE (*) *Mat. civile.*

1.º *COPIES (les) d'actes d'une ancienne procédure ne peuvent être tenues pour tronquées et
mutilées, si ce fait n'est prouvé.*

---

(1) 11 *Frim. an XIV*. Cass. *GRANET*. Jour. des Aud.
an 14 et 1806, p. 72 — *Nota*. On a vu dans l'avertissement au 2.ᵉ vol. que les dires du ministère public n'ont
des guillemets qu'au commencement et à la fin des al-
linéa, et que les décisions de la cour en ont à toutes les
lignes.

(*) Tout ce qui est relatif aux copies en fait de
procédure civile, est dicté par le code de procédure ,

Par exemple : si j'ai produit à l'appui d'une demande, les copies d'actes d'une ancienne procédure suivie au conseil de Brabant, ou ailleurs, et que, sur l'appel du jugement de première instance, ma partie adverse prétende que ces copies sont tronquées et mutilées ; elle doit prouver ce fait : à défaut de le justifier, les copies par moi produites doivent tenir lieu de pièces originales.

En effet, « les premiers juges n'ayant pas
» déclaré par le jugement attaqué, que les
» copies par moi produites fussent tronquées,
» mutilées ou morcelées, la simple alléga-
» tion du défendeur ne pourrait détruit l'effet
» que doit opérer ma production, aux termes
» de la loi, dès qu'il ne produirait pas les
» copies dont il devrait lui-même être saisi,
» moyen indiqué de justifier son allégation
» et de rendre possible la confrontation. »

» D'où il résulte que les pièces par moi pro-
» duite, devraient tenir lieu des pièces ori-
» ginales, suivant le vœu de la loi, et que
» l'exception ne pourrait recevoir d'application
» dans l'espèce ; qu'ainsi les juges d'appel (en
» accueillant la défense de ma partie adverse,
» et ayant mis l'instance à néant, sauf à
» la recommencer par action nouvelle), au-
» raient fait une fausse application de cette
» seconde disposition et seraient contrevenu à
» la première. » (1)

---

auquel le lecteur est prié de se reporter. Nous ne nous occuperons ici que de quelques règles générales et des matières criminelles.

(1) 26 *Ther. an XIII.* Cass. . *VAUTRIER.* Bul. de la Cour, an 13, p. 422. — *Nota* Il s'agissait de l'exécution des art. 35 et 36 de l'arrêté du 26 frim. an IV, pour les neufs départemens réunis.

2.º *Copies* (*le jugement rendu sur des*) dis-semblables, *produites en cause, et ordonnant l'apport de l'original, ne lie point les juges;* ils peuvent le rapporter et prononcer sur le fond.

Parce que, « le jugement qui ordonne l'ap-
» port et le dépôt au greffe d'une minute,
» *sans préjudice aux droits des parties,* n'est
» évidemment que préparatoire, puisqu'il ne
» prononce rien de définitif sur aucun point
» du litige. »

En effet « ce jugement ne prononçant en
» façon quelconque sur la validité desdites
» copies, ne les rejettant pas du procès, il se
» propose seulement de vérifier, attendu leur
» dissemblance, laquelle de ses copies est con-
» cordante avec la minute, sauf à statuer
» ensuite ce qu'il appartiendra. »

Or, « il peut arriver que la minute une
» fois représentée, aucune des deux copies
» ne s'y trouve conforme, et dès lors ne doi-
» vent point faire foi; il peut arriver aussi
» que l'une d'elles soit d'accord avec la mi-
» nute, ou que cette minute ne soit pas
» retrouvée ; »

« C'est précisement l'incertitude de cet évé-
» nement (qui justifie la règle ci-dessus po-
» sée et) qui pourrait rendre l'appel d'un sem-
» blable jugement tout à-fait inutile et frus-
» tratoire; pourquoi le législateur l'a proscrit
» avant le jugement définitif.» (1) Voy. *Appel,*
mat. civile, nomb. 3.

3.º « *Copie* (*la*) *d'un exploit tient lieu d'ori-*

De la dissemblances des copies produites en cause.

D'exploit.

---

(1) 3 *Pluv.* an *XIII.* Cass. *Cassat.* Bul. de la Cour,
an 13, p. 155. —— Jour. du Pal. an 13, 2. s. p. 2 3.

» *ginal. dans l'intérêt de la personne à qui elle*
» *est signifiée.* » (1)

Cette règle n'est plus l'objet d'un doute, néanmoins elle devait trouver place ici.

RÈGLES
GÉNÉRALES.
En matière
criminelle.

4.º « *COPIE* (*le défaut de*) *délivrée aux ac-*
» *cusés est une nullité absolue.* »

« S'il résulte du récépissé des copies de piè-
» ces, que l'accusé n'a point reçu copie de
» toutes les pièces de la procédure qui étaient
» utiles à sa défense. cette omission emporte
» nullité, aux termes de l'article 320 du code
» des délits et des peines. » (2)

« Le reçu d'une personne. qui n'est pas le
» défenseur de l'accusé, ne justifie pas cette
» remise : » (3)

Du nombre des copies dont il s'agit, sont
« les déclarations de témoins reçues par écrit
» devant l'un des juges des cours de justice
» criminelle : » (4)

5.º *COPIES* (*les*) *dues aux accusés ne doivent
plus leur être délivrées. après qu'ils ont été dé-
chargés de l'accusation et des poursuites exercées contre eux.*

En effet « dans cet état, ils n'ont plus à se
» défendre, ni par conséquent de motif légal
» pour demander qu'il leur soit donné copie
» des charges et de la procédure. » (5)

---

(1) 1.ᵉʳ *Brum. an XIII.* Jour. du Pal. an 13, 1. s. p. 522.

(2) 29 *Bru. an X.* Cass. *COUDRE.* Bul. de la Cour, an 10, part. crim. p. 85.

(3) 13 *Vend. an XII.* Cass. *ARTUS.* Bul. idem, an 12, p. 1.ʳᵉ

(4) 29 *Vent. an XIII.* Cass. *PERETTI.* Bul. idem, an 13, p. 179.

(5) 27 *Flor. an XII.* Cass. d'office. Bul. id. an 12, p. 198.

6.º *Copies* (les) *des procès-verbaux de sai- sie , en matière de douanes doivent être remises aux parties saisies à péine de nullité: mais cette nullité ne porte point de préjudice à la confis- cation qui doit toujours avoir lieu.*

C'est à-dire que « dès qu'il n'est pas établi par » le procès-verbal de saisie, qu'il ait été » donné copie du procès verbal au saisie, les » juges sont bien fondés à prononcer la nul- » lité de ce procès-verbal. » (1)

Des procès- verbaux, en matière de Douanes.

COSTUME, voyez *Commissaire de police.*

COUPE. (*)

1.º *Coupe* (une) *d'arbres ne peut être faite dans une forêt par des propriétaires ou des usagers, sans la permission des agens fores- tiers.*

D'arbres dans une forêt.

D'abord « l'ordonnance de 1769, art. 3 du » titre 26 , défend à tous possesseurs de bois » de haute futaye, assis à 10 lieues de la » mer, et à deux des riviéres navigables, de » les exploiter, qu'ils n'en ayent, six mois » auparavant, donné avis au contrôleur gé- » néral des finances et au grand maître, à » peine de 3000 livres d'amende et de confis- » cation des bois coupés et vendus ; »

« Le réglement du 1.er mars 1757 , a fait

______

(1) 14 *Frim. an XIV*. Cass. *Administ. des douanes.* Bul. de la Cour, an 14, part. crim. p. 468.

(*) *Coupe,* signifie une quantité de bois qui est des- tinée à être coupée, et le temps propre à le faire ; ce mot est synonime de *Vente : CÆDUÆ SILVÆ VENDITIO.* C'est aussi le lieu où la coupe se fait ; on le nomme aussi *Vente.*

» cesser cette différence, à raison de la si-
» tuation des bois; il assujettit tous proprié-
» taires de bois futaye, bois épars, bali-
» vaux ou taillis, dans quelques lieux et en-
» droits qu'ils soient situés, et à quelque dis-
» tance que ce soit de la mer ou des rivières
» navigables, d'en faire six mois avant de les
» couper, déclaration au greffe de la maîtrisse
» particulière des lieux où les bois qu'on veut
» faire couper, sont situés, et ce sous les *mê-*
» *mes peines que dessus.* »

Or « cette prohibition qui regarde les pro-
» priétaires, s'applique à plus forte raison,
» aux bois des communes et aux simples
» usagers. »

« Il fallait encore, dans ces derniers cas,
» un martelage pour ce qui était en coupe
» réglée. »

« En vain, pour juger autrement, s'autori-
» serait on de l'article 2 de la loi du 11 dé-
» cembre 1789, qui défend aux communautés
» de se mettre en possession des bois; en di-
» sant que cet article ne regarderait pas le
» prévenu (qui aurait coupé des arbres dans
» une forêt nationale sans avoir fait sa décla-
» ration ni obtenu de permission) sa commune
» ayant justifié de sa possession immémo-
» riale; »

Car « la conséquence qu'on en tirerait, en
» déclarant le *prévenu* exempt de faute, serait
» erronée, la loi sur laquelle on se fonderait,
» n'ayant eu d'autre but que de fixer les
» droits de propriété et d'usages que les com-
» munes pouvaient avoir dans les forêts. sans
» avoir rien changé à celles préexistantes sur
» la manière dont les droits d'usage des com-

» munes,

» munes, dans les forêts, doivent être exer-
» cés. » (1) Voy. *Bois*, notamment le nomb. 3.

2.º *Coupes (les) faites par les engagistes de* *De la part des*
forêts domaniales, sont aussi soumises aux *engagistes.*
mêmes règles.

En effet, « s'il est reconnu que les bois *dont*
» *il s'agit*, ont été concédés par un *ancien*
» *prince* à titre révocable ; »

« Par la réunion au domaine de la couronne
» des biens et droits de ce prince, les bois par
» lui concédés à titre révocable sont passés
» sous le régime de l'administration fores-
» tière ; et il ne peut conséquemment y être
» fait d'élagage ni de coupe sans l'autorisation
» de cette administration. »

« Ainsi il y aurait délit dans toute coupe ou
» toute élagage de coupe faite sans l'autori-
» sation de l'administration forestière. » (2)

3.º *Coupes (les* malversations *commises dans* *Des malversa-*
les) sont poursuivies par le conservateur, qui a *tions qui s'y*
seul qualité à cet effet. *commettent.*

D'après les principes émis au mot *Bois*,
part. civile, nomb. 1.er, cette règle s'applique
aux cas « où il s'agit de la poursuite de mal-
» versations dans les coupes et exploitations,
» et de contraventions aux lois forestières, et
» non pas de délits particuliers constatés par
» procès-verbaux des gardes ; »

Auxquels cas « le conservateur a seul qua-
» lité pour paroître et agir dans cette pour-

---

(1) 27 *Vend. an XIII.* Cass. d'office. Bul. de la Cour,
an 13, part. crim. p. 14. — Jour. des Aud an 13, p. 101.

(2) 2 *Vent. an XIII.* Cass. d'office. Bul. de la Cour, an
13, part. crim. p. 166.

» suite, aux termes des articles 5 et 6 du tit.
» 9 de la loi du 29 septembre 1791. » (1)

4.º *COUPES (dans le cas de malversation dans*
les) s'il s'élève des contestations sur la vente ou
les conditions de la vente, les tribunaux cri-
minels doivent renvoyer les parties devant les
tribunaux civils.

D'après les principes rapportés au mot *Bois,*
part. civile, nomb. 1.er

5.º Mais : *ces mêmes contestations doivent*
être renvoyées devant l'autorité administra-
tive, lorsque le prévenu prétend n'avoir coupé
et exploité qu'en vertu d'une autorisation d'un
conseil municipal, ou autre autorité adminis-
trative.

En effet lorsque le prévenu « allègue pour
» sa défense, contre le procès-verbal de l'ins-
» pecteur des forêts de l'arrondissement de
» *la situation des bois*, qu'il a été autorisé par
» le maire de la commune à faire l'abatis
» des baliveaux (*a*) et quelques cépées (*b*) de
» raspes dont il s'agit dans les procès-ver-
» baux ; s'il produit à l'appui de ce soute-
» nement une délibération du conseil muni-

---

(1) 2 *Messid. an XIII.* Cass. PARENS-LAGARENNE. Bul.
de la Cour, an 13 et 14, p. 286. Voyez 1.er *vol. p.* 331.

(*a*) *Baliveaux :* maître brin d'une souche, ou cépée,
qu'on a réservé : arbres au-dessous de quarante ans,
qu'on a aussi réservés. *Boisviaux*, suivant l'ancien lan-
gage.

(*b*) *Cépées* ou *Sépées* : buissons, mais principalement
composés de plusieurs touffes formées de plusieurs
tiges ou brins qui repoussent de la souche d'un arbre
abattu, suivant les règles de l'ordonnance.

» cipal de cette commune, c'est à l'autorité
» administrative, qu'il appartient de connaî-
» tre de la validité ou invalidité de cette
» délibération. « (1) Voyez au *Traité de com-*
pétence, mat. civ. nomb. 44 et suivant, *Actes*,
nomb. 1.er.

COURS *de cassation, d'appel, de justice
criminelle, spéciale, spéciale mixte, martiale.*

Au palais on nomme cour, des autorités judiciaires qui connaissent au nom du souverain
des différens des particuliers souverainement
et sans autre pourvoi que celui en cassation.

Voyez leurs attributions au *Traité de com-*
pétence, pour les cours d'appel, nombre 90,
pag. 91 et suivantes, et pour la cour de cassation en matière civile, nomb. 97 pag. 100.

Pour les cours de justice criminelle ordinaire, voyez pag. 213, nomb. 113; pour les
cours spéciales pag. 230, nomb. 124; pour les
cours spéciales mixtes pag. 250, nomb. 142,
et pour la cour de cassation en matière criminelle, pag. 265, nomb. 158 et suivans.

COURTIERS. (*)

1.º COURTIERS (*les fonctions des*) *sont ex-*
clusives de leur nature, relativement au né-
goce et aux négocians.

De leurs
fonctions.

---

(1) 17 *Niv. an XIV.* Cass. TOURNAY. Bul. de la Cour,
an 14, part. crim. p. 513.

(*) *Courtier :* qui s'entremet pour faire des ventes et
des prêts d'argent. Les courtiers établis en titre d'office,
pour négocier les prêts qui se font sur la place du
change, à la bourse, se nomment *Agens de change.*
Voyez ce mot.

De leurs fonctions.

« En établissant des courtiers de commerce,
» et en leur attribuant des fonctions exclusives,
» relativement aux négociations et ventes de
» marchandises , soit dans l'intérieur . soit à
» l'extérieur de la bourse, la loi du 28 ven-
» tôse an IX a placé nécessairement au nom-
» bre de ces fonctions tous les actes de cour-
» tage qui peuvent, sous le titre de direction
» ou autres, accompagner les ventes de mar-
» chandises , soit publiques, soit privées. »

« La loi défend à toutes personnes non pour-
» vues de commission de courtier, de s'im-
» miscer en façon quelconque, et sous quelque
» prétexte que ce puisse être ; dans les fonc-
» tions de courtier de commerce. »

« Les numérotages (de marchandises ven-
» dues et achetées) et tenues de carnets, (*)
» ou notes des enchères, et tous autres actes
» de direction de ventes de marchandises, qui
» caractérisent une entremise entre les mar-
» chands et les acheteurs, font partie des
» fonctions des courtiers de commerce, à l'ex-
» ception des adjudications qui sont attri-
» buées aux huissiers , greffiers et notaires,
» (ainsi qu'aux commissaires priseurs pour
» Paris) par les lois des 26 juillet 1790, 17
» septembre 1793 , et par l'arrêté du Direc-
» toire exécutif du 12 fructidor an IV , lois
» relatives aux ventes de meubles. »

Des contra-ventions aux règles ci-dessus.

2.º COURTAGE (*il y a contravention aux
règles établies pour le*) *dans le fait des per-*

(*) *Carnet :* petit livre que tient un courtier ou un
marchand , et où il inscrit au moment même, les achats
et les ventes qu'il fait, avec le nom des personnes , la
qualité , la quantité, le prix et l'époque des paiemens,
les commandes qu'il reçoit, etc.

sonnés, *non courtières, qui concourent aux ventes de marchandises par des actes d'entremise entre les vendeurs et les acheteurs.*

Il y aurait violation des lois et réglemens de la matière dans le jugement qui renverrait ces personnes de l'action contre elles intentée, par le motif que leur intervention dans une vente de marchandises ne constituerait pas une des opérations réservées aux courtiers de commerce.

En effet « cette assertion serait en opposi-
» tion directe avec les articles 7 et 11 de la
» loi du 28 ventôse an IX, et l'art. 4 du régle-
» ment du Gouvernement du 27 prairial an X,
» relatifs aux agens de change et courtiers de
» commerce. »

Il y aurait « fausse application des lois ci-
» dessus citées, relatives aux ventes publiques
» et au ministère des huissiers, et d'autant
» plus marquée à l'égard d'une vente, qui,
» quoique commencée d'une manière publi-
» que, n'aurait pas été consommée par procès-
» verbal d'adjudication, que l'intervention
» dans une opération de cette nature d'une
» personne annoncée sous la qualité de di-
» recteur de la vente, et tenant des carnets
» ou notes de prix, établit, d'une manière
» bien précise la prévention d'un exercice
» frauduleux des fonctions des courtiers. » (1)

3.° *Courtiers* (les) *ne peuvent, sans contravention, prêter leurs noms à des personnes non commissionnées pour faire des opérations commerciales.*

Qui prête son nom.
Contravention.

---

(1) 27 *Vent. an XI.* Cass. d'office. Bul. de la Cour, an 11, part. crim. p. 174.

C'est-à-dire que le courtier qui confie ses carnets, pour faire consommer sur la place des ventes de marchandises, par une personne non commissionnée, laquelle couche sur ses carnets et registres les énonciations des ventes, et qu'elle en a perçû les droits de courtage, est passible des peines portées par la loi.

En effet « s'il est constaté, que c'est au nom, » et avec approbation d'un *courtier*, qu'une » *personne non commissionnée* s'est immiscée » dans les fonctions de courtier, en traitant et » concluant des ventes de marchandises, » ce fait constitue une contravention. car, « les » opérations de courtage ne peuvent être faites, » d'après les lois et arrêtés ci-dessus cités, que » par les seuls courtiers que le Gouvernement » a nommés; . . . . il suit nécessairement que » le courtier, par cela même qu'il commet et » approuve le particulier, non commissionné » qui traite et conclut des ventes de marchan- » dises, lui prête réellement son nom; »

En conséquence le jugement qui aurait ré-laxé ce courtier, serait cassé. (1)

4.° *Il en est de même du fait de celui qui s'immisce dans la vente d'une pièce de vin;*

« Lorsqu'un procès-verbal, dressé par un » commissaire de police, constate qu'il y a eu » entremise entre le vendeur et l'acheteur, » pour l'opération de la vente d'une pièce de « vin; ce fait est s'immiscer dans les fonctions

______

(1) 4 *Messid. an XI.* Cass. d'office Bul. de la Cour, an 11, 282.

» de courtier de commerce.» (1) Voy. *Action*,
nomb. 29, part. civile pag. 30.

COUTUMES (sur les) nous observons que
les notes marginales indiquent chaque fois que
la matière est analogue à une coutume, cause
pour laquelle nous renvoyons le lecteur à ces
notes.

CRÉANCIERS.

· 1.º *CRÉANCIER* (le) *qui a déclaré, par lettre
missive à l'un de ses débiteurs, qu'il poursui-
vra son co-obligé, n'est point par ce fait non-
recevable à poursuivre ce débiteur.*

Remise
de créance.

· C'est-à-dire que si j'ai pour débiteur co-
obligés A... et B... et que j'ecrive à B .. *je
trouverais injuste qu'on vous condamnat à la
moitié du paiement ; je n'attaquerai que A..,
et c'est ce que je ferai avant son départ...*

Cette phrase ne peut me rendre non-recevable à exiger de B... la moitié de la somme
dont est question dans l'obligation qu'il a souscrite, une semblable phrase ne constitue pas la
remise de la créance.

· En effet, « une remise de créance pour être
» valable, doit être expresse, ou du moins
» résulter de présomptions si fortes, qu'on
» ne puisse douter de l'intention du créan-
» cier, selon les principes des lois 6 et 7 ff. *DE
» EXCEPT.* 3 ff. *DE PARTIS*, et 26 ff. *DE PROBAT.
» ET PRÆSUMPT.* d'autant plus que les dona-
» tions ne se présument point aisément: ce

____

(1) 29 *Vent. an XII.* Cass. d'office. Bul. de la Cour,
an 12, part. crim. p. 140.

» qu'il est impossible d'induire *de celle ci-*
» *dessus.* » (1)

Des émigrés.

2.º *CRÉANCIER (le) d'un émigré, devenu créancier direct de l'état, ne peut se libérer envers son propre créancier, au moyen du transfert d'une inscription sur le grand livre provenant de sa créance sur l'émigré.*

Parce que « les créanciers de ceux des émi-
» grés ayant obtenus des liquidations sont
» toujours restés créanciers personnels de
» leurs débiteurs, et ne le sont point devenus
» de l'état : » ainsi jugé le 22 floréal an X. Voy.
plus particuliérement le mot *Transfert.*

Qui ont été déléguées.

3.º *CRÉANCIERS (les) délégués des émigrés ne sont point tenus de rembourser à l'acqué-reur d'un émigré les paiemens qu'ils ont reçus de lui postérieurement à l'émigration de leurs débiteurs, encore que cet acquéreur aurait été obligé à un second paiement au fisc.*

C'est-à-dire, que « s'il s'agit d'un paiement
» fait non à un émigré, ou à un représentant,
» un agent, un fondé de pouvoir d'émigré,
» mais à un créancier délégué dans un contrat
» de vente fait par un émigré en 1790, et dont
» l'hypothèque remonte à une époque anté-
» rieure à la révolution ; »

« En admettant la nullité des paiemens faits
» à ce créancier ; cette nullité ne serait que
» relative, elle n'aurait pour objet que le seul
» intérêt national, et nul autre que la répu-
» blique ne serait recevable à l'opposer à un

______

(1) 25 *Germ. an* X. Cass. *CUNÉO.* Bul. de la Cour, an
10, p. 289. —— Jour. du Pal. an 10, 2. s. p. 97.

» un créancier qui n'aurait reçu que le paie-
» ment d'une dette non contestée » (1)

4.° *CRÉANCIER (le) d'un émigré qui a deux espèces d'actions à exercer, l'une hypothécaire contre un détenteur de biens, l'autre en liquidation contre le fisc, peut choisir celle des deux qui lui est la plus avantageuse.*

Par exemple : si, avant la révolution, j'ai vendu une partie de mes biens à *Paul*, qui a pris hypothèque sur tous mes biens, pour sa garantie, et qu'ensuite j'aie donné l'autre partie de mes biens à *Pierre*; ce dernier étant venu à émigrer, son émigration a entraîné la confiscation et la vente des biens compris dans la donation ;

Après mon décès, ma veuve, dont la dot est hypothéquée sur les biens vendus à *Paul*, sera fondée à tenter une action hypothécaire contre ce dernier, sauf à lui son recours contre *Paul*, ou ses ayant cause (l'état), pour raison de l'éviction qu'il éprouverait par suite de l'action exercée par mon épouse.

Pour justifier cette règle, on doit dire, *avec M. MERLIN:* » en l'an III, la république se déclara débitrice directe des dettes des émigrés, et par-là elle se mit seulement au lieu et place du débiteur ; elle s'obligea à remplir les obligations, à supporter les charges des émigrés, de la même manière que l'émigré en aurait été tenu. Mais on ne peut induire de cette disposition que la loi qui fut faite en faveur des créanciers, voulût éteindre les droits qu'ils avaient contre les autres co-débiteurs ,

____

(1) 22 *Germ. an IX.* Rej. *MAINVILLE.* Jur. notice, p. 425.

soit personnels, soit hypothécaires des émi-grés ; la loi s'est arrêté où cessait l'intérêt national; elle ne contient aucune dérogation au droit commun ; les principes de la matière sont les mêmes ; » donc *mon épouse* pourra poursuivre à son gré *Pierre* ou *Paul.*

En effet « la loi du 1.er floréal an III a bien » enlevé à *mon épouse* l'hypothèque qu'elle » avait sur les immeubles de l'émigré *Paul*, » dont la république s'est emparée, mais elle » a laissé intacte l'action hypothécaire qui » lui était acquise sur les biens des deman-» deurs ; »

« Dans l'espèce, et pour se soustraire à cette » action, *Paul* ne pourrait réclamer le bé-» néfice de discussion contre la république, » puisque l'émigré que la république repré-» senterait, n'aurait jamais été débiteur pre-» sonnel de *mon épouse.* » (1)

D'une succession. 5.° CRÉANCIER (le) *d'une succession, où il y a un héritier institué, qui a négligé de se présenter avant la distribution de la légitime aux ayant droit, ne peut exiger de ceux-ci le rapport à la succession, dans le cas où l'héritier institué serait devenu insolvable.*

En d'autres termes : si mon père m'a fait héritier testamentaire, à charge de payer 1000 francs de légitime à mes frères et sœurs; après mon acceptation de la succession, j'ai dû payer les créanciers, et ensuite payer les lé-gitimes à mes frères et sœurs: si par suite je suis devenu insolvable, le créancier de mon père, qui a négligé de se présenter avant la distri-

____

(1) 12 *Niv.* *an IX.* Rej. *PLAUTIER.* Jur. notice, p. 388.

bution des légitimes, ne peut point forcer mes frères et sœurs à le payer, par forme de rapport à la succession.

En effet « ayant été institué héritier géné-
» ral et universel par mon père. dont j'ai ac-
» cepté purement et simplement la succes-
» sion ; dès-lors mes frères et sœurs légitimai-
» res sont devenus à mon égard des créan-
» ciers ordinaires ; ils ont donc pu recevoir
» de moi leur dû , sans être tenus au rapport
» envers les créanciers de leur père. » (1)
Voyez *Héritiers* , *Successions.*

6.° *Créancier* (le) *chirographaire n'a pu , sous l'empire de l'édit de* 1771 , *prétendre la préférence dans la distribution du prix d'une sur-enchère, sur le premier acquéreur, lorsque celui-ci avait fait opposition au sceau des lettres de ratification, pour raison de la garantie des sur-enchéres dont était tenu son vendeur, le débiteur commun.* *Hypothécaire et chirogra- phaire.*

Car , dans l'espèce , « le premier acqué-
» reur était créancier hypothécaire à la date
» de son contrat d'acquêt. pour la garantie
» à exercer pour raison du prix des sur-
» enchères qu'il avait couvert ; de là il suit
» qu'à raison de cette hypothèque conser-
» vée, il avait droit sur le prix des sur-en-
» chères, par préférence aux créanciers chi-
» rographaires, ou devenus seulement hypo-
» thécaires depuis la date du contrat. »
« Pour lui enlever cette préférence , on
» ne pourrait argumenter de ce qu'il se serait

---

(1) 2 *Prair. an XII.* Rej. *Dame Buisson.* Jour. du Pal. an 13, 1. s. p. 193.— Jur. an 12, p. 387.

» obligé à parfournir le prix des sur-enchè-
» res, parce que cette obligation ne peut
» s'entendre que relativement aux créanciers
» qu'il ne primerait pas, et non à des créan-
» ciers chirographaires qui n'avaient de droit
» qu'après les hypothécaires, au nombre des-
» quels il se trouvait placé par son *premier*
» contrat. »

« Il ne serait pas exact de dire, que de cette
» manière d'entendre l'édit, il résulterait que
» la faculté qu'il donne aux créanciers chi-
» rographaires, de participer aux prix, leur
» deviendrait inutile, s'ils étaient primés par
» l'acquéreur lui-même, à raison de son in-
» demnité, puisque, d'une part, revient tou-
» jours la vérité, que l'édit ne les appelle qu'a-
» près les hypothécaires; et d'autre, qu'il peut
» arriver, par le défaut d'opposition des hy-
» thécaires, par le vice de cette opposition,
» par la négligence même de l'acquéreur à
» faire un acte conservatoire, que ces créan-
» ciers soient alors utilement appellés par la
» loi. » (1)

Sur-enchéris-
seurs.

7.º « CRÉANCIER (*l'enchère d'un*) *est un*
» *acte passé avec la justice, qui profite à toutes*
» *les parties intéressées, qui ont un titre légal,*
» *et ont fait les diligences d'inscription hypo-*
» *thécaire.* »

D'où il suit que sous le régime de la loi
du 11 brumaire an VII, (comme sous l'empire
de l'article 2190 du code civil), le créancier
n'a pu se désister d'une sur-enchère qu'au
profit des autres créanciers. Voyez *Enchères.*

___

(1) 20 *Germ. an XII.* Rej. GILBERT *et consorts.* Jour.
du Pal. an 13, 1. s. p. 52. — Jur. an 12, p. 350.

8.º *Créanciers (les) hypothécaires et les chi-* *Pour nommer* *rographaires ont le même intérêt à la nomina-* *un syndic.* *tion d'un syndic.*

Les créanciers hypothécaires doivent y être appellés.

En effet, « ni l'article 8 du titre 2 de l'or-
» nance de 1673, ni le code hypothécaire du
» 11 brumaire an VII, ne contiennent aucu-
» ne disposition d'où l'on puisse conclure qu'il
» soit défendu d'appeller les créanciers hypo-
» thécaires d'un failli à la nomination d'un
» syndic de la faillite, » (1) Voyez *Faillite.*

9.º *Créancier (le) d'un failli doit être dé-* *Déchéance.* *chu de ses créances, s'il ne représente pas les livres de commerce qu'il a dû tenir.*

« La déclaration du 13 septembre 1739 veut
» que dans toutes les faillites il ne soit reçu
» l'affirmation d'un créancier, sans qu'au prea-
» lable les parties aient remis leurs titres et
» pièces sur lesquelles elles se fondent; et que
» faute, par les créanciers, de remplir cette
» formalité et de se conformer aux autres dis-
» positions de l'ordonnance de 1673, ils soient
» déchus de leurs créances. »

« Le créancier qui a déclaré devant le tri-
» bunal de commerce être créancier . . . *ainsi*
» *qu'il le vérifiera par compte courant de tou-*
» *tes les opérations de commerce, aux offres*
» *de le vérifier par les livres qu'il offre de*
» *représenter toutes et quant fois il en sera*
» *requis.* »

« S'il déclare ensuite n'avoir point de livres
» relatifs à sa créance; si dans le fait il n'a,
» depuis cette déclaration, ni déposé, ni pré-

---

(1) 23 *Prair. an IX.* Rej. *Foucher.* Jur. notice, p. 453.

» ses livres, il s'ensuit que la peine de dé-
» chéance portée par la déclaration de 1739,
» lui serait justement appliquée. »

« Mal-à-propos *ce créancier* prétendrait-il
» échapper à cette application, sous prétexte
» que sa créance, indépendamment de tous
» livres, serait fondée sur une reconnais-
» sance du débiteur ; car la créance n'ayant
» pas d'abord été déclarée fondée sur cette
» reconnaissance ... les juges pourraient in-
» sister sur la représentation de ces livres,
» et appliquer au refus de les présenter,
» la susdite déclaration de 1739. » (1)

Saissant.
Domicile élu.
Paiement.

10.º « *CRÉANCIER (l'élection de domicile*
» *qu'un) saisissant est obligé par la loi de*
» *faire dans le lieu de la saisie, ne constitue*
» *pas mandataire du créancier celui chez qui*
» *cette élection est faite.* »

» Ainsi le paiement ou versement de la
» somme formant la dette, fait à ce domicile
» élu, en d'autres mains qu'en celles du créan-
» cier ou de son mandataire, n'opère pas la
» libération du débiteur. » (4)

Pour les différens intérêts des créanciers,
voyez les mots :

Actions, nomb. 17,	*Communauté*,
Alimens,	*Compensation*,
Arrérages,	*Confusion*,
Assignats,	*Consignation*,
Bénéfice de discussion,	*Contrainte* par corps,
et d'inventaire,	*Emigrés*,

---

(1) 12 *Flor. an XII.* Rej. MANUEL. Jour. des Aud. an
12, p. 542.

(2) 6 *Frim. an XIII.* Rej. FAREL-FOURNES. Jour. des
Aud. an 13, p. 126.

Expropriation forcée, *Renonciation*,
Faillite, *Subrogation*,
Garantie, *Succession*,
Inscription, *Transfert*,
Remboursement, *Transports*, &c.

CRÉDULITÉ. (*)

Crédulité (*l'abus de*) *doit nécessairement avoir été employé pour qu'il y ait délit d'escroquerie, dans le sens de l'article 35 de la loi du 19 juillet 1791.*

Il ne peut y avoir « abus de crédulité que
» quand le prévenu d'escroquerie savait qu'il
» en imposait sur ses promesses, ses entrepri-
» ses et les espérances qu'il donnait ; et que
» ceux avec lesquels il traitait, ignoraient
» réellement que leur adversaire se targuait de
» fausses promesses, de fausses entreprises,
» et qu'il les berçait d'espérances chiméri-
» ques ; car, l'on n'abuse pas de la crédulité
» d'autrui, lorsque l'on croit vrais les faits
» qu'on lui débite ; et la crédulité de celui-ci
» n'est point abusée, lorsqu'il connaissait
» d'avance la fausseté des faits qui lui était
» racontés ; »

S'il s'agissait d'une personne qui eut promis, moyennant une somme à lui payer, de

---

(*) *Crédulité*, disposition, ou plutôt faiblesse d'esprit, qui nous porte à croire légèrement et sans examen tout ce qu'on nous propose. *Credulitas*. Au palais, comme dans le commerce de la vie, *l'incrédulité* qui rejette tout, n'est pas plus dangereuse que la *crédulité* qui admet tout indistinctement : les *charlatans* dans la société, les *intriguans* au palais, abusent de la crédulité du peuple ; c'est sous ce rapport que la crédulité est ici considérée.

me nommer à une place, tandis qu'elle n'aurait eu que le droit de présenter à cette place, dont la nomination aurait appartenue au Préfet, lequel aurait publié un arrêté relatif à la nomination en question; la publication de cet arrêté étant antérieure à la promesse qui m'aurait été faite, je ne pourrait avec fondement soutenir que cette personne aurait abusée de ma crédulité.

En effet « si rien n'annonce que cette per-
» sonne avait réellement à l'époque susdite,
» connaissance de l'arrêté du Préfet, si ce
» n'était par la publication antérieure qui en
» avait été faite; cette publicité donnée à
» cet arrêté, dans le journal du départe-
» ment, était aussi bien de nature à m'en
» faire connaître l'existence, qu'à cette per-
» sonne; »

De cette circonstance « l'on pourrait infé-
» rer que j'avais, ainsi que cette personne,
» été instruit des entraves résultant de l'ar-
» rêté du Préfet, et que malgré cette connais-
» sance, j'aurais bien voulu transiger : d'où
» il suit que, de la condamnation de cette
» personne sans déclaration, de la part des
» juges, sur les faits décisifs de l'abus de cré-
» dulité, il résulterait une fausse application
» de l'art. 35 de la loi du 19 juillet 1791. (1)
L'espèce de cette décision se trouve rapportée plus au long au mot *Dépôt.*

CRIMINELLE (*sur les matières ou la justice*) il serait impossible de dire ici quelque

---

(1) 13 *Fruct. an XIII.* Cass. R*asse.* Bul. de la Cour, an 13, part. crim. p. 561 —— Jour. des Aud. an 13, p. 535. —— Jur. an 14 et 1806 p. 22.

chose

chose qui ne fut dite ailleurs: voyez princi-palement le *Traité de compétence*, part. cri-minelle, les mots *Actions* criminelles, *Délits*, *Procédures* criminelles, et autres indicatifs des divers faits et actes relatifs à cette matière.

CULTIVATEURS.

CULTIVATEURS (les) *demeurant dans les cinq kilomètres de la frontière, sont tenus de décla-rer la quantité de grains qui leur est nécessaire, à peine d'être saisie par les employés des doua-nes.*

C'est-à-dire « que les cultivateurs, *sus-in-*
» *diqués*, sont tenus non seulement de fai-
» re au maire la déclaration de la quantité
» de grains qui leur est nécessaire, mais encore
» d'en obtenir certificat réglant cette quotité,
» visé et déposé au bureau des douanes. »
Or, « si cette dernière formalité n'a point
» été remplie, et qu'il soit constaté par un
» procès-verbal fait chez *un cultivateur*, en
» présence du maire, par les préposés aux
» douanes, que ce cultivateur avait au-delà
» de la quantité des grains nécessaires, tant
» pour la consommation de sa famille, que ses
» semailles, journaliers, moissonneurs et bes-
» tiaux, une quantité *quelconque*; cet excédant
» ne peut être considéré que comme entrepôt,
» et est par conséquent saisissable. » (1)

CUMUL. (*)

1.º *CUMUL* (le) *de l'usufruit et de la portion*   *A l'égard*

____

(1) 17 *Vent. an* XII. Cass. *Régie des douanes.* Bul. de la Cour, an 12, part. crim. p. 126.

(*) *CUMUL. En matière de succession,* c'est le droit

disponible à lieu, en faveur des époux, aux termes de la loi du 17 nivôse an II.

En droit : « les articles 13 et 14 de la loi
» du 17 nivôse an II autorisent les époux à
» disposer entre eux de la totalité de leurs
» biens. s'ils n'ont point d'enfans, et de l'usu-
» fruit de la moitié de leurs biens, s'ils ont
» des enfans. »

« Aucun article de cette loi ne défend de
» cumuler ces deux espèces de libéralités;
» il résulte, au contraire. de son ensemble et
» de la combinaison de ses dispositions, que
» l'intention des législateurs a été qu'elles
» pussent être exercées concurremment; »

« La réponse à la question sixième, inscrite
» dans la loi du 22 ventôse an II , a expliqué,
» dans ce sens, l'esprit de la loi du 17 nivôse,
» puisqu'après avoir dit qu'à l'avenir il n'y
» aura qu'un dixième ou un sixième de dis-
» ponible, elle ajoute sauf les dons entre
» époux. »

« Il est encore déclaré dans la réponse à
» la dixième question, inscrite dans la même
» loi, que le système restrictif n'est pas pour
» les dispositions entre époux... »

« D'où il suit que la disposition de la pro-
» priété ou de l'usufuit autorisée entre époux,
» peut concourir, avec celle du sixième, en
» faveur d'autres personnes non-successi-
» bles. » (1)

---

de recueillir une chose en même temps qu'on en re-
cueille une autre d'une espèce différente; *tel* que de
recueillir les acquêts et les propres, le fond et les fruits,
la propriété et l'usufruit.

(1) 22 *Messid. an V.* Rej. *RIVOIRE.* Jur. notice, p. 110.

2.º *Cumul* (le) *accordé par la loi, d'une portion dans le propres d'une succession, avec les meubles et acquêts avenant à l'héritier institué par mariage, ne l'oblige point au rapport de la donation faite à son profit.*

Ses effets après la loi du 18 pluv. an V.

C'est-à-dire, que dans le cas où « la suc
» cession dont il s'agit, n'a été ouverte qu'a
» près la publication de la loi du 18 pluviôse
» an V ; les juges en décidant, d'après l'art.
» 1.ᵉʳ de cette loi, que l'enfant qui a en sa
» faveur une institution contractuelle, peut
» indépendamment de cet avantage, pren
» dre part à la succession de ses parens, sans
» être tenu au rapport ordonné par la loi
» du 17 nivôse an II, ne contreviendraient pas
» expressement à la loi du 18 pluviôse an V. »
(1)

CURATEUR. Voyez au *Traité de compétence*, part. civ. nomb. 6 , et les mots *Enregistrement*, *Mutation*, *Succession.*

---

(1) 25 *Niv. an XIII.* Rej. *Dumas - Faure.* Jur. an 13 , p. 129.

D.

DATE. (*du défaut de*)

A la Cour de Cassation.

1.º *DATE (la) est essentielle dans les copies d'exploit et signification : son absence est une nullité radicale.*

Lorsque « la copie de l'acte de signification » d'un jugement d'admission, n'indique pas » le mois de sa date ; »

« D'après cette omission il ne peut être » suffisamment constaté si le jugement d'ad- » mission a été dénoncé dans le délai prescrit » par l'art. 30 du réglement de 1738 ; pour- » quoi la cour déclare l'exploit nul, et le de- » mandeur déchu de son pourvoi ; » (1) *idem;*

« S'il n'y est pas fait mention du mois, mais » seulement du jour et de l'année, parceque la » copie d'un exploit tient lieu d'original à » celui contre lequel on veut en faire usage. » (2)

DES ACTES ANCIENS et sous seings privés. Pays réunis. Enregistrem.

2.º *DATE (la) des actes sous signature privée, passés avant l'établissement de l'enregistrement dans les pays réunis ;*

A été l'objet d'une différence d'opinion entre la Cour de cassation et le Conseil d'état.

Voyez au mot *Actes*, nomb. 14, et à la note, au Ier vol. pag. 75.

Suivant les lois anciennes.

3.º *DATE (il est de principe qne la) des actes anciens, faits dans les pays réunis, ne peut être*

---

(1) 4 *Brum. an* X. Rej. FREDFOND. Jour. du Pal. an 10, 1. s. p. 173 —— Jur. an 10, p. 121.

(2) 21 *Flor. an* X. Rej. *Héritiers* LUCIOT. Jur. an 10, p. 296.

déclarée certaine que suivant les lois de ce pays.

Par exemple, s'il s'agit de la date d'un acte sous seings privés daté du 11 juillet 1771, à Deux-ponts département du Mont-Tonnére, portant obligation pour la somme de 800 florins (ou 1723 fr. 88 cent.) sur laquelle il aurait été payé celle de 400 florins avant l'établissement de l'enregistrement;

Les juges en considérant cet écrit comme ayant date certaine avant l'établissement de l'enregistrement, et comme ne pouvant plus être regardé comme écrit privé, la moitié de la dot ayant été acquittée avant contestation . « contreviendraient formellement à » l'article 15 n.º 6 de la loi du 22 frimaire an » VII, publiée ensuite du réglement sur l'or- » dre judiciaire pour ce département, et à » l'article 70 de la même loi. »

En effet « lorsque rien n'indique au procès » que l'acte dont il s'agit, ait acquis une date » certaine suivant les lois du pays, s'il est » évident que les lois du pays ne s'en rap- » portaient pas à la simple énonciation des » écrits privés pour assurer la certitude de » leur date; il s'ensuit que la conséquence, » (sus indiquée tirée par les juges serait il- » légale, et contraire au vœu de la loi, puis- » que d'ailleurs la date de l'à-compte payé » ne serait pas plus certaine que celle de » l'écrit privé lui-même. » (1)

4.º **DATE** *(en droit, les actes sous seing privé n'acquièrent de)* certaines *que par l'enre-* gistrement.

De démission de biens.

______

(1) 6 *Frim. an XII.* Cass. *Règie de l'enregist.* Bul. do la Cour an 12 , p. 57.

Ce principe reçoit son application rigoureuse, même à l'égard des actes de démission de biens, par contrats de mariages sous
seing privé, fait en Normandie, sous l'empire
de la coutume de ce pays.

En vain dirait-on contre cette règle : l'usage
immémorialement suivi dans les pays régis
par cette coutume était, que les articles de mariage faits et arrêtés sous signature privée,
n'en fussent pas moins considérés comme authentiques dans la famille des contractans;
donc, ils devenaient loi domestique; cette
authenticité une fois établie, on doit moins s'arrêter à l'époque où le contrat a été revêtu
de la formalité de l'enregistrement, qu'à la date
qu'il a réellement.

Or, si cette date est du 30 mars 1791,
elle est bien antérieure à la publication de la
loi du 7 mars 1793; donc, en décidant que
l'acte dont il s'agit n'aurait acquis de date
certaine que par l'enregistrement, les juges
violeraient l'article 1.er de loi du 18 pluviôse an V.

Tous ces raisonnemens seraient vains, « car
» les contrats de mariage sous seing privé ne
» peuvent avoir une date qui soit opposable
» à des tiers, que celle de leur enregistre-
» ment; »

» Aucune des circonstances alléguées *ci-*
» *dessus* ne donnerait la preuve de la vérité
» de la date réelle du contrat de mariage; »

Il suit de là que, « les juges ne commet-
» traient aucune contravention, ni aux arti-
» cles de la ci-devant coutume de Norman-
» die, ni à l'article 1.er de la loi du 13 plu-
» viôse an V, ni à aucune autre loi, *en*
» *décidant que, dans l'espèce, les actes n'ac-*

» quièrent de date certaine que par l'enregis-
» ment, mais se conformeraient au contraire
» aux vrais principes et aux lois sur la ma-
» tière. » (1)

5.º *Date (la) indiquée par les jours et an*   *Par an et jour*
que dessus, *dans l'exploit de notification d'une*   *que dessus.*
cédule du juge de paix. datée elle même, écrite
au bas d'icelle, est suffisante.

   « Parce qu'aucunes lois ne prescrivent , à
» peine de nullité , d'énoncer matériellement
» le jour et l'année de la notification ; qu'il
» suffit que cette date soit certaine. »
   Or, « elle le devient, sans équivoque et sans
» ambiguïté , par la mention inscrite au pied
» d'une cédule et sur la même feuille , comme
» dans l'espèce , que la notification a été faite
» le même jour et la même année que ladite
» cédule a été délivrée. » (2)

6.º « *Date (la) d'un jugement arbitral est*   *D'un*
» *suffisamment justifiée par la signature des*   *jugement*
» *arbitres.* »   *arbitral.*
   Voyez *Arbitrage* , deuxième volume , page
208 , nomb. 12,

7.º *Date (la) de l'inscription hypothécaire ,*   De leur
sous l'empire de la loi du 11 *brumaire an*   effet.
VII , à défaut de transcription d'un contrat   *En fait*
d'acquisition , détermine la préférence des an-   *d'hypothèque.*
ciennes hypothèques. en cas de concours entre
les créanciers du vendeur et ceux de l'acquéreur.

---

(1) 18 *Fruct. an XIII.* Rej. *Fremont.* Jour. du Pai. an
14, 1. s. p. 305.
  (2) 25 *Germ. an X.* Rej. *Delaunoi.* Jour. du Pal. an
10, 2. s. p. 343.

En effet, « les juges en subordonnant abso-
» lument *à la date de l'inscription* le rang qu'à
» dû conserver une hypothèque sur un im-
» meuble, loin d'avoir par-là contrevenu à la
» loi de brumaire précitée, se seraient au
» contraire exactement conformés aux diffé-
» rentes dispositions de cette loi. » (1)

DATE. *En matière criminelle.*

Substitution d'une date à une autre.

1.° *DATE (la substitution d'une) à une autre, sans dessein de nuire à autrui, ne peut
devenir l'objet d'une procédure criminelle.*

Par exemple : le fait d'un notaire (*) qui,
de son aveu, a substitué la date du 17 à
celle du 7, dans un contrat de vente qu'il
a reçu, ne peut être la base d'un arrêt de
compétence de la part d'une cour criminelle
spéciale mixte, « qu'autant qu'elle déclarerait
» qu'en faisant cette intercallation, *ce notaire*
» aurait agit méchamment et à dessein de
» nuire. »

« Le silence qui serait gardé sur ce point,
» décisif, seul pour constater le crime de
» faux dans le sens du code pénal, laisserait
» nécessairement du doute dans l'esprit, sur-
» tout lorsque le prévenu aurait soutenu avoir
» agi sans mauvais dessein. »

« Dans cet état de choses, une cour spéciale
» criminelle mixte ne pourrait se déclarer

____

(1) 13 *Brum. an XIV.* Rej. *Enfans* LAMBERT. Jour. des
Aud. an 14 et 1806, p. 46.

(*) Lequel avait répondu n'avoir fait cette substitution qu'à raison qu'il n'avait pas d'argent pour payer
les droits d'enregistrement au moment où la date du
7 exigeait la présentation à l'enregistrement, et que la
partie ne lui en avait pas remis à cet effet.

» compétente, pour juger la prévention portée
» contre *ce notaire* , sans commettre un excès
» de pouvoir. (1)

2.° *DATE (l'erreur de) dans l'exposé d'un D'un acte
acte d'accusation n'en entraîne point la nullité.* d'accusation.
En effet, « si dans l'exposé, il s'est glissé une
» erreur, cette erreur *peut* se trouver *suffi-*
» *samment* réparée dans le résumé. » (2)

DÉBITEUR. (*)

1.° « *DÉBITEURS (les) de rentes constituées Rente,*
» *avant la publication de la loi du* 1.er *décem-* retenue.
» *bre* 1790 *sur la contribution foncière, ne sont* Pays réunis.
» *autorisés à faire la retenue des contributions*
» *qu'autant qu'ils étaient autorisés à faire celle*
» *des impositions existantes auparavant.* »
Or, lorsque le débiteur « dont le contrat
» remonte à 1774, n'a été autorisé à faire
» aucune retenue sur la rente par lui due,
» ni en vertu des clauses de son contrat, ni
» en vertu des lois et usages de son pays, d'a-
» près lesquels la retenue des impositions

____

(1) 24 *Prair. an XIII.* Cass. d'office. Bul. de la Cour,
an 13 et 14, p. 272.

(2) 20 *Flor. an XIII.* Cass. d'office. Bul. de la Cour,
an 13 et 14, p. 240

(*) *Débiteur* : c'est celui qui doit une somme ou une
autre chose; nous n'avons point aujourd'hui en France
d'autres peines contre les débiteurs qui ne satisfont point
leurs créanciers, que la condamnation aux dépens du
procès, et aux intérêts ou fruits de la somme ou de la
chose réclamée. La totalité de ce Dictionnaire étant
consacrée ou pour ou contre les débiteurs, il faut le
consulter aux divers mots qu'il contient, suivant les espèces; et nous ne donnerons ici que quelques règles particulières à des cas singuliers.

» n'était autorisée que sur les rentes fonciè-
» res seulement ; »

La disposition qui ordonnerait « la défal-
» cation du montant de la retenue propor-
» tionnelle à la contribution foncière, (sur
» une rente constituée) à partir du jour de
» la publication de la loi du 3 frimaire an VII
» serait en contravention avec les lois pré-
» citées. » (1)

De créances à longs termes Réduction.

2.º « *DÉBITRURS (les) de créances à longs
» termes contractées, par exemple, en 1793;
» devaient. d'après l'article 2 de la loi du 16
» nivôse an VI, n.º 1651, faire leur option dans
» le délai fixé par cet article.* »

« S'ils ne devaient, suivant leurs contrats,
» l'intérêt de la somme qu'à 4 pour cent, et s'ils
» avaient pour le payer un délai de six an-
» nées, porté conséquemment à plus de trois
» ans au-delà de la publication de la loi du
» 16 nivôse ; »

« Ils ne pouvaient demander la réduction
» de leurs dettes, qu'à condition d'en payer
» l'intérêt à 5 pour cent, et de renoncer aux
» termes stipulés dans leurs contrats. » (2)
Voyez *Assignats, Réduction, Remboursemens.*

Simples. Par obligation à court terme.

3.º *DÉBITEURS (les) a court termes ont été
tenus de remplir les mêmes conditions pour
jouir du bénéfice de réduction.*

Car, « de l'article 2 de la loi du 16 nivôse
» an VI, combiné avec l'article 6, il résulte
» que les acheteurs, pour être en droit de ré-

______

(1) 4 *Flor. an XIII.* Rej. *Régie des domaines.* Jour. des
Aud. an 13, p. 353. — Bul. de la Cour an 13, p. 295.
(2) 25 *Plair. an X.* Rej. *PERIAC.* Jur. an 10, p. 365.

» clamer le bénéfice de réduction autorisé
» par ces articles, ont été tenus de se con-
» former aux conditions prescrites par ledit
» article 6, dans le délai fixé par l'art. 2 pré-
» cédent. » (1)

4.° *Débiteurs* (les) solidaires ont put être *En fait d'ex-*
expropriés conjointement de leurs biens, et *propriation*
lesdits biens être vendus en masse. *forcée.*
                                          Solidarité.

En effet « la loi du 11 brumaire an VII n'a
» défendu l'adjudication en masse, dans au-
» cuns cas, ni à plus forte raison dans celui, où
» il y avait solidarité entre les débiteurs contre
» lesquels l'expropriation était poursuivie » (2)
Voyez *Créanciers*, *Dettes*, *Expropriation*,
Subrogation et *Substitution*.

DÉCÈS. (*)

1.° *Décès* (le) d'une partie dans les pays *Ces effets,*
réunis à la France, où les lois françaises ont *quant à la*
été promulguées, a interrompu la peremption *peremption*
d'instance. *d'instance.*

                                          Pays réunis.

En vain dirait-on, dans ces pays : l'ordonnance de Roussillon n'admettait point le
décès d'une des parties comme cause d'inter-
ruption de la peremption ; les pays réunis
n'étant dans le ressort d'aucun parlement de
France, n'étaient point soumis à l'empire de
leur jurisprudence ; c'est donc le cas d'exécuter l'article 15 de l'ordonnance de Roussillon,

---

(1) 4 *Messid. an X.* Rej. *Despinei.* Jur an 10, p. 375.

(1) 17 *Frim. an XII.* Cass. *Delmas.* Bul. de la Cour,
an 12, p. 85.

(*) Relativement aux actes de décès, voyez les nomb.
23, 24 et 25 du mot *Acte de l'état civil*, 1.er vol.

sans égard aux interprètations contradictoires qu'il a reçues en France ; que dailleurs, la prescription commencée en la personne du defunt, se propage dans l'héritier activement et passivement.

La fausseté de ses argumens s'établit par le principe « que, pour que la péremption soit interrompue, « il suffit que l'une des parties en » l'instance soit décédée avant l'expiration » des trois années exigées par l'ordonnance » susdite ; et que par ce décès l'instance démeurant suspendue, elle n'est plus sujette » à la péremption avant d'être reprise. » (1)

De la mutation qu'il opère. Règle générale.

2.º *Décès (le) d'une personne donne lieu à la mutation de ses biens ; à la déclaration et au droit d'enregistrement d'icelle.*

En thèse « les droits de mutation sont ouverts par le décès de celui des biens duquel il s'agit ; ils ne sont exigibles que lors » des déclarations qui sont passées par les héritiers légataires ... dans le délai de six » mois qui leur est accordé, ou après ce délai légal expiré, sans qu'il ait été fait de déclaration. » Voyez la note (1) page 190.

En vain *l'un des créanciers du défunt*, autorisé à administrer la succession, demeurée vacante, exciperait-il contre la règle ci-dessus, de ce que les héritiers légitimes de ce défunt auraient renoncé à la succession ; et soutiendrait-il qu'ils étaient seuls astreints à faire la déclaration prescrite par la loi, et qu'il ne

---

(1) 27 *Germ. an XIII.* Rej. *De Pape.* Jour. du Pal. an 14, 1. s. p. 137. — Jour. des Aud. an 13, p. 357. — *Daté* 25 *dito.* Jur. an 13, p. 363.

s'est point opèré de mutation par le décès :
on lui répondrait ;

« L'instant du décès du précédent pro-
» priétaire fixe celui de l'ouverture de la
» succession et du droit d'enregistrement, ..
» soit que la succession soit acceptée sous
» bénéfice d'inventaire, soit qu'elle soit répu-
» diée où demeurée vacante, où qu'elle soit
» administrée par un curateur. » (1)

3.º *Décès (le) d'un militaire ne donne lieu
à la déclaration des biens qu'il a délaissés, que
dans les six mois du jour de la mise en possession de ses héritiers ; si le décès a eu lieu
hors de son département.*

Exception à l'égard des militaires.

En effet, « la règle *ci-dessus* posée en termes
» généraux dans le §. 1.ᵉʳ de l'art. 24 de la loi
» du 22 frimaire an VII, reçoit une excep-
» tion, au désir d'un autre paragraphe du
» même article, lorsqu'il s'agit de la succes-
» sion d'un défenseur de la patrie, mort en
» activité de service hors de son département,
» tellement qu'en ce cas, le délai pour ac-
» quitter le droit de mutation ouvert par le
» décès de ce militaire, ne commence néan-
» moins à courir que du jour de la mise en
» possession de ceux qui sont appellés à re-
» cueillir sa succession ; encore que le droit de
» lui succéder, bien différent du fait de cette
» mise en possession, remonte à son décès. »
» Ainsi le décès d'un militaire en activité de
» service hors de son département, étant ar-
» rivé le 20 fruct. an II, mais seulement connu

____

(1). 18 *Niv. an XII.* Cass. *Régie de l'enregistr.* Bul. de
la Cour, an 12, p. 117. — 3 *Niv. an XIII.* Bul. de la
Cour, an 13, p. 115.

» de *ses héritiers*, par le certificat du conseil
» d'administration de *son corps*, le 6 messidor
» an X, ce n'est que du jour de leur mise en
» possession de ses biens, que ses successeurs
» pourraient partir pour commencer les cinq
» années après lesquelles l'administration *de*
» *l'enregistrement* n'aurait plus d'action, ni
» pour exiger d'eux une déclaration des biens
» qui ont été l'objet de cette mise en posses-
» sion, ni pour leur faire payer un droit quel-
» conque de mutation, à raison du décès de
» ce défenseur. » (1)

Autre excep-
tion, pour
cause de
séquestre.

4.° *Décès (on ne doit avoir aucun égard au*
jour du) en fait de mutation, lorsque les biens
délaissés sont sous le sequestre national.

Si « lors du décès les biens du défunt ont
» été sous le sequéstre ; ... l'ouverture des
» droits de mutation dûs à *l'état* ne peut pas
» avoir lieu pendant que les biens qui com-
» posent la succession sont sous la main de
» *l'état*, mais seulement au moment où les
» héritiers naturels sont mis en possession
» réelle desdits biens. » (2)

De l'influence
de son indica-
tion sur la na-
ture des actes.

Donation.

5.° *Décès (le) du donateur, indiqué dans*
une donation faite par contrat de mariage et
qualifiée entre vifs, comme étant l'époque où
elle devra recevoir son effet, donne à cet
acte le caractère d'une donation à cause de
mort.

---

(1) 19 *Therm. an XIII.* Pour les articles, 2 et 3 : Cass.
Régie de l'enregistr. Jour. des Aud. an 13, p. 509. — Bul.
de la Cour, an 13, p. 399.

(2) 2 *Vent. an XI.* Cass. *Régie de l'enregistr.* Bul. de la
Cour, an 11, p. 160.

· En effet, « bien qu'une semblable dona-
» tion soit qualifié entre vif, elle ne peut
» être jugée telle, parce qu'ayant été sti-
» pulé par le donateur, sous la condition
» qu'elle n'aurait son effet qu'après sa mort...
» et non plutôt...; il résulte d'une disposition
» ainsi conçue, que le donataire ne peut être
» saisi de rien avant le décès du donateur. »
(1) Voyez *Donation.*

6.° *Décès (le) d'une personne n'a pas dû*
empêcher la continuation d'une expropriation, Expropria-
commencée en son vivant, lorsque le décès tion.
n'a point été signifié aux termes de l'ordon- Ordonnance
nance de 1667 ; sur tout lorsque la saisie des de 1667.
biens a été faite sur la tête de deux époux
dont l'un était encore existant.

Paul et sa femme ayant été saisis dans leurs
biens en 1784, ils ont constitué procureur; le
premier est décédé en 1785; son épouse quitte
le domicile mortuaire; peu après un créancier lui fait signifier à son ancien domicile, la
saisie réelle des biens déjà saisis sur la communauté;

D'une part, le créancier en correspondance
avec la veuve *Paul,* lui donne dans ses lettres, le titre de veuve; cependant il fait vendre par décret les biens saisis réellement,

D'autre part, la veuve *Paul* prétend n'avoir
eu aucune connaissance de toute la procédure; elle accuse le créancier d'avoir usé de
son crédit pour consommer ténébreusement
la vente spoliatrice dont il s'agit; elle attaque
cette vente comme étant faite en contraven-

___

(2) 7 *Vent. an XIII.* Rej. *Héritiers* BESOGNET. Jour.
des Aud. an 13, p. 305. — Jur. an 13, p. 193.

tion à l'article 1.er du titre 26 de l'ordonnance de 1667, par le motif que le décès de *Paul* était notoire.

Le pourvoi de la veuve *Paul* est-il fondé ? *NON ;*

Parce que « lorsque les adjudications dont » il s'agit, ont été faites et poursuivies, le » décès de *Paul* débiteur n'avait pas été si-» gnifié au poursuivant ; »

Parce que « d'ailleurs la saisie réelle a été » faite sur la tête de *Paul* et de sa femme, » avant le décès du premier ; et qu'un pro-» cureur s'est constitué pour lui ; »

D'où il suit : « qu'en validant les adjudica-» tions, nonobstant ce décès, les juges n'au-» raient fait que se conformer à l'article 3 du » titre 26 de l'ordonnance de 1667. » (1)

En fait de pourvoi en cassation.

7.º *DÉCÈS* (le) *de la partie contre laquelle une requête en cassation a été admise, ne permet plus la signification du jugement d'ad-mission à son domicile.*

Parce « qu'un pourvoi en cassation consti-» tue une instance nouvelle, tout-à-fait in-» dépendante de celles qui l'ont précédée, » qui doit par conséquent, comme toutes » les instances principales, commencer par » un acte signifié à personne ou domicile ; » ainsi la citation donnée à *une personne* dé-» cédée, ne peut remplir le vœu de la loi ; » et enfin, c'est à celui qui a intérêt de

______

(1) 23 *Vent. an XI.* Rej. *Dame BITARD.* Jur. an 11, p. 223. — *Nota.* Les expropriations poursuivies aux termes de la loi du 11 brumaire an VII, où semblables incidens se rencontreraient, devraient être jugées par les mêmes principes ; c'est ce qui a fait placer ici cet article. *Note du Rédacteur.*

» former

» former une action à s'enquérir de l'exis-
» tence ou non existence des personnes contre
» lesquelles il peut valablement diriger ses
» poursuites. » (1)

D'où il suit « que la partie étant décédée
» depuis l'arrêt d'admission, la signification
» est valablement faite à sa veuve et à ses en-
» fans, *ou autres* qui le représentent naturel-
» lement, sans qu'il soit besoin d'un nouvel
» arrêt qui permette de les citer sur cette ad-
» mission. » (2)

DÉCHÉANCE.

1.°. DÉCHÉANCE (*la*) *de la faculté de ré-*
méré, dans le ressort du ci-devant parlement
de Bordeaux, n'était point acquise de plein
droit ; elle devait être prononcée par juge-
ment.

De la faculté de réméré.

Parlemens de Paris et de Bordeaux.

En effet, « il est prouvé qu'en Angoumois,
» l'usage était établi de n'opèrer la déchéance
» de la faculté de rachat, même après le dé-
» lai, que par un jugement. » (3)

En thèse « loin de commettre une violation
» de la loi, en déclarant non-recevable l'action
» en réméré exercée, (avant le code civil),
» par le *vendeur*, après l'expiration du délai
» qu'il se serait réservé pour exercer cette fa-

---

(1) 14 *Niv. an XI.* Déchéance. *THOUVENIN.* Jur. an
12, p. 9.

(2) 13 *Therm. an XII.* Cass. *QUESTE.* Bul. de la Cour,
an 13, p. 378.

(3) 8 *Messid. an XII.* Rej. *ROUX.* Jour. des Aud. an 12,
p. 466. — Jur. an 12, p. 352. — Jour. du Pal. an 13, 1.
2. P. 551.

IIIe Vol.   N

» culté , les juges se conformeraient aux vrais
» principes de la matière ; »

« Surtout s'ils ne se trouvaient pas dans l'an-
» cien ressort du Parlement de Paris, qui avait
» une jurisprudence contraire. » (1) Voyez
Jurisprudence.

D'un acquéreur de Domaines nationaux. Mutation

2.º « DÉCHÉANCE (la) qu'un acquéreur de
» domaines nationaux a encourue relativement
» auxdits biens, ne le rend point exempt du
» paiement du droit d'enregistrement ; »

« N'y ayant aucune loi qui décharge l'ac-
» quéreur de ces droits, dans le cas de la
» déchéance. » (2)

N'a lieu qu'au profit de l'état.

3.º DÉCHÉANCE (la) d'un acquéreur de biens
nationaux est uniquement au profit de l'état.

Par exemple : si j'ai revendu, en l'an VII,
des domaines nationaux par moi acquis, à
charge par mon acquéreur d'employer une
partie du prix au paiement de ce que je devais
à l'état, sans avoir stipulé aucune clause résolutoire ;

La survenance des lois des 11 frimaire et 18
pluviôse an VIII, qui exigeaient des retarda-
taires dans les paiemens et dans les délais
fixés, la souscription de cédules payables dans
deux mois, à peine de déchéance, n'ont pu
m'autoriser à souscrire des cédules, à paiement
de ce que mon acquéreur redevait, pour ma
décharge envers l'état ; et à me croire redevenu propriétaire, par suite de mes cédules,

---

(1) 2 *Frim. an XII.* Rej. GOBELET. Jour. du Pal. an
13, 1. s. p. 17.

(2) 4 *Vent. an XI.* Rej. VILLEQUEY. Jur. an 11, p. 256.

dès biens par moi vendus, ni à former opposition entre les mains des fermiers de ces biens,
ni à exiger le paiement des fermages échus
et à écheoir ;

Pour justifier, cette proposition, remarquer
« que la déchéance et la dépossession pronon-
» cée par la loi du 11 frimaire an 8, art. 10,
» 11 et 13, ne le sont qu'au profit de l'état,
» et seulement dans le cas où les acquéreurs
» des domaines nationaux n'auraient pas, dans
» le délai déterminé, fait à l'administration
» centrale, la déclaration requise, et souscrit
» les cédules ou obligations exigées ; »

D'où il suit » que mon acquéreur n'étant pas
» dans le cas prévu de la déchéance et de
» la dépossession, qui n'étaient stipulées qu'en
» faveur de l'état, et ne pouvaient me profiter
» qu'autant que, ce qui n'est pas le cas, j'au-
» rais été subrogé en tous ses droits et ac-
» tions; il y aurait fausse application de cette
» loi, (du 11 frimaire an VIII) en déclarant
» la déchéance et la dépossession encourues,
» et surtout à mon profit. » (1)

4.° *DÉCHÉANCE (la) des inscriptions hypothécaires, dans les pays réunis, mais antérieurs
à leur réunion, a été acquise, même contre les
mineurs ; si elles n'ont été inscrites de nouveau dans le délai prescrit par la loi concernant le régime hythécaire.*

Parce que « la circonstance qu'un titre de
» créance a été passé en pays *alors* étranger,
» ne dispensait pas le créancier qui voulait

*En matière
d'hypothèque.
Pays réunis.*

---

(1) 13 *Therm*, *an XII*. Cass, QUESTE. Bul. de la Cour,
an 12, p. 378.

» acquérir une hypothèque sur des biens si-
» tués en France, de faire son inscription dans
» le délai prescrit par les lois et réglemens qui
» régissaient leur territoire, à peine de dé-
» chéance, tant contre les mineurs que con-
» tre les majeurs. » (1) Voyez *Appel*, *Brevet*
d'invention, *Inscription* de faux, *Privilège*,
et autres mots suivant les cas.

En fait de pourvoi en cassation.

De les causes et de ses effets.

5.° *Déchéance* (la) *d'un pourvoi en cassation exclut la faculté d'un nouveau pourvoi.*

« Le nouveau pourvoi serait inadmissible
» par l'effet de la déchéance absolue du pre-
» mier jugement encourue ; »

» Par le défaut de signification du juge-
» ment d'admission dans le délai utile, lors
» même que la signification du jugement at-
» taqué serait irrégulière, et que ce juge-
» ment devrait être considéré comme non
» signifié ; » (2)

« Faute de joindre à la requête en pourvoi
» la copie signifiée, ou une expédition du
» jugement dénoncé. » (3)

DÉCISIONS. Voyez *Arbitres*.

DÉCIME par franc. Voyez *Prises martimes*.

DÉCLARATION. *En matière civile.*

Du Roi.

1.° « *Déclaration* (la) de 1733, *n'est point*

---

(1) 7 *Germ. an XII.* Rej. Nesselrode. Jour. des Aud.
an 12, p. 297.

(2) 10 *Fruct. an XI.* Rej. *Habitans de St.-Flin.* Jour.
des Aud. an 12, p. 77.

(3) 23 *Brum. an X.* Déchéauce. *Préfet du Cavados.* Jur.
an 10, p. 123.

» *applicable aux lettres de changes.* » Voyez Du 22 septem.
1733. *Lettres de changes.*

« *Les constitutions de rente* ne sont pas ex-
» pressément comprises dans la déclaration
» de 1733. » Voyez *Constitutions* de rente.

2.º *Déclaration (cette) est applicable à
l'acte de dépôt d'une somme d'argent.*

« Les juges sont fondés à prononcer, d'après
» la généralité des expressions de cette loi,
» la nullité d'un billet de dépôt, dès que
» ce billet, quoique causé valeur en argent,
» n'a été ni écrit, ni approuvé par le signa-
» taire; lorsqu'il n'est point fermier dans le
» sens que le préambule de la déclaration du
» 22 septembre 1733 attache à cette qualité. »

3.º *L'exception qu'elle établit à l'égard des
fermiers, doit-être restreinte aux gens occupés
à la culture des terres.*

*Des excep-
tions qu'elle
prononce.*

C'est-à-dire, que celui qui n'est fermier que
de quelques portions de prés ou terres pour
l'avantage de l'exploitation de ses propres
biens, n'est point fermier dans le sens de la
loi; « cette appréciation est conforme et justi-
» fiée par le préambule de cette déclaration,
» qui a clairement expliqué que l'exception
» concernait les personnes occupées à la cul-
» ture des terres; c'est à dire qui par état louent
» et font valoir les terres d'autrui, et non les
» propriétaires qui deviennent accidentelle-
» ment fermiers, ou qui exploitent leurs pro-
» pres domaines. » (1)

---

(1) 11 *Brum. an XII.* Rej. *Demoiselle* Duchalard.
Jour. des Aud. an 12, p. 176. — Jour. du Pal. an 12,
1. s. p. 279.

De command.
Enregistrem.

4.º « *DÉCLARATION* (la) *de command doit* » *etre notifiée au receveur du droit d'enregis-* » *trement; pour être dispensé du droit propor-* » *tionnel de* 4 *pour cent. et pour ne payer par* » *suite qu'un droit fixe d'un franc;* »

Et ce « quelque soit la qualité ou la distance » du domicile de l'officier public qui reçoit » la déclaration de command; car, substituer » le délai fixe pour tout autre acte authenti- » que, mobile de sa nature, au premier qui » est fixé et invariable, c'est évidemment faire » tout le contraire de ce que veut l'article 68, » §. 1, n.º 24 de la loi du 22 frimaire an VII. » (1)

Mais, « pour que la déclaration de com- » mand ou d'ami ne soit sujette qu'à un » droit fixe d'un franc, il faut, le concours » des trois conditions suivantes; 1.º que la fa- » culté d'élire un command ou ami, ait été » réservée dans l'acte d'adjudication ou de » vente; 2.º que cette déclaration ait été » faite par acte public; 3.º enfin, qu'elle ait » été notifiée dans les 24 heures de l'adjudi- » cation ou du contrat : le défaut d'une seule » de ces conditions doit faire regarder la dé- » claration de command ou d'ami comme » une véritable revente. »

Car « lorsque le n.º 3 du §. 7 de l'art. 69 as- » sujetti au droit proportionnel les déclara- » tions de command ou d'ami, qui n'ont pas » été faites dans les 24 heures, la loi pour être » d'accord avec elle-même, a nécessairement » entendu parler des déclarations qui n'ont

______

(1) 19 *Germ. an XII.* Cass. *Régie de l'enregist.* Jour. du Pal an 12, 2. s. p. 487. —— Bul. de la Cour, an 12, p. 224.

» pas été faites dans les formes voulues par
» son article 68 et sus-indiquées. » (1)

5.° *Une déclaration de command peut être
reçue avant l'enregistrement du procès-verbal
d'adjudication ;*

, En effet « l'article 41 de la loi du 22 frimaire
» précitée prohibant de faire aucun autre
» acte, en conséquence d'un acte non-enre-
» gistré, n'a pû avoir pour objet les élections
» de command, qui sont identiques avec l'ad-
» judication, et qui deviendraient impratica-
» bles dans le délai accordé par cette même
» loi, au gré des fonctionnaires publics char-
» gés de faire enregistrer les actes d'adjudi-
» cations ; » (2)
« L'article 68 de cette loi veut qu'elle ait
» lieu dans le délai fatal ; sa disposition n'est
» point contradictoire avec l'article 69, mais
» elle a seulement voulu prévenir les fraudes,
» en ne considérant comme réellement exé-
» cutées dans les 24 heures, que les déclara-
» tions notifiées sous le même délai. » (1)

6.° *DÉCLARATION (le jugement de) d'absence
est indipensable, avant le partage d'une succession ouverte avant la publication du code
civil, lorsqu'un des héritiers est absent.*

« Lorsqu'une partie intéressée a expressement
» conclu à ce qu'avant de soumettre au par-
« tage, la portion du présumé absent, son
» absence soit déclarée, légalement ; les juges

D'absence.
Succession.
Partage.

---

(1) 3 *Vent. an XI.* Cass. *Régie de l'enregistr.* Bul. de
la Cour, an 11, p. 164.

(2) 13 *Brum. an XIV.* Rej. *Régie de l'enregistr.* Jour. du
Pal. 1806, 1, s. p. 161.

» en se refusant à ce préalable, indiqué par
» la loi, fourniraient matière à la cassation
» de leur jugement, au vu des articles 115,
» 116 et 117 du code civil. » (1) Voyez *Traité
de compétence*, part. civ. pag. 16, nomb. 3.

7.° « *L'acte de partage* sous signature privée
» fait entre les héritiers d'une succession, sur
» lequel il n'a été perçu à l'enregistrement
» que le droit sur un partage, ne peut être
» assimilé aux actes sous seing privé, dont
» parle l'article 2 de la loi du 19 décembre
» 1790, (ni tenir lieu de déclaration de suc-
» cession) lorsqu'il ne contient pas cette dé-
» claration. » (2)

8.° *L'estimation des immeubles*, pour le
paiement des droits de mutation qui s'opère
par décès, se fait d'après la déclaration esti-
mative des parties, sans distinction des charges. (3) Voy. *Héritier* bénéficiaire, *Mutation.*

9.° *Si la déclaration est trouvée insuffisante*,
il n'est pas indispensable de constater la valeur
réelle des biens de la succession, par experts :
Car, dans l'espèce, « la loi n'admet l'expertise
» qu'à défaut d'actes qui puissent faire con-
» naître le véritable revenu des biens ; or,
» ce véritable revenu est *suffisamment* constaté
» par des baux authentiques. » (4)

---

(1) 1.ᵉʳ *Prair.* an XIII. Cass. PERRON. Jour. des Aud.
an 13, p. 438. — Bul. de la Cour, an 13, p. 312.

(2) 23 *Prair.* an IX. Cass. *Régie de l'enregist.* Bul.
de la Cour, an 9, p. 228.

(3) 5 *Niv.* an XII. Cass. *Régie de l'enrsgist.* Bul. de la
Cour, an 12, p. 104.

(4) 7 *Germ.* an XII. Cass. *Régie de l'enregistr.* Bul. de
la Cour, an 12, p. 212.

10.º *DÉCLARATION (la) d'une partie civile, en cause, qu'elle ne veut avouer ni contester la créance demandée contr'elle, suffit pour donner au jugement, qui en est la suite, la qualité de* jugement contradictoire.

En justice.
Jugement contradictoire.

Car, « la comparution de *cette partie* au
» tribunal, lors dudit jugement, atteste qu'elle
» y a proposé ses exceptions, de la manière
» qu'elle a jugé la plus convenable à ses inté-
» rêts.» (1)

11.º « *DÉCLARATION (la) faite dans un acte*
» *de naissance, que la mère est épouse, peut*
» *être fausse, sans que la substance de cet*
» *acte soit altéreé, ni la prévoyance et l'objet*
» *de la loi trompée.* »

Dans les actes de l'état civil.
Naissance.

Car, « cette déclaration ne constitue aucun
» droit d'épouse en faveur de la mère; puisque
» ce n'est pas dans les actes de naissance que
» ces droits peuvent avoir leur origine et leur
» base. » (2) V. au *Traité de compétence*, part. criminelle, nomb. 25.

12.º *Celle, de la même espèce, faite par un juge, constitue une faute grave, passible de la suspension de l'exercice de ses fonctions.*

En semblabe cas, « la cour a ordonné que
» *le juge* demeurerait suspendu pendant cinq
» ans de ses fonctions de juge; lui a fait dé-
» fense de les exercer pendant ledit temps, à
» peine de faux. » (3)

---

(1) 4 *Fév.* 1806. Rej. JOASSELIN. Jour. des Aud. an 14 et 1806, p. 255.

(2) 18 *Brum. an XII.* Cass. HUREL. Jour. du Pal. an 13, 1. s. p. 41. — Jour. des Aud. an 12, n° 186.

(3) 2 *Germ. an XIII.* D'office. Jour. des Aud. an 13, p. 325.

13.° DÉCLARATIONS (les) de paternité re-
connue en justice, avant la loi du 12 brumaire
an II , doivent avoir leur effet comme par le
passé, à l'égard des alimens dûs à l'enfant.

De paternité.
Faite avant le
12 bru. an II.

Passons à l'établissement du fait qui peut
donner lieu à l'application de cette règle:

Si par mes liaisons avec *la fille C...* , en
1792, je lui ai donné occasion de me déférer
la paternité de sa fille, baptisée seulement
sous le nom de sa mère ; si elle m'a fait assigner en avril 1793, au tribunal de mon district, pour me faire déclarer père de sadite
fille, et condamner à l'élever, la nourrir et
entretenir, et en outre en des dommages-
intérêts envers elle ;

Le jugement obtenu, même par defaut
contre moi, lequel m'aurait reconnu père de
l'enfant et condamné à m'en charger, et en
800 fr. de dommages-intérêts envers la mère,
serait susceptible de recevoir son exécution.

Envain, pour m'opposer à l'exécution de ce
jugement, dirais-je : la loi du 12 brumaire
an II ne permet plus de donner suite à l'action
en déclaration de paternité dirigée contre
moi ; le jugement en question viole les articles
10 et 11 de la susdite loi, en ce qu'il a fait
sortir la qualité de père d'actes et circonstances (*) autres que ceux exigés en ce cas par
ces articles : c'est à dire, de la reconnaissance
devant l'officier de l'état civil : il contient un
excès de pouvoir et une entreprise sur le pouvoir législatif, en ce qu'il a établi lui même
des règles de paternité dont le corps législatif

(*) De la déclaration de la mère, laquelle n'indiquait
personne, et de la lettre par moi écrite à cette fille.

s'était expressément réservé la détermination,
par la loi du 4 juin 1793.

On répondrait à cette défense : il ne s'agis-
» sait pas, dans l'espèce, ainsi que le constate
» le jugement attaqué, du droit de successi-
» bilité, mais uniquement de l'obligation où
» était, avant la publication de la loi du 12
» brumaire an II, le père naturel de se char-
» ger de l'enfant dont les preuves, autorisées
» par la législation d'alors, le déclaraient l'au-
» teur ; »

« Le décret du 4 pluviôse an II veut que
» les procès intentés avant cette loi, au nom
» des enfans nés hors mariage, soient jugés
» conformément aux lois anciennes ; »

« Le procès dont il s'agit, commencé le 24
» avril 1793, et à l'occasion duquel est inter-
» venu le jugement définitif et par défaut
» du 11 juillet suivant, existait déjà quand
» cette loi a paru ; »

D'où il suit que ce jugement « en vous décla-
» rant (me dirait-on) le père de l'enfant dont
» *la fille C. . .* est accouchée le 28 février 1793,
» et en vous condamnant, comme tel, à vous
» en charger, n'a violé aucune des lois invo-
» quées. » (1) Voyez *Dommages-intérêts,*
Enfant naturel, *Paternité.*

14.° *DÉCLARATION (le défaut de) du capitaine dont le vaisseau, chargé de marchandises prohibées, est en relâche forcé dans les
quatre lieues des côtes, donne seulement lieu
à l'amende.*

EN MATIÈRE MARITIME. D'un capitaine de vaissaux.

------

(1) 21 *Prair. an* X. Rej. C*oulan*. Jur. an 10, p. 257.

Douanes.

En effet « lorsque le bâtiment dont il s'agit,
» était en pleine mer en relâche forcé ;
» sur le défaut de déclaration dans les vingt-
» quatre heures, les juges en condamnant
» le capitaine à 500 fr. d'amende, en vertu
» des articles 1.er du tit. 6, et 4 du tit. 2 de la
» loi du 22 août 1791, ne feraient qu'une juste
» application de la loi. » (1)

Certificat d'origine.

15.° « DÉCLARATION (*la*) *insérée dans un*
» *certificat d'origine*, (délivré par exemple,
» par la municipalité de Bâle) que les mar-
» chandises dont il s'agit, sont propriétés suis-
» ses, n'équivaut pas, et ne peut suppléer à
» l'attestation formelle requise, par l'article 4
» de la loi du 1.er mai 1793, pour la régularité
» d'un certificat d'origine. »
Car « en supposant que ce certificat d'origine
» soit conçu dans les termes de la loi, il ne doit
» s'appliquer qu'aux marchandises *déclarées*,
» et non à celles dont il n'est pas fait men-
» tion . . . ou sont faussement *déclarées*. » (2)

DÉCLARATION. *En matière criminelle.*

DES JURYS et des Juges en jugeant.

1.° DÉCLARATION (*la*) *d'un jury ne peut être
attaquée sous le prétexte de conjectures et de
faits dont la certitude est impossible à acquérir.*
Par exemple, on ne pourrait valablement
produire, comme moyen unique de cassation
d'une déclaration de jury, le certificat d'un
greffier du tribunal de commerce, pour prou-

---

(1) 28 *Therm. an XI.* Rej. *Régie des douanes.* Jour·
du Pal. an 11, 2. s. p. 545.

(2) 29 *Frim. an X.* Cass. *Régie des douanes.* Bul. de
la Cour, an 10, part. crim. p. 135.

ver qu'une des personnes qui aurait rempli les fonctions de juré était en faillite.

Parce que « l'accusé a la faculté de récuser » ce juré, même péremptoirement, et qu'il peut » proposer ce reproche devant la cour crimi- » nelle, auquel cas le juré peut le contredire; » ce qui ne peut avoir lieu devant la Cour » de cassation ; » voyez *Jurés* et *Récusation.*

2.º *DÉCLARATION* (la) *du jury ne peut être le motif d'un pourvoi en cassation, quand elle serait erronée, et qu'elle choquerait les idées les plus communes sur la matière;* QUAND ELLES PEUVENT ÉTRE CASSÉES (a)

« La connaissance des faits présentés et dé- » clarés par un jury légal, étant étrangère » à la compétence de la cour; lorsque la pro- » cédure a été régulièrement instruite et ap- » pliquée suivant le vœu de la loi. » (1)

3.º *DÉCLARATIONS* (les) *des jurys peuvent être cassées ;* lorsqu'elles ont été rendues,

Primo, « sur un acte d'accusation contenant » la copie presque littérale des déclarations » de témoins , faites devant le juge de paix » (ou directeur du jury) qui n'a pas été voilée, » lorsque ledit acte d'accusation a été remis » au jury de jugement ; d'où il résulte une » violation de l'article 365 du code du 3 bru- » maire an IV. »(2)

---

(1) 17 *Niv. an* X. Rej. *Femme* CONORE. Jour. du Pal. an 10, 1. s. p. 371.

(a) Voyez sur cette matière, les principes généraux rapportés au *Traité de compétence,* en matière criminelle, nomb. 123. p 227,

(2) 7 *Vend. an* X. Cass. GIRARD. Bul. de la Cour, an 10, part. crim. p. 10.

Secundo, « si le chef du jury s'est borné à
» déclarer que les jurés ont fait la déclara-
» tion dont il aurait donné lecture ; »
Parce « qu'il doit encore, pour se confor-
» mer à l'article 413 du code, prescrit à peine
» de nullité par l'art. 444, déclarer en son
» honneur et conscience que telle a été réel-
» lement la déclaration du jury, formalité
» exigée par la loi pour donner une double ga-
» rantie à la société et à l'accusé ; c'est pour
» mettre à même le chef du jury de faire
» cette déclaration avec connaissance de
» cause, que l'article 387 du même code exige
» qu'il soit présent aux réponses individuel-
» les des jurés sur les questions qui leur ont
» été soumises. » (1)

Tertio, « si la déclaration des jurés contient
» des contradictions telles qu'elle ne puisse
» servir de base ni à un acquittement, ni à
» une application de loi pénale ;» Voy. *Ques-*
tions posées aux jurys.

Car « en prononçant une condamnation sur
» une déclaration, dont les différentes parties
» ne pourraient exister ensemble, les juges
» commettraient un excès de pouvoir, et dès-
» lors il y aurait lieu à cassation d'après la
» sixième disposition de l'art 456 du code
» précité. » (2) Voyez *Excès* de pouvoirs.

Quarto, Comme si « après avoir déclaré
» qu'un homicide n'avait ni sabre ni pisto-
» lets, et qu'il n'en avait point frappé l'accusé,

---

(1) 8 *Vent. an X. BALARESQUE et consorts.* Bul. de la
Cour, an 10, part. crim. p. 251. —— 27 *Messid. an XI.*
Bul. *id.* an 11, part. *id.* p. 308.

(2) 4 *Flor. an X.* Cass. *COURROYE.* Bul. de la Cour, an
10, part. crim. p. 309.

» ils établissaient que ces faits présentraient
» une provocation violente qui rendrait l'ho-
» micide excusable ; »

QUAND ELLES
PEUVENT
ÊTRE CASSÉES

« Une semblable déclaration se détruisant
» elle-même, dès-lors elle ne pourrait servir de
» base à un jugement. » (1)

Quinto, « Si les jurés étaient tombés dans la
» malheureuse inconséquence de déclarer
» qu'un accusé aurait exposé des monnaies con-
» trefaites, qu'il l'aurait fait sciemment, mais
» qu'il n'aurait pas eu l'intention du crime ;
» déclaration qui se détruirait elle-même par
» sa propre contradiction. » (2)

Sexto, s'ils décidaient « qu'un accusé est
» auteur de plusiers faux, qu'à l'aide de ces
» faux, il a reçu différentes sommes, qu'il
» les a retenues ; et qu'ensuite ils déclarent
» que cet accusé n'est par convaincu d'avoir
» fait méchamment ces faux, et à dessein de
» s'approprier les sommes par lui reçues et
» retenues ; »

« Cette réponse négative serait manifes-
» tement contradictoire avec celles affirma-
» tives que l'accusé serait auteur des faux,
» qu'il aurait reçu différentes sommes à l'aide
» de ces faux, qu'il les aurait retenues ; il
» résulterait évidemment de cette contra-
» diction, qu'il n'y aurait pas réellement de
» déclaration de jury légale. » (3)

Septimo, de même, « si les jurés décla-

---

(1) 5 *Messid. an VIII.* Cass. . . Bul. de la Cour, an 10,
par. crim. p. 359.

(2) 6 *Therm. an VIII.* Cass. . . Bul. de la Cour, an 10,
part. crim. p. 360.

(3) 28 *Mess. an VIII* Cass. *MARE.* Bul. de la Cour, an
10, part. crim. p. 361.

» rent l'accusé *convaincu* d'avoir fabriqué un
» faux passe-port, d'en avoir fait usage, *mais*
» *non criminel*; »

Octavo. ou, d'avoir trahi ses devoirs en
» devenant l'agent direct d'une conspira-
» tion tendante à renverser le Gouverne-
» ment, à renouveller la guerre civile, à pro-
» curer à des rebelles les moyens de s'em-
» parer d'un port et des flottes de l'état; et
» d'autre part le déclareraient non criminel; »

« La seconde branche de cette déclaration:
» *mais non criminel*, étant absolument incon-
» ciliable, soit par la nature des faits, soit par
» l'assertion possitive de *trahison de ses devoirs*,
» avec la conviction affirmée par les jurés. »
(1)

Nono. S'ils déclarent l'*un* de deux accusés
» convaincu d'avoir rendu un faux témoi-
» gnage, mais non convaincu de l'avoir fait
» sciemment et dans le dessein du crime,
» et l'*autre* convaincu d'avoir sollicité le faux
» témoignage, mais non convaincu de l'avoir
» fait dans le dessein du crime: »

« Déclarations contradictoires; puisqu'en
» disant que ce témoin ne serait pas con-
» vaincu d'avoir rendu sciemment le faux
» témoignage, ils ne pourraient vouloir dire
» que le témoin ignorât que la déclaration qu'il
» donnait était fausse, cette idée ne pouvant
» se concilier avec la provocation en faux
» témoignage déclarée avoir eue lieu; »

« Egalement contradictoire sur la provo-
» cation, puisque le fait d'avoir fait en juge-
» ment une déposition que l'on savait être

____

(1) 19 *Prair.* an X. Cass. d'office. Bul. de la Cour,
an 10, part. crim, p. 354.

» fausse

» fausse, et le fait d'avoir provoqué cette
» fausse déposition sont nécessairement accom-
» pagnés d'une intention coupable ; » (1)

Decimo. Si les jurés « déclarent que l'ac-
» cusé, à l'aide d'effraction, s'est introduit
» dans une maison à dessein de voler ; que
» cette tentative a été manifestée par des
» actes extérieurs, et n'a été suspendue que
» par des circonstances fortuites, indépen-
» dantes de la volonté de l'accusé ; et s'ils
» déclarent aussi que la tentative n'a pas été
» suivie d'un commencement d'exécution :
» cette dernière réponse implique contradic-
» tion avec les précédentes, puisqu'il n'est
» pas possible de concilier que la tentative,
» si positivement déclarée et manifestée par
» des actes extérieurs, n'ait pas été suivie d'un
» commencement d'exécution, lorsque l'au-
» teur à l'aide d'effraction, s'est introduit
» dans une maison à dessein d'y voler, &c. »

« Une déclaration telle que celle ci-dessus,
» qui renfermerait en même temps l'affirma-
» tive et la négative, et se détruirait elle-
» même dans son entier, ne pourrait être la
» base d'un arrêt d'acquittement. » (2)

Undecimo, s'ils déclarent que l'accusé (d'a-
voir cassé le bras à un individu en lui jettant
une pierre) « a agit volontairement, sans y être
» forcé par la nécessité d'une légitime défense
» de lui-même ou d'autrui ; qu'il a été l'agres-

____

(1) 4 *Brum. an XIV.* Cass. d'office. Bul. de la Cour;
an 14, part. crim. p. 413.

(2) 26 *Vend. an XIV.* Cass. d'office. Bul. de la Cour,
an 14, part. crim. p. 402.

*III.*e *Vol.*   O

« seur, et qu'il n'a pas agi méchamment et
» dans l'intention de nuire à autrui; »

« Les réponses du jury se détruisent mu-
» tuellement, puisque si c'est volontairement
» et sans motifs légitimes que l'accusé a jetté à
» cet individu la pierre qui lui a cassé le bras,
» il est impossible qu'il n'ait pas agi mécham-
» ment et avec une intention coupable; car, il
» faut qu'il n'ait pas eu la volonté de frapper
» cet individu, ou que cette volonté ait eu un
» motif légitime; » (1)

Duodecimo., Si les jurés, prononçant sur
les questions résultantes d'un crime d'em-
poisonnement, « déclarent que l'accusé en
» est l'auteur, qu'il l'a fait volontairement,
» mais qu'il n'y a pas eu préméditation; »

On doit dire : « dans l'espèce, où les deux
» circonstances de la volonté et de la pré-
» méditation étaient inséparables par la na-
» ture du fait ; où il était impossible que
» l'accusé eût apporté le poison, et l'eût mêlé
» avec les alimens destinés à *la personne em-*
» *poisonnée*, volontairement et dans le des-
» sein de l'empoisonner, sans qu'il y ait eu
» préméditation; ces deux réponses établissent
» une contradiction dans la déclaration du
» jury, qui l'anéantit et ne permet pas d'en
» faire la base d'un jugement. » (2)

4.º *DÉCLARATIONS* (les) *des jurys sont nulles
quant à la forme :*

Primo, s'il a été posé cinq questions au jury,

____

(1) 29 *Vend. an XIV*. Cass. d'office. Bul. de la Cour,
an 14, part. crim. p. 402.

(2) 26 *Vend. an XIV*. Cass. BOURDARIC, Bul. de la
Cour, an 14, part. crim. p. 399.

et qu'il n'ait répondu , (lorsque le juge com-   *Sont nulles*
mis pour recevoir , conjointement avec le pro-   quant à la
cureur général impérial , les déclarations indi-   forme.
viduelles de chaque juré , aux termes de l'article 386 du code , se sont présentés) que sur
quatre seulement , n'ayant répondu sur la cinquième qu'après avoir été renvoyé à sa chambre pour compléter sa déclaration :

  « Il en résulte que la formalité prescrite par
» l'article ci-dessus cité , n'a été observée qu'à
» l'égard des quatre premières questions po-
» sées au jury , et ne l'a point été à l'égard
» de la cinquième question ; »

  Sur le pourvoi , « la cour casserait et annul-
» lerait cette déclaration du jury. » (1)

  Secundo , si dans le nombre des citoyens
qui ont concouru à la déclaration il s'en trouve
un qui n'était pas inscrit sur la liste des jurés formée pour le trimestre de l'année où
l'assemblée a eu lieu ;

  « Lorsqu'il est justifié qu'il existe dans un
» même arrondissement deux citoyens du
» même nom et que celui des deux qui a
» concouru à former le jury , n'était pas inscrit
» sur la liste des jurée formée pour le tri-
» mestre de . . . . il s'ensuit que le jury n'était
» pas composé du nombre de jures dont la
» réunion est exigée, à peine de nullité. . . : »

  Pourquoi, sur le pourvoi exercé contre la
déclaration qu'il a rendue. « la cour casse
» et annulle cette déclaration , et par suite ,
» toute la procédure qui a suivi. » (2)

---

(1) 23 *Therm. an XI.* Cass. MONTAGNE. Bul. de la
Cour, an 11 , part. crim. p 340.

  (2) 1.ᵉʳ *Germ. an XII.* Cass. BARTHELÉMY. Bul. de la
Cour, an 12, part. crim. p. 150.

Il en est de même pour le cas, où les jurés n'ont pas l'âge de 30 ans. Voyez au mot *Jurés.*

DE TÉMOINS, remises aux accusés.

5.º *DÉCLARATIONS (les) de témoins doivent être remises aux accusés avant leur mise en jugement, à peine de nullité, laquelle fournit un motif de cassation.*

En effet, « s'il demeure constant qu'un accusé » n'a point reçu, avant les débats et le juge- » ment, copie des déclarations de plusieurs » témoins, reçues par écrit devant un juge » de la cour de justice criminelle (ou autres » magistrats) ; il en résulte une contravention » formelle aux dispositions des articles 319 et » 320 du code du 3 brumaire an IV, lesquel- » les sont prescrites à peine de nullité ; » qui entraîne la cassation de l'arrêt rendu sans l'observation de cette formalité. (1)

DE TÉMOINS.

6.º *DÉCLARATIONS (les) de témoins ne doivent pas être lûes aux jurys de jugement.*

« En effet, l'article 365 du code des délits » et des peines dispose d'une manière géné- » rale et absolue : il ne fait aucune distinction » entre le ministère public qui accuse (le » Procureur général) et le prévenu qui est » accusé : »

« Ainsi, d'après le texte précis de cet article, » il n'est pas plus permis à celui-ci qu'à celui- » là de lire aux jurés les déclarations écrites » des témoins non présens à l'audience. » *Extrait du plaid. de M. MERLIN*, adopté par la cour. (2)

____

(1) 30 *Vent. an XIII.* Cass. PERETTI. Bul. de la Cour, an 13, part. crim. p. 197.

(2) 11 *Frim. an XIV.* Cass. d'office. Jour. du Pal. an

7.º » *La déclaration des témoins, devant les* *Au tribunal*
» *tribunaux correctionnels, doit être faite à* *correctionnel.*
» *l'audience, en présence du prévenu, qui a la*
» *faculté de proposer contr'eux des repro-*
» *ches;* »

Or, « en annullant, pour violation de forme,
» le jugement d'un tribunal correctionnel,
» sur ce que ce tribunal aurait fait lire à l'au-
» dience, la déposition écrite d'un témoin an-
» térieurement décédé et conséquemment non
» entendu oralement à l'audience, les juges
» criminels, loin de contrevenir à la loi, se
» conformeraient à la disposition des articles
» 184 et 185 du code du 3 brumaire an IV. »
(1)

8.º DÉCLARATION (*l'inscription au greffe de* *De pourvoi*
la) *d'un pourvoi cesse d'être exigible, lors-* *en cassation.*
qu'il est constant que le greffier de ce tribu-
nal ne tenait pas de registre à cet effet à
l'époque du pourvoi.

C'est-à dire, lorsque d'une part il est constant « que le demandeur en cassation a fait
» signifier, deux jours après le jugement at-
» taqué (rendu par un tribunal de police)
» sa déclaration de pourvoi en cassation à la
» partie adverse, au Procureur impérial, et au
» greffier du tribunal de police; que cet acte
» de pourvoi a été enregistré le lendemain,
» c'est-à-dire, dans les trois jours francs. après
» celui de la prononciation du jugement; »
- Et que d'autre part « il est justifié au pro-

14, Coll. p. 177. —— Bul. de la Cour, an 14, p. 389.

(1) 1.er *Messid. an XIII.* Rej... Jour. des Aud. an
13, S. p. 116.

» cès , faite en suite d'une vérification en con-
» séquence d'ordres supérieurs par le commis-
» saire de police (ou l'adjoint du Maire) de
» la commune, que le greffier du tribunal de
» police n'a jamais tenu de registre destiné
» à recevoir les déclarations de recours en
» cassation, en conformité de l'article 447 du
» code des délits et des peines ; »

Il en résulte « que le demandeur en cassa-
» tion a épuisé tous les moyens de forme, et
» fait tout ce qui était humainement possible
» pour donner à sa déclaration toute la solem-
» nité et authenticité convenables : d'ailleurs
» la négligence du greffier du tribunal de po-
» lice ne peut et ne doit porter préjudice aux
» intérêts de tiers qui se sont adressés à lui
» pour faire revêtir leur déclaration de la
» forme légale. » (1)

DÉCLINATOIRES (les) et les DÉFAUTS
étant assujéttis aux règles du nouveau code
de procédure civile, et d'un foible intérêt à
l'egard du passé, nous ne nous en occuperons
point pour ce moment.

DÉFAUT. Voyez *Jugemens* rendus sur
défauts.

DÉFENSABLES. (*)

Bois natio-
naux et des
communes.

Usagers.

DÉFENSABLES (les bois ne sont) que lorsque
l'administration forestière les a déclarés tels ;

___

(1) 17 *Messid. an VII.* Cass. Admission. DONZEL. Jur.
notice, p. 224.

(*) *Défensables ;* terme usité dans les coutumes et les

« Faire paître des bestiaux dans des bois
» nationaux qui n'ont pas été déclarés dé-
» fensables, *est un délit ;* cette déclaration,
» d'après l'article 1.er du titre 29 de l'ordon-
» nance de 1669, étant nécessaire pour que
» les usagers puissent jouir du droit qui leur
» est accordé: la même règle est prescrite
» aux communautés d'habitans, même dans
» les bois dont elles ont la propriété, par
» l'art. 16 du tit. 12 de la loi du 29 septembre
» 1791. » (1) Voyez *Bois*, *Forêts*, *Pacage*,
Usage et *Usagers*.

DÉFENSES *en Justice.*

1.° DÉFENSE (*la*) *sur le fond n'empêche*
point de proposer l'exception de prescription.

Sur le fond.
Prescription.

S'il s'agit de ma part « de deux livraisons
» de moutons, remontant respectivement aux
» époques des 2 messidor de l'an II et 11 fri-
» maire de l'an III ; »

« Si je n'ai intenté ma demande en paie-
» ment que vers la fin de l'an VII, mon ac-
» tion a été éteinte par la prescription, con-
» formément aux dispositions de l'article 7 du
» tit. 1.er de l'ordonnance de 1673. »

« La fin de non-recevoir qui serait proposée
» contre la prescription, non seulement, n'est
» établie par aucune loi, mais elle est contraire

ordonnances pour indiquer un lieu où il n'est permis
qu'à certaines personnes de faire telle chose ; un bois
est défensable pour ceux qui n'ont pas le droit d'y faire
paître leurs bestiaux.

(1) 15 *Flor. an XIII.* Cass... Jour. des Aud. an 13, S^e
p. 133. — Bul. de la Cour, an 13, part. crim. p. 249.

» aux règles du droit commun et à la juris-
« prudence française, d'après lesquelles la
» prescription peut être valablement opposée
» en tout état de cause, jusqu'au jugement
» définitif. » (1)

Des mineurs.   2.° DÉFENSE (*la*) des mineurs *comme celle de tous autres, est valablement établie par leur mémoire, sans qu'il soit besoin que leurs moyens soient expressément consignés dans des conclusions prises par leurs tuteurs.*

En d'autres termes: le mineur qui aurait eu une fin de non-recevoir à opposer, en première instance et en appel, serait non-recevable à se pourvoir en requête civile sous le prétexte d'une non-valable défense, consistant en ce que cette fin de non-recevoir n'aurait point été proposée dans des conclusions expresses; car, le tuteur de ce mineur ayant présenté cette fin de non-recevoir dans ses mémoires et dans ses plaidoiries, il y aurait eu valable défense.

Envain dirait-on : (*) que s'il pouvait résulter de certaines renonciations et de consentemens (donnés par des héritiers contre une demande en nullité d'une donation faite par leur auteur) une fin de non-recevoir assez grave. pour faire une forte impression sur les juges; que la défense du mineur n'aurait point été suffisante et entière, au moyen de ce qu'il n'aurait pas été conclu pour lui à ce que ses adversaires fussent déclarés non-

---

(1) 6 *Therm. an XII.* Cass. FRANÇOIS. Jour. du Pal. an 13, 1. s. p. 369. — Bul. de la Cour, an 13, p. 374. — Jur. an 13, p. 71.

(*) Comme les juges dont la décision a été cassée.

recevables ; que l'invalidité de la défense du
mineur serait caractérisée par l'omission de
ses conclusions,

Cette erreur se détruirait *par le fait*, « qu'il
» serait convenu (par toutes les parties) que
» le mineur aurait eu un défenseur devant
» les premiers juges ; qu'il le serait égale-
» ment que la fin de non-recevoir, ainsi que
» tous les autres moyens de la cause, auraient
» été proposés par ce défenseur ; et *par le prin-*
» *cipe* que des conclusions sur ce chef n'étaient
» pas indispensables, pour mettre les juges
» d'appel à portée d'y statuer, lorsque le mi-
» neur avait conclu à la confirmation du ju-
» gement de première instance. »

D'où il suit que le jugement rendu par les
mêmes juges d'appel, qui, faisant droit sur
la demande en requête civile, retracteraient
le jugement par lequel ils auraient validé celui
de première instance, en remettant les parties au même et semblable état où elles etaient
auparavant « serait cassé, comme établissant
» un principe directement contraire aux dis-
» positions de l'ordonnance de 1667, et de
» la loi du 3 brumaire an II, et faisant à
» l'espèce une fausse application de l'article
» 35 du titre 35 de la même ordonnance. » (1)

Enfin, « le fait, que la fin de non recevoir
» aurait été présentée devant les juges de pre-
» mière instance et d'appel, une fois reconnu,
» les derniers juges peuvent en induire la con-
» séquence que le mineur a été valablement
» défendu, sur cette partie de la cause, encore

____

(1) 8 *Niv. an XI.* Cass. *Héritiers* BENULLE. Bul. de la
Cour, an 11, p. 93. —— Jour. du Pal. an 11, 1. s. p. 383.
Jur. an 12, p. 138.

» qu'il n'y eût pas été conclu ; en cela il ne
» violeraient aucune loi. » (1)

Doivent avoir été entendues de tous les juges.

3.º *DÉFENSES (les) des parties plaidantes doivent être entendues de tous les juges qui prennent part au jugement d'une affaire.*

» S'il est démontré par le jugement que
» l'une des parties n'a point été entendue
» à l'audience à laquelle ce jugement a été
» rendu, et s'il est prouvé par la déclara-
» tion des juges de ce tribunal, donnée en
» exécution d'un arrêt de la cour de cassa-
» tion (rendu à ce sujet), que l'un d'eux,
» qui a concouru a rendre le même juge-
» ment, n'a point assisté à l'audience à la-
» quelle la partie a plaidée ; il en résulte que
» cette partie a été privée de défendre sa
» cause devant tous les juges, (2) et que les
» plaidoiries antérieures seraient nécessaire-
» ment comme non avenues. »

Or, « dans cet état : ou les parties doivent
» être entendues de nouveau, ou (si l'avocat
» ou l'avoué refuse de plaider de nouveau),
» la cause doit être jugée par défaut. » (3)

Des juges supérieurs aux inférieurs.

4.º *DÉFENSES (les) et injonctions faites de la part des juges supérieurs aux juges inférieurs, « sont un excès de pouvoir et une vio-*
» *lation de l'article* 83 *du sénatus-consulte du*
» 10 *thermidor an* X, *ainsi que des articles*
» 10 *et* 12 *du titre* 2 *de la loi du* 24 *août*
» 1790. »

---

(1) 2 et 3 *Pluv. an XI.* Rej. Jur. an 12 p. 134.

(2) 4 *Germ. an XIII.* Cass. CHEVALIER. Bul. de la Cour, an 13, p. 255.

(3) 10 *Flor. an XIII.* Cass. REYNAUD. Bul. id. p. 302.

De ce nombre seraient « les défenses faites,
» par un tribunal de première instance , à l'un
» des juges de paix de son arrondissement, de
» recevoir à l'avenir le serment judiciaire au
» moment de la prononciation du jugement,
» avec injonction de se conformer à l'avenir
» à ce qui est prescrit par la loi : »

« Parce qu'il résulterait de là que ce tribu-
» nal s'attribuerait le droit de reprendre....;
» et qu'en outre lesdites défenses et injonc-
» tions présenteraient un véritable reglement
» en matière de réception de serment ju-
» diciaire, ce qui serait un excès de pou-
» voir. » (1)

DÉFENSES. *En matière criminelle.*

1.º *Défenses* (*les*) *et* inhibition *prononcées* De récidiver.
par les juges , en matière pénale , ne présentent
point de contravention à la loi.

Par exemple : « un tribunal correctionnel
» qui a condamné un prévenu , comme auteur
» et complice de dévastations dans une fo-
» rêt , à un emprisonnement, et aux domma-
» ges - intérêts , *avec inhibitions et défenses*
» *de récidiver*, ne fait point, par ces inhi-
» bitions et défenses, de réglement géné-
» ral. » (2)

2.º *Défenses* (*note des*) *des prévenus doit* Des notes qui
être tenue par les greffiers des tribunaux cor- doivent en être
rectionnels à peine de nullité. tenues.

----

(1) 26 *Prair. an XI.* Cass. d'office. Bul. de la Cour, an
11, p. 302.

(2) 18 *Germ. an XI.* Cass. *Inspect. des foréts du Mont-*
Blanc. Bul. de la Cour, an 11 , part. crim, p. 208.

En effet, « s'il est acquis en fait, que le
» greffier d'un tribunal correctionnel n'a tenu
» aucune note des moyens de défenses propo-
» sés par un prévenu ; si sur l'appel par lui
» interjetté, il propose le moyen de nullité
» résultant de cette infraction à l'article 185
» du code ; s'il n'est point statué sur ce moyen
» par la cour de justice criminelle, il y a
» lieu à la cassation, tant de la procédure
» correctionnelle que de l'arrêt. » (1)

*Légitime
d'autrui.*

3.º « DÉFENSE (*lorsque de la*) d'un accusé
» *il résulte l'exception de la nécessité de légi-*
» *time défense d'autrui ; »*
Cette circonstance nécessite qu'il soit posé,
au jury, une question sur ce fait. (2) Voyez
Question de légitime défense.

*Des prévenus.
Acte d'accusa-
tion.*

4.º *DÉFENSES* (*les*) *d'un* prévenu *doivent
être fondues dans l'acte d'accusation, surtout
lorsqu'elles peuvent tendre à caractériser le délit, ou à en diminuer l'importance.*
Par exemple, en fait d'homicide, « il est né-
» cessaire, dans l'acte d'accusation, de réunir
» toutes les circonstances qui peuvent en ca-
» ractériser la nature, afin qu'à sa lecture on
» puisse s'assurer s'il s'y agit d'un véritáble
» assassinat, d'un meurtre, ou d'un simple
» homicide excusable ou légitime. »
C'est pourquoi « il faut non seulement puiser
» dans l'information les charges qui peuvent

---

(1) 9 *Vend. an XIII.* Cass. JAUFFRET. Bul. de la Cour,
an 13, part. crim. p. 172.

(2) 15 *Messid. an XIII.* Cass. FERRON. Bul. de la Cour,
an 13, part. crim. p. 302.

» en résulter, mais rechercher les circons-
» tances atténuantes qui peuvent se tirer *de
» la défense* du prévenu. » (1)

DÉFENSEURS *de la Patrie.*

1.º *Défenseurs (les)* de la patrie *jouissent,
en justice, de divers privilèges : la prescription ne court point contr'eux, tant qu'ils sont
en activité de service ;* même dans le lieu de
leur domicile : *loi du 6 brumaire an V.*

DE LA
PATRIE.
Prescription.

Il suffit, pour jouir de ce privilège, « qu'un
» militaire justifie par pièces authentiques,
» qu'il était déjà au service (avant l'échéance
» du délai utile à prescrire); »
S'il s'agit d'un pourvoi en cassation : « il
» suffit qu'au moment de la signification du
» jugement *qu'il veut* attaquer, il ait été en-
» core employé à l'armée active : dans ce cas
» d'activité, la loi ne faisant aucune distinc-
» tion entre celui qui serait momentanément
» dans ces foyers et celui qui s'en trouve-
» rait éloigné. » (2)

2.º *Celui qui a chargé un avocat ou un avoué
de défendre ses intérêts en jugement, n'a pas
droit au conseil officieux que la loi du 6 brumaire an V veut qui soit nommé aux défenseurs
de la patrie.*

Conseil
officieux.

En effet, « l'orsqu'un défenseur de la patrie
» a été défendu par un homme de loi choisi

______

(1) 24 *Messid. an XIII.* Cass. TORRÉ. Bul. de la Cour, an
13, part. crim. p. 278.

(2) 3 *Pluv. an XI.* Rej. CHENEVIERS. Jur. an 11, p. 235.
—— Bul. de la Cour, an 11, p. 154.

» par lui, l'intervention d'un conseil officieux
» n'est pas nécessaire. » (1)

Avocats ou
avoués.

3.º *DÉFENSEUR (le) insulté par son confrère,*
dans le cours d'une plaidoirie, peut requérir la
répression des injures séance tenante.

« S'il s'agit, par exemple, de prétendues
» injures, proférées par un défenseur en plai-
» dant devant un tribunal de commerce, et
» audience tenante; »

« C'est au tribunal même, témoin du fait,
» à en connaître, soit d'office, soit sur la plainte
» de la personne offensée; »

« Ce fait ne peut donner lieu ultérieure-
» ment à une action devant le tribunal de
» police. » (2)

DÉFINITIF. Voyez *Jugemens* définitifs.

DÉFRICHEMENT.

Des biens des
communes.

1.º *DÉFRICHEMENS (les) de biens commu-*
naux faits avant la loi du 21 prairial an IV,
ont eu l'effet de maintenir les cultivateurs dans
la possession provisoire du terrein par eux
défriché.

Envain aurait-on dit, que cette loi n'a
maintenu que les partages légalement faits,
pour condamner ces cultivateurs à relâcher
les fonds communaux dont il s'agit, avec restitution de fruits et dommages-intérêts.

---

(1) 3 *Messid. an IX.* Rej. CASSAUX. Jour. du Pal. an
9, 2. s. n.º 19, p. 8.

(2) 18 *Messid. an XII.* Cass. LECERF. Jour. du Pal. an
13, 1. s. p. 262.

Car « la loi de prairial an IV, tout en sus-
» pendant le partage des communaux, a néan-
» moins maintenu provisoirement en posses-
» sion tous les particuliers qui avaient défriché
» antérieurement; » (1) et aux termes des
» articles 1.er et 2 de la loi du 4 messidor an
» VI, les exceptions établies par l'art. 7 sec-
» tion 4 de la loi du 10 juin 1793, en faveur
» des détenteurs qui ont défriché des com-
» munaux en vertu des édit et déclaration
» de 1764 et 1766, ont été étendues et appli-
» quées aux défrichemens faits en vertu de
» la déclaration du 5 juillet 1770 rendue pour
» le ci-devant Languedoc; »

Or, « les jugemens rendus par des arbitres,
» contraires à ces dispositions doivent être
» annullés par voie de cassation, » (2) voyez
Cassation, nomb. 6.

2.° *DÉFRICHEMENT* (*un simple*) *ne donne* *De l'action en*
point lieu à des poursuites devant les tribu- *résultant.*
naux de police, lorsque le cultivateur prétend
être en possession du terrein défriché.

« Dans l'espèce, le cultivateur ayant pro-
» posé, devant le tribunal de police, son dé-
» clinatoire, fondé sur l'incompétence de ce
» tribunal pour connaître de la demande dont
» il s'agit; »

« La connaissance de ce fait lui est réelle-
» lement interdite, puisqu'il ne présente l'idée
» d'aucun délit prévu par les lois, mais celle
» d'une question possessoire, qui aux termes

---

(1) 24 *Messid. an VIII.* Rej. *Commune de Treffort.* Jour.
du Pal. an 10, 2. s. p. 449.

(2) 24 *Frim. an VIII.* Cass. *DESCORBIAC.* Jur. notice,
p. 272.

» de l'art. 9 de la loi du 24 août 1790 (3 du
» code de procédure) n'est pas de la compé-
» tence du tribunal de police. » (1)

DÉGRADATIONS.

De l'action publique en résultant.
Des clôtures.

1.° *DÉGRADATIONS (les) faites aux clôtures des terreins et jardins donnent lieu à l'action publique ;*

En effet, « lorsqu'il est constaté qu'il y a eu
» dégradation de la clôture d'un jardin, ce
» fait constitue le délit prévu par la loi du 6
» octobre 1791, (art. 17, tit. 2.) et ce n'est que
» par des circonstances particulières, qu'il
» pourrait être jugé n'en point avoir le ca-
» ractère. »

« Donc, il y aurait contravention à la dis-
» position formelle de la loi, si les juges, sans
» établir aucune circonstance atténuante, se
» permettaient de déclarer purement et sim-
» plement, que le fait dont il s'agit, ne peut
» donner lieu à une action publique. » (2)

Exception.
Chemin.

2.° *Mais, s'il s'agit de la dégradation d'un chemin public, ou prétendu tel,* « l'exception
» de propriété du prétendu chemin, opposée
» par le prévenu, demandant qu'il soit sursis
» à statuer sur l'action en réparation du délit,
» doit être accueillie par le tribunal de po-
» lice ; » (3) Voyez *Exception* de propriété.

____

(1) 14 *Brum. an XI.* Cass. DESCHAMPS. Bul. de la Cour, an 11 , part crim. p. 58.

(2) 3 *Therm an XI.* Cass. d'office. Bul. de la Cour, an 11 , part. crim. p. 317.

(3) 7 *Niv. an XII.* Cass. JACOTOT. Bul. de la Cour, an 12, part. crim. p. 76.

3.º *DÉGRADATIONS* (les) *faites mécham-* Par un mari
ment par un mari aux biens de sa femme,   aux biens
sont repréhensibles;   de sa femme.

.« Surtout pendant le cours d'une action
» intentée par la femme pour faire prononcer
» sa séparation de corps: »

« Sa qualité de mari pourrait tout au plus
» le mettre à l'abri des poursuites criminelles
» à cause de l'honneur du mariage, mais ses
» complices (s'il en avait) n'en seraient pas
» moins dans le cas d'être poursuivis crimi-
» nellement. » (1)

DÉGRÉS.

DE JURIDICTION, voyez le *Traité de com-*
pétence, et les mots *Appel* et *Réglement* de juges, aux différens §., suivant les cas.

DE PARENTÉ, voyez les mots *Collatéraux*,
Fente, *Lignes*, *Parens*, *Refente*, *Succession*.

DÉGUERPISSEMENT. (*)

DÉGUERPISSEMENT (le) *par le preneur à* De sa force,
rente, d'un héritage donné à bail emphit'oti- sous l'empire
que, résoud le bail; sans qu'il soit besoin de de l'ancienne
jugement.   jurisprudence

La rentrée du bailleur en possession, de l'ob- Parlement
                                                de Paris,

---

(1) 26 *Pluv. an XIII.* Rej. *LEROI.* Jour du Pal an 13,
2, s. p. 310.

(*) *DÉGUERPISSEMENT. Terme de palais.* C'est l'abandon d'un héritage, après qu'il a été vendu par autorité
de justice, ou lorsque l'on veut se décharger de la redevance établie sur cet héritage. LOISEAU nous a laissé
un excellent traité sur cette matière.

jet abandonné, pendant longues années équivaut à la renonciation expresse à l'emphitéose.

Ajoutons aux principes rapportés ci-devant, (*) l'espèce de la cause, et quelques maximes de jurisprudence invoquées par *M. Merlin* et adoptées par la cour suprême, dans sa décision rapportée aux endroits indiqués.

Exposé du fait. En 1744, cession et transport d'un immeuble à A..., moyennant une rente foncière et annuelle. avec réserve de rentrer en possession, *sans forme de procès*, dans le cas où le preneur laisserait écouler deux années sans payer la rente : voilà un *pacte commissoire*.

En 1752, le preneur n'ayant encore rien payé des arrérages de cette rente; assignation, de la part du bailleur, aux fins de paiement desdits arrerages et de la remise en possession du bailleur en vertu de la clause commissoire.

Déguerpissement. sur cette assignation, de la part de l'emphytéote.

Par suite, nouveau bail à un nouveau fermier, de la part du propriétaire.

En 1777, vingt ans après le déguerpissement, assignation en délaissement au nouveau fermier, de la part des héritiers de A... sur le fondement que le bail de 1744 n'a été revoqué ni volontairement, ni judiciairement : tels sont les faits.

Jugement qui a été annullé. Le 12 pluviôse an VIII, jugement, sur l'action en délaissement des héritiers A..., qui, d'après le principe professé par *Mornac*, que dans les baux à rente, le pacte commissoire ne peut avoir son effet, qu'autant qu'il est

____

(*) Voyez ci-devant *Abandonnement*, nomb. 3, et *Bail*, nomb. 8.

consacré par l'autorité de la justice, déclare que A. . . . n'a jamais été dépossédé légalement du bien en litige; en conséquence adjuge à ses hériters leurs conclusions en désistement avec condamnation du propriétaire à indemniser et garantir le nouveau fermier : ce jugement ne pouvait se soutenir.

« En droit, *disait M. MERLIN*, les voies de fait étant prohibées en France, le concours de la justice est nécessaire pour donner leur effet aux clauses commissoires. . . . ces stipulations, *dit SERRES*, n'étant que comminatoires, l'emphitéote ne peut être dépossédé que par les voies de la justice. »

Moyens de droit.

« Mais, lorsque le preneur à rente a été, pendant le temps fixé par le bail, en défaut de payer sa redevance, et que le bailleur l'a actionné en justice ; est-il absolument indispensable qu'un jugement vienne, sur la demande de celui-ci, ordonner l'expulsion de celui-là ?

« Il est un cas où bien certainement cela n'est point nécessaire, c'est celui où le preneur, acquiesçant à la demande formée contre lui, reconnaît, soit par acte sous seing-privé, soit devant notaire, qu'il n'a plus de droit à l'héritage qui lui avait été baillé à rente, et consent à la rentrée en possession du bailleur ; et cela, parce que les contrats se dissolvent de la même manière qu'ils ont été formés ; parce que le même consentement réciproque des parties, qui a formé le bail à rente, suffit pour le dissoudre. »

« Mais ce consentement réciproque, faut-il toujours un acte conventionnel pour l'exprimer ? Si au lieu de le manifester par écrit, le bailleur et le preneur l'énoncent par des faits positifs, ne doit-il pas avoir entr'eux la même force que s'il était consigné sur le papier?

« Il est certain que des faits positifs, en matière de contrat, équipollent à des stipulations expresses; ainsi, la loi 3, *REM RATAM HABERI*, au digeste, déclare que pour ratifier ce qui a été fait en notre nom, il n'est pas nécessaire que nous en exprimions la volonté par des paroles, et qu'il suffit de la manifester par notre conduite. *NON TANTUM VERBIS RATUM POTEST, SED ETIAM ACTU.* »

Appliquant ces principes à la cause, *M. le Pr. gén. ajoute*: « le propriétaire a fait assigner en résolution de bail; il manifeste clairement sa volonté de rentrer dans le lieu qu'il a baillé à rente; voilà donc la résolution à demi opérée. Il n'y manque plus, pour la consommer que la volonté du preneur; »

« Eh bien cette volonté, il l'exprime en abandonnant le bien qu'il a pris à rente; et cet abandon, il ne le fait pas sans réflexion, il ne le fait que parce qu'il est poursuivi; ...vingt-deux années s'écoulent sans qu'il revienne sur ses pas, et il meurt sans avoir annoncé le moindre changement de volonté à cet égard. »

« Ainsi, nul doute que la résolution du bail à rente de 1744, n'ait été demandée d'une part, et consentie de l'autre. »

« Par le bail à rente de 1744, il était convenu qu'à défaut de paiement le bailleur pourrait rentrer dans le bien, sans forme de procès; »

« Le cas est arrivé, ... il n'est point rentré dans le bien sans forme de procès (les principes de notre jurisprudence ne le lui permettaient pas), mais il a imploré, pour y rentrer légalement, l'autorité de la justice, et dès ce moment le droit d'y rentrer lui a été irrévo-

cablement acquis ; c'était la loi des parties elle
ne pouvait pas être illusoire. »

« Le jugement du 12 pluviôse devait donc,
s'il ne trouvait pas le bail résolu par le fait du
déguerpissement. le déclarer résolu par le défaut d'acquit des arrérages de la rente. »

En effet, et suivant le sentiment de la cour,
(*) « dans la cause, le déguerpissement exé-
» cuté par A…, par suite d'un acte judiciaire,
» et une possession contraire. contre laquelle
» il n'a pas été réclamé pendant plus de 23 ans,
» ont entièrement changé le droit des parties.»

« L'exécution du pacte commissoire, ré-
» sultant de ce déguerpissement, et du silence
» dont il s'agit, a produit une nouvelle obli-
» gation à laquelle les héritiers A… n'ont pû
» se soustraire. »

« Par conséquent, le jugement précité, … .
» a violé les lois relatives aux conventions,
» ainsi que les lois qui veulent qu'on ne puisse
» plus revenir sur des objets exécutés par
» suite d'une instance judiciaire, et constam-
» ment reconnue postérieurement à l'exécu-
» tion. » *Arrêt du 1.*er *thermidor an XI.* Voyez
les autres principes de la cour, dans cette affaire, aux mots *Abandonnement* et *Bail.*

DÉLAIS (les) appartenant tous à la procédure, réglée par le code de 1806, nous renvoyons le lecteur aux volumes des années
postérieures ; les délais réglés par l'ancienne

____

(*) « Vu les ordonnances de 1510 et 1559, desquelles
» il résulte que les conventions légitimes doivent être exé-
» cutées ; la loi 23. D. *DE REGULIS JURIS,* la loi 4 C. *DE*
PACTIS, et la loi 1. §. 12. D. *AD SENATUS CONSULTUM*
TERTILLIANUM.

jurisprudence étant maintenant d'un très-faible intérêt.

DÉLÉGATION.

Quand elle est parfaite.
Droit romain.

1.º *DÉLÉGATION* (*une*) *n'est parfaite, à l'égard du créancier délégataire, qu'après son acceptation.*

C'est-à-dire, que si j'ai chargé *Paul* de payer à ma décharge à *Pierre* une somme; si ce dernier n'a point accepté ma délégation, il peut exiger de moi son paiement, si *Paul* ne satisfait pas à l'échéance.

Conséquemment, si j'ai payé à *Pierre*, sur le défaut de *Paul*, j'ai mon recours de droit contre *Paul*.

En droit, il résulte des disposition du droit écrit, (*) « que pour opérer la délégation, » il faut le concours de la volonté, 1.º du » débiteur déléguant, 2.º de son débiteur » délégué, 3.º de son créancier délégataire. »

« La volonté de ces trois personnes, sur-» tout celle du créancier délégataire, doit » être exprimée d'une manière précise, ou » du moins, cette volonté doit résulter de « faits si positifs, que l'intention d'innover » soit une conséquence aussi évidente que » nécessaire. »

Dans l'espèce, en vain *Paul* opposerait-il à ma demande en garantie du paiement par moi fait à *Pierre*; qu'il y aurait eu indication de paiement, insérée dans l'acte de

---

(*) Dans les lois premières, au code : *DE NOVATIO-NIBUS ET DELEGATIONIBUS* ; la loi dernière au même titre, qui porte : *NOVATIONUM CORRIGENTES VOLUMINA*, etc. ; et au *Code civil*, articles 1273 et suivans.

vente, qui ne pourrait être révoquée parce que *Pierre* l'aurait acceptée, par les paiemens qu'il aurait reçus de lui et les quittances qu'il lui en aurait délivrées.

Je lui répondrais avec succès : « loin que » *Pierre* ait acquiescé à cette délégation, il » a formellement déclaré dans la quittance » qu'il vous a donnée, qu'il entendait conser- » ver tous ses droits contre moi ; »

« D'après un refus aussi formel d'accepter » la délégation, il est impossible de considé- » rer, comme une acceptation de cette même » délégation, la demande de son paiement qu'il » vous a faite, puisque son refus est encore » confirmé par la direction de son action » contre moi, en paiement des arrérages que » vous lui deviez ; il ne peut d'après cela » être regardé que comme mon mandataire, » en vertu de l'acte de vente ; »

« En remboursant *Pierre*, après vous avoir » inutilement interpellé de le faire à ma place, » je n'ai donc payé que ma propre dette et » non la vôtre ; ainsi. en jugeant le contraire, il » y aurait visiblement violation des lois ci- » tées (*) » (1)

2.º « *DÉLÉGATIONS* (*les*) *de paiement con-* » *tractées pendant le papier monnaie et non* » *soumises à l'échelle de réduction. sont celles* » *par l'effet desquelles les délégataires ont ac-* » *quis les droits des déléguans contre les dé-* » *légués.* »

Pendant le cours du papier monnaie.

Où il n'y a pas délégation.

(*) Voyez la note (*) page précédente.

(1) 24 *Frim.* an X. Cass. *Les sœurs L*AUGIERS. Dul. de la Cour, an 10, p. 100.--3 *Messid.* an XI. Cass. L*IEFFROIT*. Jour. du Pai. an 11; 2. s. p. 405.

Par exemple, si une somme de 4000 fr. a été prêtée en l'an III par C... à R..., l'obligation de payer les intérêts à A.., à la décharge de C... aux époques indiquées, moyennant quoi R... serait quitte envers C... en lui remettant les quittances des remboursemens faits par A..., n'a point privé R... de la faculté de rembourser en pluviôse de l'an VI à C... et avec réduction suivant l'échelle de dépréciation, au résultat de 120 fr. de principal et de 14 fr. 50 cent. d'intérêts en numéraire, pour le remboursement des 4000 francs prêtés en l'an III;

Envain C... dirait-il : (*) cette délégation quoique imparfaite, est obligatoire à l'égard de R... débiteur délégué; la loi du 11 frimaire an VI, loin de contredire ce principe, annonce, au contraire, que l'intention du législateur a été de conserver leur effet aux délégations et indications de paiemens ; l'obligation n'étant pas restreinte au paiement de rentes créées depuis le premier janvier 1792, s'étend au paiement de celles antérieures à cette époque ; R..., qui ne peut ignorer la nature et l'étendue de l'obligation qu'il a librement contractée, doit être tenu de la remplir :

Ces faux raisonnemens seraient détruits, par le principe « que dans l'espèce, R... n'a » pu, par l'effet de l'obligation qu'il a sou- » scrite et dont s'agit, acquérir les droits de » C... contre A..., le premier n'en ayant » aucun contre le second, dont il est débiteur » et non créancier ; il suit de là qu'il n'y a

---

(*) Avec les juges, dont la décision a été réformée.

» point dans la susdite obligation, de déléga-
» tion de la nature de celles qui ne sont pas
» susceptibles de réduction, suivant l'échelle
» de dépréciation, et que condamner R...
» à payer à la décharge de C .. les rentes
» dues par celui-ci à A..., aussi long temps
» que les capitaux ne seraient pas rembour-
» sés, ce serait faire une fausse application de
» l'article 11 de la loi du 11 frimaire an VI. »
(1)

3.º *Il en serait autrement :* pour le cas où C... acquéreur de A... en 1778, de biens immeubles, à charge d'une rente foncière et d'une autre constituée, rachetable au denier vingt, avec hypothèque sur les objets vendus et sur les biens présens et avenir, sans qu'une obligation déroge à l'autre, aurait en 1793, vendu une partie seulement des mêmes biens acquis en 1778, à R. . . à charge de payer la rente constituée, et en outre de payer à lui C .. une autre somme de 35.000 fr. (entendu assi-gnats, seule monnaie qui eut cours en France à cette époque.)

Envain, C... opposerait-il, à la demande de R... en résiliation de la vente, qu'il n'y aurait dans cette vente ni délégation ni indi-dication de paiement, par le motif que les rentes en question seraient inhérentes aux fonds vendus;

Car, « dans l'espèce, les rentes que R... se
» serait chargé de payer à A... par l'acte de
» de vente de 1793, ne seraient pas seulement
» affectées sur les biens qui auraient fait l'objet

*Où il y a
délégation.*

____

(1) 14 *Flor. an IX.* Cass. BOURGOIN. Bul. de la Cour, an 9, p. 187. —— Jur. notice, p. 432.

» de cette vente, mais encore sur d'autres
» biens qui seraient restés dans le domaine
» de C..., et compris dans l'acte de 1778 ; »
D'ailleurs, et d'après les conditions sus-éta-
blies « des rentes que C... aurait chargé R...
» de payer, par le contrat de 1793, l'une ne
» serait qu'une rente constituée, au paiement
» de laquelle C.... serait personnellement
» obligé ; »

« D'où il résulte qu'en chargeant R... de
» payer, par le contrat de 1793, à A... les
» rentes dont il s'agit, il aurait voulu en
» libérer lui et ses biens ; qu'il aurait consé-
» quemment fait une délégation ou indica-
» tion de paiement par le contrat de 1793,
» qui autorisait R... à résilier la vente dans
» le cas où il se croirait lésé : et qu'en jugeant
» autrement, il y aurait une violation ma-
» nifeste de l'article 10 de la loi du 16 ni-
» vôse an VI. » (1).

Voyez *Hypothèque*, *Indication de paiement*, *Papiers monnaie*, *Réduction*, *Remboursement*, *Résiliation*, *Restant de prix* et *Vente*.

DÉLIBÉRATIONS *de Parens*.

Voyez *Mineurs*, *Parens*, *Tuteurs* et au *Traité de compétence*, page 9, nomb. 6.

DÉLIBÉRÉ.

A l'égard des héritiers. 1.° *De la part des héritiers ;* voyez *Bénéfice d'inventaire*, *Héritiers*, *Inventaire.*
De la part des juges : c'est l'ordonnance des

---

(1) 13 *Germ. an* IX. Cass. O*rieul et* C*alor*. Bul. de la Cour an 9, p. 139.

juges portant qu'avant de faire droit sur l'affaire qui a été plaidee , ils examineront les moyens des parties , et les discuteront en chambre du conseil , soit sur-le-champ , soit pour le jugement être prononcé à un des jours suivant qu'ils indiquent. *Voyez* les articles 93 et 94 du code de procédures civiles.

2.° *DÉLIBÉRÉ* sur-le-champ, (*s'il est ordonné qu'il en sera*) *le jugement doit être prononcé le même jour et à la même audience.*

En effet, « des jugemens qui , dans l'espèce, » n'auraient été prononcés à l'audience pu- » blique que quelques jours après qu'ils au- » raient été arrêtés , présenteraient une con- » travention à l'article 10 de la loi du 3 » brumaire an II ; »
Car « un jugement n'a d'existence légale que » du jour de sa prononciation à l'audience, » il doit être prononcé publiquement et immé- » diatement après la délibération des juges » qui l'ont arrêté. » (1)

3.° *DÉLIBÉRÉ* (*il ne peut être*) *sur une affaire que par les juges qui ont entendu les plaidoiries ;*
Parce que « l'article 10 de la susdite loi de » brumaire an II , veut aussi que le jugement » soit prononcé par les juges qui , d'après les » plaidoiries , le rapport et l'examen des piè- » ces , s'il y a lieu , ont été mis en état d'ap- » précier les moyens des parties. » (2) Voy. *Défenses* , *Moyens* et *Plaidoiries.*

---

(1) 4 *Frim. an VIII.* Cass. *VERCHAIN.* Bul. de la Cour , an 8 , p. 64.

(2) 7 *Therm. an XI.* Cass. *GOT.* Bul. de la Cour , an 11 , p. 362. —— Jur. an 11 , p. 381.

De leurs effets

4.° *Délibéré (après le) prononcé, les juges ne doivent point se déssaisir du jugement d'une affaire, encore que dans l'intervalle qui s'est écoulé entre le jugement qui prononce et celui qui vuide le délibéré, la connaissance de l'affaire ait été attribuée à d'autres juges. (*)*

Question entre des pêcheurs, de Perpignan, relativement à des dommages-intérêts, pour cause de filets prétenduement brisés.

La cause est portée devant le tribunal de commerce de cette ville, lequel, à son audience du 5 brumaire an X, met la cause en délibéré.

Le 2 frimaire an X, les prud'hommes pêcheurs sont spécialement nommés pour connaître de toutes les contestations sur la pêche.

Nonobstant le rétablissement de cette juridiction, le tribunal de commerce, à son audience du 5 frimaire, vuidant le délibéré prononcé à l'audience du 5 brumaire, a fait droit aux parties.

Pourvoi en cassation, pour prétendue fausse application des lois des 28 septembre et 31 décembre 1790, qui avaient supprimé les tribunaux d'amirauté, pour donner leur attribution aux tribunaux ordinaires.

On a soutenu, pour la cassation, que les prud'hommes étant rétablis et mis en activité lors du jugement du 5 frimaire, ils désai-

---

(*) Nous allons rapporter cette espèce telle qu'elle se trouve dans le journal du palais; avec d'autant plus de raison qu'elle semble décider que le jugement qui ordonne un délibéré a terminé toutes instructions, comme si la cause était jugée définitivement : question d'autant plus importante, que de bons esprits sont partagés sur la force et l'effet des jugemens qui mettent les causes en délibéré.

sissaient nécessairement , et par le fait , les tribunaux de commerce, pour reprendre leurs premières attributions , dans lesquelles était essentiellement comprise la contestation dont il s'agissait.

On a opposé à ces moyens de cassation , que les prud'hommes n'ayant été établis que le 2 frimaire, antérieurement à la vérité au jugement définitif, mais postérieurement au jugement de délibéré , on devait croire que le soin des magistrats les avait portés à s'occuper du jugement avant le jour où il devait être prononcé ; qu'enfin ce jugement n'était pas plus l'ouvrage du dernier jour que celui du premier.

La cour suprême, prononçant « sur les » moyens proposés contre la compétence ; at- » tendu que l'affaire était déjà en délibéré » lors du rétablissement des prud'hommes » pêcheurs ; qu'ils n'étaient pas même en ac- » tivité lors du jugement qui avait vuidé le » délibéré ; » a rejetté le pourvoi pour raison de l'incompétence prétendue ; et a cassé pour le motif qui fait l'objet de l'article précédent. (*)

DÉLITS.

1.º « *Délits* (*il en est des*) forestiers, *quels* » *qu'ils soient , comme des délits en matière* » *de* douanes ; *les premiers comme les seconds* » *sont, dans tous les cas, de la compétence* » *exclusive des tribunaux correctionnels.* »

(*) *Même arrêt* qu'à l'article précédent. —— *Nota.* Le bulletin de la cour ne fait point mention de cet incident, qui ne se trouve qu'au journal du palais, an 11, 2. s p. 451.

« Cette attribution exclusive et générale
» pour tous les délits forestiers est une consé-
» quence naturelle de l'article 10 de la loi du
» 20 messidor an III; (lequel ordonne que la
» restitution et l'amende soient provisoirement
» déterminées par les tribunaux, d'après la va-
» leur actuelle des bois), qui n'a d'autre bût
» que d'établir entre les peines et la valeur
» actuelle des bois, une juste proportion que
» la progression du prix des bois avait fait
» disparaître; or, par là cette loi permet bien
» aux juges de prononcer une peine plus
» forte que celle prononcée par l'ordonn. de
» 1669, mais non d'en prononcer de moindre.»

« D'ailleurs, il serait contraire à toute règle
» de compétence, de soumettre la connais-
» sance d'un délit à un tribunal de police,
» qui ne pourrait infliger que le maximum
» de la peine qu'il lui est permis de prononcer,
» et qui serait arrêté dès que le délit lui pa-
» raîtrait exiger l'application d'une peine plus
» forte; et il n'est pas de délit forestier qui
» ne puisse présenter un pareil objet de dé-
» libération et d'application de la loi pénale; »

« D'où il suit que les tribunaux correction-
» nels, seuls autorisés à infliger une peine
» plus forte que celle de trois journées de
» travail, et comme tels, seuls compétens pour
» connaître des délits forestiers, ne peuvent,
» sans faire une fausse application des lois
» ci-dessus citées, ou sans commettre un déni
» de justice, renvoyer la connaissance de ces
» délits aux tribunaux de police, quelque
» modique que leur paroisse devoir être la
» peine. » (1)

____

(1) 16 *Frim. an XIV*. Cass. *Administ. des forêts*. Bul.
de la Cour, an 14, part. crim. p. 478.

Enfin « de la simple lecture de l'article 8
» du titre 32 de l'ordonnance de 1669 on re-
» connaît que la restitution est prononcée *PER
» MODUM PŒNÆ* , et comme augmentation
» de l'amende , puisque cette restitution est
» ordonnée , eu égard au haut prix survenu
» dans la valeur des bois , depuis la fixation
» des amendes pour délits forestiers ; d'après
» la loi du 23 thermid. an IV , aucune amende
» de l'espèce ne peut être moindre de trois
» journées de travail ; une restitution égale
» doit être prononcée conformément à l'arti-
» cle cité : ce qui établit évidemment que
» l'amende pour délit forestier doit être au
» moins de six journées de travail; »

« Ce point de vérité étant une fois reconnu,
» il en résulte , la confirmation du principe
» ci-dessus , que les tribunaux de simple po-
» lice ne sont point compétens pour connaître
» de la répression des délits forestiers; et une
» fausse application de l'art. 153 du code du
» 3 brumaire an IV , dans le renvoi de l'ad-
» ministration forestière , et du prévenu de-
» vant un tribunal de police ; également de
» l'article 154 , relatif aux dommages-intérêts
» à prononcer en outre de l'amende , puis-
» qu'en matière de délits forestiers , il n'est
» pas question de statuer sur une demande
» en dommages et intérêts , mais simplement
» sur une restitution , qui n'est qu'un double-
» ment de l'amende prononcée par la loi. »
(1)

Pour l'application de la règle ci-dessus aux

---

(1) 7 *Niv. an XIV.* Cass. *Administ. des forêts.* Bul.
de la Cour. an 13 et 14. part. crim. p. 508.

matières de *Douanes*, voyez ce mot : aux règles générales.

2.º « *S'il s'engage une question de propriété,*
» *elle doit être préalablement jugee par un*
» *tribunal civil ;* »
« Puisque jusques-là il est incertain, si le
» prévenu a commis un délit. » Voyez au
Traité de compétence.

Dans les bois nationaux.

3.º *DÉLIT (le) de pâturage, commis dans
des bois qui n'ont pas été déclarés défensables
ne peut être atténué par un prétendu droit
d'usage.*

Parce que « l'art. 1.ᵉʳ du tit 19 de l'ordon-
» nance de 1669, ne permet aux usagers
» l'exercice du droit de pâturage, dans les
» forêts nationales, qu'aux lieux déclarés *dé-*
» *fensables ;* » voyez ce mot.

Et « que le titre dont les prévenus pour-
» raient exciper, en admettant même qu'il
» énonce la concession formelle du droit de pâ-
» turage, ne serait néanmoins d'aucune utilité
» pour légitimer l'exercice de ce droit, s'il
» était constaté et reconnu qu'à l'époque et
» dans les lieux où la reprise aurait été faite,
» les bois n'avaient pas été déclarés défen-
» sables. » (1)

Relativement à ceux commis par des bêtes
confiées aux pâtres, voyez *un article important* au mot *Dommages-intérêts.*

**De l'applica-
tion des
amendes.**

4.º *L'amende prononcée par l'article* 10 *du
titre* 32 *de l'ordonnance précitée, pour cet*

―――――――――――――――――――

(1) 26 *Pluv. an X.* Cass... Bul. de la Cour, an 10,
part. crim. p. 220.

espèce

espèce de délit, est de 20 fr. les tribunaux ne
*peuvent la modérer, sous prétexte de la dispo-
sition contenue dans l'article 10 de la loi du 20
messidor an III ; elle peut être prononcée, nonobstant tout prétendu droit de pâturage.*

En effet « cet article 10 de la loi de messi-
» dor an III n'autorise les tribunaux qu'à dé-
» terminer le prix des amendes et restitu-
» tions, d'après la valeur actuelle des bois; »

» Cette loi maintient les amendes à leur
» ancien taux, mais elle veut qu'on en ar-
» bitre le prix, c'est-à-dire, qu'en sus du taux
» réglé par l'ordonnance de 1669, on con-
» damne les délinquans à la somme formant
» la différence des amendes fixées par l'or-
» donnance, valeur de 1669, et de ce qu'il
» faut, en monnaie actuelle, pour en égaler le
» montant. »

« Le but de la loi de messidor an III n'a
» pas été d'autoriser les tribunaux à modé-
» rer les peines prononcées par l'ordonnance
» de 1669, mais elle a voulu rétablir entre
» les peines et la valeur des bois, une juste
» proportion que la progression du prix des
» bois a fait disparaître ; »

« Ainsi les juges peuvent bien, en vertu
» de la loi du 20 messidor an III, prononcer
» des amendes ou restitutions plus fortes que
» celles qui sont fixées par l'ordonnance de
» 1669, mais ils ne peuvent les prononcer
» moindres ; »

« D'où il suit que les juges, en modérant
» à 10 fr. au lieu de 20 fr.) par tête de bêtes
» surprises en pâturage dans les forêts natio-
» nales) l'amende prononcée par l'ordonnance
» de 1669, et se fondant pour le faire, sur
» l'article 10 de la loi de messidor an III, fe-

III.ᵉ Vol.   Q

*De l'applica-
tion des
amendes.*

» raient une fausse application de cet arti-
» cle. » (1)

« S'il se présente pour question à décider
» celle de savoir si, un droit de pacage a pû
» être exercé dans des bois non-défensables,
» sans avoir rempli les formalités prescrites
» par l'ordonnance ; »

On doit argumenter ainsi ; « cette déclara-
» tion, d'après l'article 1.ᵉʳ du titre 19 de l'or-
» donnance de 1669, est nécessaire pour que
» les usagers puissent jouir du droit qui leur
» est concédé, et la même règle est prescrite
» aux communautés d'habitans, même dans
» les bois dont elles ont la propriété, par l'ar-
» ticle 16 du titre 12 de la loi du 29 septembre
» 1791 ; »

« S'il y a prévention contre les propriétai-
» res des bestiaux, de les avoir fait pacager
» sans avoir rempli aucune des formalités
» prescrites par les différens articles du titre
» 19 précité ; ces contraventions, d'après l'art.
» 10 du titre 32 de la même ordonnance, sont
» punissables d'une amende dont la valeur
» excède celle de trois journées de travail ; »

Or, « si c'est sur cette infraction que l'ad-
» ministration forestière demande qu'il soit
» statué : le droit d'usage qui serait allégué
» par les défendeurs, ne formerait point une
» question préjudicielle, et n'autoriserait point
» le renvoi devant l'autorité administrative,
» pour faire préalablement statuer sur cette
» contestation ; le délit d'infraction des lois
» conservatrices des forêts pouvant exister
» cumulativement avec le droit de pacage. »

---

(2) 13 *Brum. an XI.* Cass. Bul. de la Cour, an 11, p.
59. — Jour. du Pal. an 11, 2. s. p. 385

« D'où il suit que les juges en donnant,
» dans l'espèce, un sursis, méconnaîtraient
» leur compétence, commettraient un déni
» de justice, et violeraient les lois qui règlent
» le mode et les conditions de l'exercice des
» droits de pacage dans les forêts nationa-
» les. » (1)

5.º *DÉLITS (pour tous) forestiers commis* Dans les Bois
dans les bois nationaux même pour les bali- nationaux.
veaux dont l'amende n'est point réglée au pied Baliveaux.
du tour de l'arbre, il est dû amende et resti-
tution.

En effet, c'est une erreur « que de décider
» en point de droit qu'il n'est pas dû de res-
» titution pour baliveaux coupés en délit, sur
» le motif que l'art. 4 du titre 32 de l'ordon-
» nance de 1669, ne prononce que l'amende en
» s'occupant de ce genre de délit, sans pren-
» dre égard à l'art. 8 du même titre, qui veut
» que tout délit forestier emporte restitution
» et amende, et qui confirme, sous ce rap-
» port, l'ancienne législation. » (2)

6.º *Ceux de nature à emporter une condam-* Comment ils
nation de plus de 100 francs doivent être cons- doivent être
tatés par procès-verbaux soutenu d'un témoi- constatés.
gnage. Procès-
                                                verbaux.
« La loi du 29 septembre 1791, n'exige que
» la déclaration d'un seul garde, pour la cons-
» tatation légale d'un délit dont la peine est au

---

(1) 26 *Flor. an XIII.* Cass. *Administ. forest.* Bul. de la
Cour, an 13, part. crim. p. 249

(2) 22 *Therm. an XII.* Cass. d'office. Bul. de la Cour,
an 12, part. crim. p. 302. — Jour. du Pal. an 13, 1. 3.
p. 257.

» dessous d'une amende de 100 francs ; mais
» en exigeant le concours d'une autre témoi-
» gnage pour les délits dont la peine peut ex-
» céder cette somme, elle n'a évidemment
» entendu disposer ainsi qu'à l'égard des pro-
» cès-verbaux dressés par un seul garde, car
» elle ne dit pas que cet autre témoignage
» devra être de personne étrangère à l'admi-
» nistration forestière. »

D'où il suit « qu'un procès-verbal, (de l'es-
» pèce dont il s'agit,) signé par trois forestiers
» et un arpenteur, est parfaitement conforme
» au texte et au vœu de l'article 14 du tit. 9
» de la susdite loi ; »

« Puisque, dans l'espèce, il y aurait même
» concours au procès-verbal d'un témoignage
» autre que ceux des trois gardes. » (1)

Cet article, « en déclarant que le procès-
» verbal devra être soutenu d'un autre té-
» moignage, n'a pas prononcé la nullité du
» procès-verbal (qui en sera dépourvu) mais
» seulement qu'il n'est pas suffisant pour faire
» seul preuve complette ; ainsi il n'y aurait
» pas lieu à déclarer la preuve insuffisante,
» par le procès-verbal d'un garde-général du
» cantonnement soutenu par le témoignage
» du garde du triage, ayant concouru à la
» reconnaissance du délit, et signé le procès-
» verbal : »

Enfin « la loi n'a pas exclu les gardes du
» témoignage prescrit par cet article 14 ; elle
» n'a pas exigée que ce témoignage fût séparé
» du procès-verbal et prêté en justice ; puis-

____

(1) 16 *Frim. an XII.* Cass. d'office. Bul. de la Cour,
an 12, part. crim. p. 62. —— Jour. du Pal. an 13, Coll.
p. 165.

» que par l'article 15 elle a même exempté de
» l'affirmation en justice, les procès-verbaux
» des inspecteurs et autres préposés à la con-
» servation. » (1)

7.º *Lorsque le procès-verbal ne fait pas
preuve suffisante :*

« Les juges, en décidant par un premier
» jugement. que le délit n'est pas suffisam-
» ment constaté . par le procès-verbal des
» agens forestiers, s'ils permettent en consé-
» quence d'en compléter la preuve, sans fixer
» aucun délai péremptoire pour la confection
» de l'enquête ; »

La circonstance que l'administration forestière aurait fait défaut le jour fixé pour
l'enquête dont elle aurait été déboutée, ne
la priverait point de la faculté d'y procèder
sur son opposition.

En effet « le même tribunal, sur l'opposi-
» tion formée au jugement rendu par défaut
» contre l'administration forestière, a incon-
» testablement la faculté et le droit de rappor-
» ter ledit jugement de défaut, et de procè-
» der à la preuve ordonnée et offerte ; »

Car « en s'appuyant sur une loi purement
» relative à la procédure civile, (l'ordonnance
» de 1667 ou autre) pour prononcer d'une
» manière obsolue la déchéance de cette
» preuve,, qui n'est établie ou autorisée par
» aucune des lois relatives à la forme de pro-
» céder en matière de délit, il y aurait vé-
» ritablement excès de pouvoir. » (2)

____

(1) 30 *Messid. an XII.* Cass. d'office. Bul. de la Cour,
an 12, part. crim p. 273.

(2) 1.er *Niv. an XII.* Cass. d'office. Bul. de la Cour, an
12, part. crim. p. 72.

8.º DÉLITS (*les*) forestiers *commis dans les forêts communales avec des charettes, par plusieurs individus, qui* enlèvent des bois d'af-fouage. (*) *et constatés par procès-verbal ;*

« Se trouvent classés par l'article 37 de la loi
» du 28 septembre 1791 dans les attributions
» des tribunaux correctionnels ; »

« L'aveu fait après coup, par le garde fores-
» tier, à l'audience, que deux des prévenus
» pourraient n'être pas coupables, ne pourrait
» changer, ni atténuer le caractère de ce
» délit. » (1)

9.º *Celui résultant du fait de couper, sans autorisation spéciale, dans les bois d'une commune, ne pourrait être légitimé par le fait que le délinquant serait habitant de cette commune.*

« Car, dans l'espèce, quand les prévenus
» auraient coupé le bois sur le communal du
» village dont ils seraient habitans. ils n'en
» seraient pas moins passibles des peines vou—
» lues par la loi pour ce genre de délit, s'ils
» avaient fait cette coupe sans y avoir été au-
« torisés par l'administration municipale, et
» sans que le canton leur eut été désigné. »(2)

Les droits de pâturage dans leur bois et forêts ne peuvent être exercés que de la manière prescrite par l'ordonnance.

Voyez ci-devant nomb. 3 ; et les mots *Bois, Pâturage*

(*) *Affouage*: terme de l'ordonnance, qui signifie bois pour son feu.

(1) 26 Pluv. *an X.* Cass. Bul. de la Cour, an 10, part. crim. p. 218.

(2) 4 *Messid. an XI.* Cass. Bul. de la Cour, an 11, part. crim. 289.

10.º « *Délit* de vol (*le*) *commis dans les*   Dans les
campagnes.
» *campagnes, n'est attribué aux cours spé-*
» *ciales* ; »

« Que dans deux cas ; lorsqu'il y a effrac-
» tion extérieure , ou lorsqu'il s'est commis
» avec port d'armes , par deux personnes au
» moins : article 9 de la loi du 18 pluviôse
» an IX. »

. « Ce délit doit être constaté de manière à
» établir s'il a été commis dans une campa-
» gne et avec effraction aux clôtures exté-
» rieures, murs, toits, portes ou fenêtres ex-
» térieurs, suivant l'expression littérale de l'ar-
» ticle cité. » (1) Voyez *Effraction.*

11.º *Il doit être puni des peines portées par
la loi existante au moment où il a été commis.*

Ainsi , « celui commis dans les derniers jours
» de thermidor an IV , époque à laquelle il
» n'était prévu que par le code pénal, dont
» l'article 2 , section 2 , 2.ᵉ partie , prononce
» seulement la peine de quatorze années de
» fers , ne pourrait être puni de la peine de
» mort prononcée par la loi du 26 floréal an V,
» qui lui serait postérieure , sans qu'il y eut
» fausse application de la loi pénale, et con-
» travention à l'article 3 du code du 3 bru-
» maire an IV. » (2)
« Celui commis sous l'empire de la loi du 25
» frimaire an VIII, de jour , dans un terrein
» clos et fermé , tenant immédiattement à une

---

(1) 27 *Niv. an* X. Cass. Bul. de la Cour , an 10, part.
crim. p. 159.

(2) 9 *Frim. an* X. Cass. Bul. de la Cour, an 10, part.
crim. p. 102.

» maison habitée, est celui prévu par l'article
» 9 de la loi citée, qui ne le punit que d'une
» peine correctionnelle. » (1)

Voyez pour tout ce qui concerne la compétence des cours criminelles, le *Traité* qui précède, part. crim. ; pour tout ce qui concerne
les crimes et délits, les mots propres qui les
distinguent, et les mots *Actions* criminelles,
Affirmations, *Amnistie*, *Autorisations*, *Bois*,
Coupes, *Dépens*, *Dommages-intérêts*, *Frais*,
Flétrissures, *Pacage* ou *Pâturage*, *Peines*, §.
de leur application, *Poursuites*, *Prescription*,
&c.

DEMANDES.

En jurisprudence : c'est une action qu'on
intente en justice pour obtenir une chose,
à laquelle on prétend avoir droit ; voyez les
mots indicatifs de ces choses ; les mots *Actions*,
Appel, *Défenses*, *Exceptions*, et autres indicatifs des moyens qui peuvent être produits
pour ou contre les demandes, ou des effets
qu'elles peuvent produire ; ainsi que le *Traité
de compétence*, qui précéde ce Dictionnaire,
pour ce qui concerne les diverses juridictions.

On les divise, en demandes principales,
incidentes, en sommation, en garantie, en
complainte, en réparation, en déclaration
d'hypothèque, et autres dont il est parlé à
leur ordre ; toutefois sous les rapports qui

______

(1) 22 *Frim. an XIII.* Cass. ALVERGNAT. Bul. de la
Cour, an 13, par. crim. p. 66.

ne sont pas uniquement réglés par le code de procédure.

DÉMENCE. (*)

1.º *DÉMENCE (le fait de) ne doit pas toujours et nécessairement être prouvé par témoins.*

Comment elle doit être prouvée.

En effet, « en rejettant la preuve vocale du » fait de la démence, les juges ne violent au- » cune loi , puisqu'il n'en est aucune qui » les oblige nécessairement à admettre cette » preuve; et lorsqu'ils trouvent le fait de la » démence détruit par des actes authenti- » ques, ils peuvent et doivent préférer la » preuve écrite qui résulte de ces actes, à » la preuve testimoniale. » (1)

2.º *DÉMENCE (le militaire en) ne doit point être jugé par les tribunaux militaires.*

En matière criminelle.

C'est-à-dire « que celui qui aurait été licen- » cié d'un régiment, pour cause de démence » habituelle ; s'il est employé dans un autre » corps, même avec engagement , qui serait » nul d'après les motifs qui l'auraient fait » renvoyer du premier régiment, il n'est » point justiciable des conseils de guerre , » quand même il aurait commis des voies de » fait envers les supérieurs de ce dernier » corps. »

(*) Est synonime de folie ; c'est un égarement de l'esprit, quand le corps est en santé ; elle diffère du dé- lire qui provient ordinairement de la maladie du corps et qui cesse avec elle : lorsque le délire est accompa- gné de fureur, on le nomme manie.

(1) 22 *Niv. an IX*. Rej. BEYSSON *et consorts*. Jur. notice, p. 484

Parce « qu'un semblable individu n'étant
» ni militaire, ni attaché à l'armée ni pré-
» venu soit d'embauchage, soit d'espionage,
» ni habitant d'un pays ennemis, le conseil
» de guerre serait incompétent à son égard. »
(1)

5.° *DÉMENCE (la) d'un accusé, nécessite la
position de la question, relative à ce fait, soit
aux jurés, soit aux juges, si le procès n'est
point instruit devant des jurés.*

En effet, « s'il résulte des pièces du procès
» que l'accusé donnait des preuves d'aliéna-
» tion d'esprit, avant de commettre le délit
» à raison duquel il est poursuivi ; si les preu-
» ves paroissent avoir encore existé lors de la
» consommation du crime ; si cette aliénation
» d'esprit a été articulée par le défenseur de
» l'accusé, lors des débats, la question résul-
» tant de la démence articulée par ce défen-
» seur, est nécessairement la plus favorable ;
» et les juges contreviendraient à l'article 374
» du code du 3 brumaire an IV, en ne posant
» pas de question relative à cette démence. »
(2)

DÉMISSION *de biens.* (*)

*Était irrévo-
cable en
Normandie.*

1.° *DÉMISSIONS de biens (les) étaient irrévocables en Normandie : c'est pourquoi elles*

---

(1) 4 *Vent. an* X. Cass. d'office. Bul. de la Cour, an 10,
part. crim. p. 241.

(2) 12 *Frim. an* XI. Cass. *WIDERSBACH.* Bul. de la
Cour, an 11, part. crim. p. 77.

(*) *Démission*, c'es l'acte par lequel on se démet d'une
fonction. Celle des biens, inconnue au droit romain,

devaient y être rédigées par-devant notaire, avec minute, à peine de nullité.

Par exemple, dans cette province, où l'on rédigait communément les conventions de mariage sous seing privé, les démissions de biens contenues dans ces actes pouvaient-elles être considérées comme rédigées par-devant notaires ? *NON.*

En vain le démissionnaire dirait-il : la démission faite en ma faveur, dans mon contrat de mariage, étant antérieure à la loi du 7 mars 1791, a été maintenue par la loi du 18 pluviôse an V ; d'après l'usage immémorial suivi en Normandie, les articles de mariage rédigés sous signatures privées étaient considérés comme authentiques ; ainsi une démission de biens, faite en faveur de l'un des époux était valable, et l'ordonnance de 1731 ne pouvait avoir d'effet dans cette conjoncture.

On lui répondrait : « les actes dont vous » demandez l'exécution, contiennent une démission de biens ; cette démission était de » sa nature irrévocable ; les démissions de » biens irrévocables ont le caractère de donations entre vifs ; en conséquence, ces démissions sont, à peine de nullité, assujetties à » la formalité d'un acte devant notaire, avec » minute, quel que fût l'usage des contrats » de mariage sous seings privés dans la ci-devant Normandie. » (1) Voyez *Donations.*

---

et au code civil, était autorisée par les coutumes, sous diverses conditions ; c'était une espèce de succession anticipée par la volonté des donateurs.

(1) 18 *Fruct. an XIII.* Rej. FREMONT. Jour. du Pal. an 14, 1. s. p. 305. — Jour. des Aud. an 13, p. 562.

*Étaient révo-
cables en
Nivernois.*

2.º *Démissions de biens (les) faites sous l'empire de la coutume de Nivernois, n'ont pû priver les enfans du démettant, même ex-religieux, de leur portion héréditaire, lorsque leur père est décédé depuis la publication de la loi du 17 nivôse an II.*

« Aux termes de l'article 17 du titre 34
» de la coutume de Nivernois, la démission
» ou le partage de tous les biens d'un père,
» entre ses enfans, alors ses seuls héritiers pré-
» somptifs, étant révocable jusqu'à sa mort,
» a dû, d'après la réponse à la dix-huitième
» question de la loi du 17 nivôse an II, être
» considérée comme simple disposition à cause
» de mort; une telle démission de biens,
» quoique non révoquée, doit, pour produire
» son effet, avoir été faite entre tous les hériti-
» ers présomptifs du démettant à son décès;
» d'où il suit qu'un ex-réligieux, *l'un de ses fils,*
» ayant été relevé de ses vœux, et appellé à la
» succession de son père, par les lois des 5 bru-
» maire et 17 nivôse an II, a droit à cette suc-
» cession, quoi que composée des biens compris
» dans la démission ou partage. » (1)

*Qualifiée de
transaction.*

*Sous l'empire
du code civil.*

3.º *DÉMISSIONS de biens (les) faites sous l'empire du code civil, ne peuvent recevoir leur exécution: encore qu'elles soient déguisées sous le prétexte de partage d'une succession ouverte et qu'on veuille leur donner le caratère d'une transaction.*

Par exemple, si mon père, après avoir ré-glé à l'amiable la succession de ma mère, entre mes frères et moi, a déclaré que pour éviter

---

(1) 8 Mess. an XI. Rej. *Les frères MAROTTE.* Jour. du Pal. 12, Coll. p. 214.

Je partage qui serait un jour ouvert de sa propre succession, il se démettait dès le moment, en faveur de ses enfans, de tous ses biens immeubles, propres, acquêts et conquêts de communauté, par lui désignés dans l'acte, cette demission de biens est nulle.

En vain, pour en soutenir la validité, dirait-on : ce n'est point une démission de biens ; elle n'embrasse point l'universalité des biens du père commun, mais seulement ses biens immeubles, qui y sont désignés ; c'est une vraie transaction qui a eu pour objet d'éviter un procès de partage de communauté, en faisant raison aux enfans des droits de leur mère, et pour éteindre l'action que ces derniers avaient contre leur père, pour la liquidation de leurs droits.

En effet, « de la qualification et du con-
» texte de l'acte dont il s'agit, les juges pour-
» raient raisonnablement induire que le père
» aurait réellement entendu faire une dé-
» mission; par cette interprétation du contrat,
» ils ne contreviendraient à aucune loi, et
» ils pourraient d'autant mieux déclarer cette
» démission révocable et comme non avenue,
» qu'en cela ils se conformeraient aux an-
» ciens principes de la matière ; et que d'un
» autre côté, ces sortes de dispositions ne
» sont pas autorisées par le code civil. » (1)

DENIERS non-comptés, (*il ne peut valablement être renoncé à l'exception de*).

----

(1) 26 *Frim. an XIV.* Rej. *CHALIN.* Jour. des Aud. an 14 et 1806, p. 66.

Voyez l'exception *NON NUMERATÆ PE-CUNIÆ.*

DÉNONCIATEUR.

Ce qui cons-titue le dénon-ciateur.

1.º *DÉNONCIATEUR (pour pouvoir être consi-déré comme) il ne suffit pas d'avoir porté sa plainte ;*

En effet . si j'ai été frappé de plusieurs coups de sable par un individu , et que j'aie porté ma plainte, je ne peux être considéré comme dénonciateur ; et l'audition de ma femme devant les jurés, ne ferait point une nullité, ni une violation de l'article 370 du code pénal.

Parce que « l'intérêt que je pourrais avoir » à la condamnation de l'accusé, ne me ferait » point rentrer dans la prohibition portée » par l'article 358 de ladite loi, puisque je ne » serais point dénonciateur. » (1) Voyez *Accusés,* 1.er vol. pag. 31 , *Dommages-intérêts* et *Témoins.*

Fonctionnaire public agis-sant aux ter-mes de l'art. 83 du code.

Dénonciation civique.

Désistement.

2.º *DÉNONCIATEUR, (n'est point) dans le sens ordinaire de la loi, le fonctionnaire public agis-sant aux termes de l'article 83 du code du 3 brumaire an IV.*

C'est-à-dire, « que le fonctionnaire qui » d'après le vœu du susdit article 83 , donne » avis à l'officier de police d'un délit dont il » a acquis la connaissance , ou reçu la dénon-» ciation, dans l'exercice de ses fonctions , ne » se rend pas, par cet avertissement, ou en » transmettant la dénonciation qu'il a reçu,

____

(1) 21 *Therm. an XIII.* Cass. *DAVAL.* Bul. de la Cour, an 13, p. 348. —— Jour. du Pal. an 14, Coll. p. 128.

» partie au procès, » et qu'il ne peut être tenu
de remplir les formalités indiquées pour les
dénonciateurs ordinaires.

En effet, et par exemple, « les procédures
» ordonnées par les articles 526 et 529 de la
» loi du 3 brumaire an IV (relatives au visa
» et au paraphe des pièces arguées de faux),
» ne concernent que les plaignans ou dénon-
» ciateurs qui sont parties au procès, ainsi
» que cela résulte de l'article 526...., *sont*
» *signées par la partie plaignante ou dénon-*
» *ciatrice;* tandis qu'il en est des fonction-
» naires, (dans l'espèce dont il s'agit) comme
» du dénonciateur civique qui, en vertu de
» l'article 92 du code, s'est désisté dans les
» vingt-quatre heures, et dont, relativement
» à lui, la dénonciation, (art. 93), regardée
» comme non avenue, ne sert plus que d'aver-
» tissement à l'officier de police judiciaire. »

De ces principes il résulte, « qu'une cour
» criminelle spéciale, en imposant à un Sous-
» Préfet, *par exemple*, qui ne serait ni par-
» tie plaignante, ni partie dénonciatrice, les
» obligations prescrites par les articles 526 et
» 529 du susdit code, ferait une fausse ap-
» plication de ces articles, et commettrait
» tout-à-la-fois *excès de pouvoirs* et *contra-*
» *vention* aux règles de sa compétence. »

« *Excès de pouvoirs*, en ce qu'elle se per-
» mettrait d'introduire, dans l'instruction
» d'un procès criminel, d'autres formalités
» que celles qui sont prescrites par les lois; »

« *Contravention* aux règles de sa compé-
» tence, en ce qu'elle tendrait à soumettre
» à sa jurisdiction, comme partie au procès,
» un fonctionnaire public, qui doit rester ab-
» solument étranger à toutes les procédures. »

En thèse, « il importe à l'ordre public que
» les fonctionnaires qui remplissent un devoir
» aussi essentiel au maintien de la sûreté et de
» la tranquillité générale, que celui de don-
» ner avis aux officiers de police de tous les
» délits dont ils acquièrent la connaissance
» dans l'exercice de leurs fonctions, ne soient
» pas découragés par la crainte, soit d'être
» parties en cause dans tous les procès cri-
» minels qui seraient la suite de l'avertis-
» sement par eux donné, soit d'être exposés
» aux dommages-intérêts des prévenus. »

*DÉNONCIATEUR (le) qui a intérêt à la con-
damnation de l'accusé ne peut être entendu
comme témoin.*

« L'opinion contraire serait une erreur,
» car, l'article précité défend d'entendre le
» dénonciateur comme témoin, dans le cas
» où ce même dénonciateur pourrait profiter
» de sa dénonciation. » (1) Voyez *Témoins.*

DÉPARTEMENS.

*En fait d'affi-
ches d'expro-
priations for-
cées.*

1.º *DÉPARTEMENT, (l'indication par) de la
situation des biens qu'on a voulu faire vendre,
par voie d'expropriation forcée, n'était prescrite, ni dans le commandement, ni dans l'af-
fiche, aux termes de la loi de brumaire an
VII.*

En effet, « le créancier poursuivant se con-
» formait suffisamment à la disposition de
» l'article 4 de la susdite loi, en désignant la

---

(1) 8 Messid. an XIII. Cass. d'office. Bul. de la Cour,
an 13, part. crim. p. 294.

» commune,

» commune, la section de commune et l'ar-
» rondissement dans lesquels les fonds étaien
» situés. » (1) L'art. 682 et suivans du code
de procédure n'exigent pas d'avantage.

2.º « *Départemens (soit dans les anciens)
» soit dans les* départemens réunis, *les lois* qui
» n'avaient pas encore été publiées (avant
» celle du 24 brumaire an VII) sont devenues
» obligatoires du moment de leur arrivé au
» chef-lieu de chaque département. »
C'est ce qui résulte « de l'article 11 de la
» loi du 12 vendémiaire an IV , constitutif
» d'un nouveau mode de publication des lois;
» et des articles 1 et 2 de celle du 24 brumaire
» an VII. » (2) Voyez *Lois* , §. de leur publication.

Réunis. Publication des lois.

DÉPENS. *en matière civile.*

1.º*Dépens (les) résultant d'anciens procès pour
choses féodales, n'ont point été compris dans
l'abolition de ces procès, et peuvent encore
être exigés maintenant.*

Résultant d'anciens procès, pour choses féodales.

« *En règle générale les dépens sont person-
» nels ;* »
Si mon frère et moi sommes propriétaires,
en commun, d'une rente; nous ne pouvons
pas être condamnés solidairement aux dépens, pour avoir défendu en commun à la
demande en remboursement formée contre
nous;

---

(1) 15 *Messid. an XII.* Rej. *Livet.* Jour. des Aud. an 12,
p. 470.
(2) 2 *Therm. an IX.* Cass... Bul. de la Cour, an 9, p.
299.— Jour. du Pal. an 9, 2. s. n.º 32, p. 7.

Car, si l'on nous condamnait solidairement aux dépens, du procès, « ils seraient pro-» noncés solidairement pour un cas à l'égard » duquel aucune loi n'a permis la solidarité » de notre condamnation. » (1)

« 2.º *Ils ne peuvent être appliqués qu'aux per-» sonnes qui sont véritablement parties ;* »

« Et nullement à des maris appellés uni-» quement pour autoriser leurs femmes. » Voyez *Autorisation* des femmes, nomb. 8.

DÉPENS *en Matière criminelle.*

A l'égard du ministère public.

« 1.º *DÉPENS (il n'existe aucune loi qui auto-» rise à condamner la partie publique pour-» suivant d'office aux)* quel que soit le suc-» cès de ses poursuites. » (2)

Il existe sur ce point de jurisprudence, une foule d'arrêts, parmi lesquels celui dont il s'agit ici a été pris au hazard : au surplus il ne fait plus l'objet d'aucun doute.

2.º « *Ils ne peuvent (en matière criminelle » comme en matière civile) être prononcés que » contre la partie qui, ayant figuré directement » dans une contestation, y a succombé ;* »

Donc, « si j'ai fait une déclaration au com-» missaire de la police de ma commune, » ayant ajouté ne pas vouloir me rendre par-» tie civile ; »

« Si les poursuites contre le prévenu, ont été » faites d'office par le ministère public, sans

____

(1) 21 *Messid. an IV.* Cass. LECOMTE. Jur. notice, p. 87.

(2) 9 *Niv. an XI.* Cass. d'office. Bul. de la Cour, an 11, part. crim. p. 107. — Jour. du Pal. an 12, Coll. p. 79.

» mon concours ni ma participation ; s'il n'a
» été pris enfin contre moi aucune conclu-
» sion, soit par la partie publique, soit par
» la partie privée ; il en résulte que n'ayant
» point figuré au procès, je ne suis passible
» d'aucune condamnation aux dépens ; et
» que les juges qui m'infligeraient cette peine,
» excèderaient leurs pouvoirs. » (1)

3.º *En thèse, et d'après la loi du 18 germinal an VII ;*   *D'après la loi du 18 germ. an VII.*

« La condamnation aux frais (ou dépens)
» ne peut être prononcée que lorsqu'il y a
» condamnation pour un crime ou un délit; »
» La condamnation solidaire aux frais ne
» peut être prononcée contre ceux qui, con-
» damnés par le même jugement, le sont pour
» des faits différens. » Voyez le *Traité de compétence*, part. criminelle, nomb. 48.

DÉPORTATION *et* DÉPORTÉ.

1.º *DÉPORTATION (le lieu de la) n'est point le domicile légal de l'individu déporté aux termes de la loi du 19 fructidor an V.*   *Aux termes de la loi de fructidor an V.*

DÉPORTÉ (l'individu) aux termes de la prédite loi, conserve pour son domicile légal celui qu'il avait avant sa déportation.

En vain dirait-on, contre ces règles, et avec les législateurs romains : *RELEGATUS IN EO LOCO IN QUEM RELEGATUS EST, INTERIM NE-CESSARIUM DOMICILIUM HABET,* (*) en suppo-

---

(1) 14 *Fruct. an XI.* Cass. *Fons.* Bul. de la Cour, an 11, part. crim. p. 351.

(*) L. 22, §. 3, ff. *Ad municipalem,*

Aux termes de la loi de fructidor an V. sant qu'il fût question de déportation à perpétuité.

Ou, *DOMICILIUM AUTEM HABERE POTEST, ET RELEGATUS EO LOCO UNDE ARCETUR, UT MARCELLUS SCRIBIT,* (*) pour le cas où l'on supposerait que la déportation révolutionnaire a dû être considérée comme étant à temps.

Vainement prétendrait-on que de la législation française, il résulterait que le déporté par jugement devait, aux termes de l'ordonnance de 1667, être assigné au domicile (ou au parquet) du Procureur général près le parlement (la cour d'appel) ; et que le déporté par lettre du Prince (ou par décret de l'autorité principale) devait être assigné dans le lieu de sa déportation, sous le prétexte que son habitation en ce lieu serait notoire ;

Enfin, sans succès soutiendrait-on, que le déporté soit à perpétuité, soit par jugement, soit par lettres du Prince, ou par décret de l'autorité supérieure ne pourrait être assigné à son ancienne résidence, surtout lorsque sa femme ou sa famille aurait déclaré à la municipalité de ce lieu, qu'elle transportait son domicile dans une autre commune.

On opposerait à tous ces moyens : (avec M. *le Proc. gén.* MERLIN) que « les dispositions de l'ancienne législation ne peuvent point régler la matière des déportations modernes. »

« On ajouterait : (*avec le même*) depuis la révolution nos lois ont établi : — Déportation des prêtres, *loi du* 26 *août* 1792 — Déportation des citoyens *NON DÉLINQUANS*, (c'est-à-dire,

______

(*) L. 27, §. 3, *ff. ad municipalem.*

qui ne sont point déportés en vertu de jugement), mais turbulens, *loi du 7 juin 1793.* —
Déportation des enfans émigrés, *loi du 28 mars
1793.* — Déportation des fructidorisés, *loi du
19 fructidor an V.* — Déportation des suspects
de l'attentat du 3 nivôse , *sénatus-consulte du
du 16 nivôse an VIII.* — Déportation pour
crime constaté par un tribunal, *code des délits
et des peines.* »

« La législation ne saurait confondre ces diverses classes de déportés ; il est donc nécessaire de ne juger l'espèce dont il s'agit , que d'a-
près la loi même du 19 fructidor de l'an V , la
loi du 19 brumaire an VII , et l'arrêté du 23
nivôse suivant , . . . »

Enfin, « la loi du 19 fructidor an V , en frap-
» pant *un individu* de la peine de déportation,
» ne lui avait point fait encourir la mort ci-
» vile ; mais l'avoit seulement privé de l'ad-
» nistration de ses biens , jusqu'à ce que sa
» déportation eût été effectuée ; »

« Cela résulte plus évidemment encore de
» la disposition de la loi du 19 brumaire an
» VII, qui n'assimile les déportés proscrits aux
» émigrés que dans le cas où ils n'auraient pas
» fait la déclaration qu'elle leur prescrivait,
» dans le délai de deux mois , à partir de
» sa publication. »

« *Celui* qui a fait cette déclaration , et s'est
» rendu à l'île d'Oléron, en exécution de l'ar-
» rêté du directoire exécutif du 28 nivôse sui-
» vant, qui a , dès le mois de germinal de la
» même année, obtenu la main-levée du sé-
» questre apposé sur ses biens, a été , au moins
» dès cette époque, réintégré dans l'exercice
» de tous ses droits civils; or, s'il n'a point
» changé jusqu'alors le lieu de son domicile

» légal, il a pu, en floréal suivant, être cité
» valablement en conciliation devant le juge
» de paix du canton de ce domicile, et par
» suite, devant le tribunal de première instan-
» ce de l'arrondissement. »

Et pour la circonstance « où son épouse au-
» rait, dès l'année précedente, signifié à
» l'administration municipale du canton du
» dernier domicile de son mari, qu'elle enten-
» dait aller résider dans un autre département,
» il est évident qu'étant toujours restée sous la
» puissance de son mari, malgré la déporta-
» tion contre lui prononcée, elle n'aurait pu
» lui acquèrir un nouveau domicile, sans un
» pouvoir spécial de sa part. » (1)

Prêtres déportés.
Incapables de vendre.

2.° *DÉPORTÉS* (les prêtres) *sont incapables de vendre, s'ils n'ont été relevés de la peine de déportation.*

« La loi du 26 décembre 1790 *disait M. MERLIN*, obligeait les prêtres à préter le serment. »

« La loi du 26 août 1792, les condamnait à la déportation, pour avoir refusé ce serment. »

« La loi du 17 septembre 1793, assimilait les prêtres déportés aux émigrés. »

« Si des arrêtés administratifs ont, par *ins-cription* et par séquestre fixé leur état de prè-
tres déportés, voilà leur *incapacité* établie. »

« En ont-ils été relevés? ... non. L'article 3 de la loi du 22 fructidor an III n'a rien changé aux droits personnels des ecclésias-

______

(1) 16 *Frim. an XI.* Rej. *DOUMERC.* Jur. an 11, p. 147. —— Jour. du Pal. an 14, 1, s. p. 273.

tiques;.. elle est purement relative aux biens;
pour les rendre, soit à eux, au cas qu'ils soient
relevés de la mort civile, soit à leurs heritiers
présomptifs, s'ils en restent frappés. »

«Ainsi, (pour vérifier le droit d'un prêtre
qui a été soumis à la déportation) la question
est de savoir si ce prêtre a été relevé de la déportation. »

« Mais s'il n'apparaît pas qu'il l'ait même demandé, dira-t-on qu'il n'exista jamais ni *jugement* ni arrêté individuel contre ce prêtre ;
qu'il fut compris dans une mesure en *mase ?* »

On répondrait:» s'il est constant que dans le
fait il a été *déporté*, (même de sa propre volonté, après avoir obtenu des passeports pour
se déporter lui-même), *séquestré, inscrit* ; la
mort civile ne peut être douteuse . . . donc, il
est, ou a été incapable de vendre, pendant
le temps de sa déportation. «

D'où il faut conclure, avec la cour de cassation, « que les prêtres déportés et inscrits sur
» la liste des émigrés, sont incapables de ven-
» dre, soit par eux-mêmes, soit par des tierces
» personnes interposées. »

Et, « qu'en se décidant par cette incapacité,
» qui vicie toutes les ventes de cette espèce,
» le juges non-seulement ne violeraient au-
» cune loi, mais feraient, au contraire une jus-
» te application des lois rendues contre. les prê-
» tres déportés inscrits sur la liste des émigrés.»
(1) Voyez *Vente.*

DÉPOT, *Mat. civile*

1.º DÉPÔT (*le*) *fait, par un acquéreur qui a*   Par un

---

pris des lettres de ratification scellées à charge des oppositions, a été valablement fait chez un notaire, avant l'existence de l'ordre entre les créanciers opposans, même lorsqu'il a été fait postérieurement à la loi du 23 septembre 1793.

En vain dirait-on pour soutenir la nullité de ce dépôt : la loi du 23 septembre 1793 voulait qu'au moment où il survenait des oppositions entre les mains des dépositaires volontaires, ils soient tenus d'en faire le versement à la caisse du district.

Dans l'espèce, au moment du dépôt, il y avait des oppositions subsistantes ; il devait donc se faire chez le receveur du district; celui fait chez le notaire n'est pas valable : il est nul.

Le notaire, à la vérité, a depuis versé le dépôt dans la caisse du receveur du district, mais alors il n'était plus temps de le faire ; la loi ayant été violée dans l'origine, le versement subséquent n'a pu rendre régulier le dépôt chez le notaire.

Après les distinctions admises entre le dépôt volontaire et le dépôt forcé, on opposerait en vain aux moyens ci-dessus, » que, dans l'es-
» pèce, le dépôt fait chez le notaire était pu-
» rement volontaire, qu'il a été suivi de con-
» signation dans la caisse du district, lorsque
» par des circonstances particulières de la
» cause (*), le dépôt, de volontaire qu'il était,
» est devenu forcé et judiciaire; que les de-
» niers étaient dans la caisse du district, au mo-
» ment où le jugement est intervenu entre les
» créanciers, sur l'ordre de préférence; »

(*) La demande des créanciers en réglement de préférence et distribution de prix.

Et l'on dirait avec raison : « le jugement qui
» déclarerait valable le dépôt et la consigna-
» tion, ne présenterait pas de contravention à
» la loi du 23 septembre 1793. » (1)

2.º *Il en est autrement pour le cas où l'acqué-* Exception à la
reur, qui a consenti le dépôt de son prix, a   règle
effectué ce dépôt, en vertu d'un jugement qui   ci-dessus.
l'autorisait, mais avant la huitaine de la date
de ce jugement.

C'est-à-dire, que s'il a été stipulé dans l'acte
d'adjudication volontaire faite à mon profit, en
juin 1793, que j'aurais la faculté de déposer
mon prix, et les intérêts d'icelui entre les mains
d'un notaire dépositaire et séquestre de la direction des créanciers unis du vendeur, avant
l'obtention des lettres de ratification, et même
aussitôt après l'adjudication, à la charge de
tous les droits, hypothèques et prétentions
de tous les créanciers, et en outre, à la
charge de toutes les oppositions qui survien-
draient au sceau des lettres de ratification;
et ce, sous la foi d'une délégation dudit prix
aux créanciers hypothécaires, et suivant les
droits de chacun, dans l'effet desquelles je
serai subrogé;

Si après l'homologation des délégations, j'ai
demandé en justice l'autorisation de déposer
à la caisse du district, conformément à la loi
de septembre 1793, mon prix, et que j'ai effectué ce dépôt, avant la huitaine du jugement
qui l'autorisait, en retenant par devers moi
les frais de ce jugement; les créanciers du

---

(1) 12 *Frim. an X.* Rej. *DESHAIRES.* Jur. an 10, p. 101.
—— Jour. du Pal an 10, 1. s. p. 413.

vendeur ont été fondés à demander la nullité de ce dépôt ;

Parce que « debiteur du prix de l'immeu-
» ble par moi acquis, je ne pouvais être con-
» sidéré comme en étant dépositaire; qu'ainsi
» je n'étais sous aucun rapport, obligé au dé-
» pôt que la loi du 23 septembre 1793 ordon-
» nait être fait par les dépositaires à la caisse
» du district, ou à la trésorerie nationale ;
» que l'article 19 du tit. 19 de l'ordonnance
» de 1667, ne s'appliquait pas aux dépôts vo-
» lontaires; que le jugement d'autorisation à
» déposer, par moi obtenu, n'étant que pro-
» visoire, ne pouvait être mis à exécution,
» qu'après la huitaine de sa date ; »

Parce qu'enfin « loin de regarder ce juge-
» ment comme provisoire, je l'aurais considéré
» comme définitif, ayant retenu, lors du dé-
» pôt, les frais qu'il avait occasionnés; »

D'où il suit « que les juges, *en déclarant nul*
» *ce dépôt, comme ayant exécuté la disposi-*
» *tion du jugement qui l'autorisait avant le*
» *délai de huitaine*, loin de contrevenir à
» l'article 14 du tit 5 de l'ordonnance de 1667,
» en auraient fait une juste application. » (1)

En matière de commerce. Loi du 6 ther. an III.

3.° *DÉPÔT (le mode de), indiqué par l'article 2 de la loi du 6 thermidor an III, pour les
billets dont le porteur n'avait point reclamé le
payement, est applicable aux lettres de change.*

Envain chercherait-on à révoquer en doute cette règle sous le prétexte que l'article 1.er de cette loi ne parle pas nommément des lettres de change :

---

(1) 6 *Fruct. an XI.* Rej. BECHET. Jour. du Pal. an 12, 1. s. p. 117.

Parce que « cet article comprend dans sa
» généralité tous les effets négociables ; et
» que l'article n'a dérogé en aucune manière
» à l'article premier. »

« D'où il suit que cet article 2, qui prescrit
» certaine formalité pour le dépôt, ne se rap-
» porte évidemment qu'aux effets négociables
» susceptibles de l'observation de cette forma-
» lité ; et que les dispositions de ces deux ar-
» ticles se conciliant ensemble, et indiquant
» le cas de leur application, ils n'exigent au-
» cune interprétation. »

Conséquemment il n'y a pas lieu de douter sur la question de savoir, *si cette loi*
autorisait le dépôt des lettres de change dont
la signature du tireur, mise en blanc au dos
d'icelles, répresente le débiteur et le créancier
tout-à-la-fois et dans la même personne ; or,
le référé, qui aurait été prononcé sur cette
question « par les juges, aurait suspendu, sans
» motifs le cours de la justice, et sous ce rap-
» port contiendrait un excès de pouvoir. » (1)

4.º *Dépôt (la reconnaissance d'une somme* Des actes de
d'argent reçue en) a dû, à peine de nullité, con- dépôts volon-
tenir, outre l'approbation de l'écriture, l'ap- taires, faits
probation par le dépositaire de la somme ex- entre parti-
primée au billet. culiers.

Reconnais-
sance.

En effet, « l'acte dont il s'agit, contenant
» l'obligation de rendre la somme y expri-
» mée, il suffit de cet engagement, pour le
» ranger au nombre de ceux que la déclara-
» tion de 1733 s'est proposée pour objet ; »
d'après les principes rapportés au mot *Décla-*
ration, nomb. 3, qui est extrait du même arrêt.

***

(1) 12 *Vend. an VII.* Cass. d'office. Jur. notice, p. 165.

5.º « *L'acte de dépôt devient, pour le débi-*
» *teur d'un billet, un titre de libération, et,*
» *pour le créancier, un titre qui l'autorise à*
» *reclamer chez le dépositaire le montant in-*
» *tégral de ce billet : »*

Le dépôt, effectué en assignats, doit être déclaré valable encore qu'il ni ait point eu de bordereau dressé des assignats déposés ;

Car, « les juges en déclarant nul, faute de
» bordereau, l'acte de dépôt dont il s'agit,
» violeraient la loi du 6 thermidor an III,
» et commettraient un excés de pouvoir. »
(1) Voyez *Borderaux* d'espèce.

Nota. Le lecteur s'appercevra que, sur cette matière, comme sur quelques autres, on a, pour fixer la jurisprudence, feuilleté dans des arrêts antérieurs à l'an VIII, comme dans quelques autres cas, on a anticipé sur le volume de 18c6 ; on a pensé devoir en agir de même à l'égard du dépôt, à cause de son influence sur les causes où il figure, et qu'un dépôt fait en l'an III de la république, peut influencer une cause jugée en 1810, etc.

DÉPOT. *en Matière criminelle.*

De sa violation.
Lorqu'il est soustrait.

1.º *DÉPÔT (la violatian d'un) ne peut être l'objet de deux actions différentes ;*
C'est-à-dire, que celui qui a succombé dans son action en violation de dépôt, ne peut en intenter une nouvelle, sous prétexte de la rétention d'une partie du même dépôt.

« L'admission de cette dernière action se-
» rait contraire au vœu de la maxime *NON*

---

(1) 15 *Vent. an XII.* Cass. ROGER. Bul. de la Cour, an 12, p. 193.

» *BIS IN IDEM*, et le jugement qui l'admettrait,
» renfermerait une contravention formelle
» aux articles 1350 et 1351 du code civil, sur
» l'autorité de la chose jugée. » Voy. *Choses
jugées*, part. crim. nomb. 4 ; et le *Traité de
compétence*, part. id. nomb. 118. (*)

2.° *La preuve testimoniale* de cette violation
*peut être admise, même lorsque la valeur de
l'objet déposé excède 150 fr., par les juges criminels, bien que l'existence n'en soit pas constatée légalement, avant le jugement de la
question préjudicielle par les tribunaux civils,*
lorsqu'il y a un commencement de preuve
résultant d'écrit, ou des aveux du prévenu.

Mais, « si cette convention n'est pas prouvée
» par écrit, ou s'il n'en existe pas un com-
» mencement de preuve littérale, la procé-
» dure criminelle doit être suspendue jusqu'à
» ce que les juges civils aient prononcé sur
» le fait de l'existence préalable de cette
» convention. » Voyez *Convention*, part. crim.

Enfin, « si le prévenu, dans son premier
» interrogatoire, a dénié la convention pré-
» supposée par l'imputation du prétendu dé-
» lit, » et que dans les interrogatoires postérieurs il en ait avoué l'existence;

« Ces aveux peuvent être réputés des com-
» mencemens de preuve par écrit, ... et les
» juges ne contreviendraient à aucune loi et

(*) L'historique de cette cause démontre que ce n'est
que par le respect dû aux principes qu'il a été ainsi jugé;
la connaissance particulière que nous avons des parties
qui y ont figuré, nous porte à recommander la plus
grande précaution de la part de ceux qui confient leur
fortune à des tiers à titre de dépôt.

» n'excéderaient point leur compétence, en
» discutant, d'après les interrogatoires de l'ac-
» cusé. d'après les déclarations des témoins
» et les autres circonstencas du procès, les
» preuves de l'existence du dépôt et de sa
» suppression » (1) Voyez *Aveu*, nomb. 4,
Convention, le *Traité de compétence*, partie
crim. nomb. 2.

A quels juges doit-elle être soumise ? 3.º *Cette* violation *rentre dans les attribu-tions des juges qui doivent connaître du fait principal, lorsqu'elle est accessoire d'un délit placé dans leurs attributions.*

C'est ainsi, que la violation du dépôt de lettres de change remises à un administrateur à titre de cautionnement, serait de la com-pétence du tribunal correctionnel, d'après les circonstances suivantes, savoir :

Si j'ai accepté de cet administrateur (d'un octroi municipal) une commission provisoire de caissier du transit, avec délai d'un mois pour mon acceptation définitive, et remise de ma part à ce directeur, de lettres de change destinées à répondre de ma gestion :

Si avant mon entrée en fonctions, j'apprends, 1.º que mes lettres de change sont en circu-lation ; 2.º que cet administrateur n'a pas le droit de nommer, mais seulement le droit de présenter à la place de caissier qu'il m'a conférée, on doit, dans cette hypothèse, rai-sonner ainsi :

« La violation du dépôt volontaire, par
» moi reproché à cet administrateur, ne pour-

---

(1) 20 *Fruct. an XII.* Rej. *MERLIN-HALI.* Jour. du Pal. an 13, Coll. p. 167. — Jour. des Aud. an 13, p. 221 — Jur. an 13, p. 20.

» rait seule et indépendamment de toutes au-
» tres circonstances aggravantes de cette ac-
» tion répréhensible, donner lieu à une plainte
» et à l'instruction d'une procédure en escro-
» querie ; »

Mais, « elle en deviendrait nécessairement
» un accessoire, dans l'espèce particulière,
» si je prétendais que ladite violation de dé-
» pôt n'aurait été amenée que par l'effet de
» fausses promesses, de fausses entreprises
» et d'espérances chimériques qui m'auraient
» été données par cet administrateur, en abu-
» sant de ma crédulité ; »

De cette hypothèse « il résulterait que la
» police correctionnelle serait compétemment
» saisie, » toutefois que j'aurais prouvé l'abus
de crédulité constitutif de *l'escroquerie*, ainsi qu'il est établi à ce mot.

Tandis que de la condamnation de cet administrateur, « sur la simple déclaration, sans dire
» pourquoi, qu'il y aurait eu abus de cré-
» dulité, il en résulterait une fausse applica-
» tion de l'article 35 de la loi du 19 juillet
» 1791. » (1) Voyez *Crédulité* et le mot *Abus*.

4.° DÉPÔT (le) des marchandises anglaises, dans une maison, donne lieu à l'amende et à la confiscation desdites marchandises. *En matière de douanes.*

Voyez ANGLAISES (*marchandises*) nomb. 4.

Relativement au dépôt des marchandises saisies par les préposés des douanes, voyez

---

(1) 13 *Fruct. an XIII.* Cass Rosse. Bul. de la Cour, an 13, part. crim. p. 361. —— Jour. des Aud. an 13, p. 535. Jur. an 14 et 1806 p. 22.

Préposes, Procès-verbaux en matière de douanes.

DÉPRÉCIATION. Voy. *Assignats*, *Cheptel*, *Papier-monnaie*, *Réduction*.

DERNIER RESSORT.

DERNIER RESSORT (le) est *le dernier degré, qu'une affaire peut parcourir, suivant sa nature et suivant la compétence des juges.*

« La Cour de cassation est seule investie
» du pouvoir de prononcer sur les jugemens
» en dernier ressort : aucune loi ne permet
» l'appel d'un jugement rendu en dernier
» ressort. »

« Les tribunaux correctionnels ne peuvent
» juger qu'à la charge d'appel ; et tout juge-
» ment, rendu par ces tribunaux, abusive-
» ment qualifié de jugement de dernier res-
» sort, peut et doit être apprécié par la cour
» de justice criminelle, saisie de l'appel qui
» en est interjetté. »

Voyez le développement de ces règles et leur application, suivant les différentes espèces, au *Traité de compétence* qui précéde, aux mots *Appel*, *Cassation*, *Pourvoi* et autres indicatifs des matières ou des juridictions dont vous aurez à vous occuper.

DÉROGATION (*il y a*) *à la règle :* ACTOR SEQUITUR FORUM REI, *en faveur des actions des administrations publiques pour le paiement*

des

des contributions et de la régie des domaines en matière de recouvrement.

Voyez *Action* civile, nomb. 3.

DÉSAVEU.

« **DÉSAVEU** (*l'action en*) *intentée contre un* **Par forme**
» *avoué, ou fondé de pouvoir, comme incident* **d'incident.**
» *dans une instance principale ; a pu être con-*
» *tinuée devant les juges d'appel.* »
» Elle était un préalable nécessaire à la
» décision de l'instance principale, ainsi il
» n'y avait pas de nécessité de la porter de-
» vant les juges de première instance, ni de se
» présenter en conciliation au juge de paix. »
(1)
D'autant moins: qu'en principe, « les juges
» saisis par un appel d'une demande princi-
» pale, ont pû juger en dernier ressort toutes
» les demandes incidentes auxquelles la con-
» testation principale a donné lieu. » (2)
Voyez, pour le présent, l'art. 49 du code de
procédure.

DÉSERTEURS (*sur les faits relatifs aux*):
voyez le mot *Conscrits*, ou tout ce qui concerne les déserteurs, la désertion des militaires et ceux qui les recèlent, se trouve réuni.

DÉSERTION. (*)

DÉSERTION d'appel (*la*) *n'a plus lieu depuis* **D'APPEL.**

---

(1) 24 *Ther. an* VIII. Rej. BILLZENIHALLER. Jur. not. p, 334.
(2) 5 *Therm. an* XIII. Rej… Jour. des Aud. an 13, S. p. 178.
(*) *Désertion*; synonime d'abandonnement; voyez ce

III. e *Vol.*   **S**

la publication de l'article 14 *de la loi du* 24 *août* 1790.

Avant la publication du code de procédure, la question résolue par cette règle, a souffert beaucoup de difficulté, et a essuyé des controverses dans presque tous les tribunaux de la France; enfin, dans la Cour de cassation, pour savoir ce que c'était que cette procédure : écoutons la cour suprême elle-même.

« Par les ordonnances de France, de
» 1453 et 1493, la desertion d'appel non re-
» levé dans les trois mois, ne produisait que
» l'effet de rendre le jugement de première
» instance exécutoire, nonobstant opposition
» ou appellation, mais ne formait nul obsta-
» cle à l'émission d'un nouvel appel; d'où la
» conséquence que la désertion d'appel n'a-
» néantissait que l'acte d'appel non relevé,
» et nullement la faculté d'appeller, que
» l'usage avait même prorogée jusqu'à 30
» ans. »

Mais, « pour avoir pu continuer d'exécu-
» ter ces ordonnances en même temps que la
» loi du 24 août 1790, il aurait fallu qu'un
» nouvel appel pût encore être interjetté,
» après que le premier aurait été déclaré
» *désert* ; (*) ce qui était inconciliable avec
» l'article 14 du titre 5 de la loi du 24 août
» 1790, (art. 443 et suiv. du code de procé-

---

mot. — On le dit particulièrement des soldats qui abandonnent le service sans congé; voyez *Conscrits*. — *En terme de palais*, c'était la négligence de relever, dans un temps déterminé par les ordonnances, un appel que l'on avait interjetté : la peine attachée à cette négligence était de déclarer l'appel non-avenu.

(*) *Adjetif* : qui n'a pas été relevé.

» dure) qui voulait , à peine de déchéance ,
» que nul appel ne puisse être signifié après
» trois mois , &c. ; »

Or , « de l'impossibilité de concilier la dis-
» position de cet article avec la disposition
» des ordonnances de 1453 et 1493 , il résulte
» que la désertion d'appel a été implicitement
» abrogée ; » (1)

Enfin , « les anciennes ordonnances ne sont
» conservées, sous le nouveau régime, qu'avec
» les effets , qu'elles avaient sous l'ancien , et
» telles qu'elles y étaient exécutées ; ... la
» procédure en désertion réduite à un circuit
» inutile , avait fait établir , dans plusieurs
» tribunaux , l'usage de convertir en antici-
» pation les demandes en désertion ; ... tan-
» dis que la loi nouvelle qui n'a prescrit au-
» cune formalité , dont l'inobservation pût
» entraîner la déchéance, autre que la signifi-
» cation dans les délais, rendrait les désertions
» fatales et leur donnerait un caractère et
» des effets différens de ceux qui leur avaient
» été attribués par les anciennes lois et par
» la jurisprudence. » (2)

Voyez, le mot *Appel* au 1.er vol.

DÉSISTEMENT. (*)

1.° *DÉSISTEMENT* d'un creancier surenché-
risseur (le) *fait sous l'empire de la loi du 11* *En fait d'ex-propriation*

---

(1) 3 *Niv. an X.* Rej. *LELIEVRE-LA-GRANGE.* Jour.
du Pal. an 11, Coll. p. 291. — Jur. an 10 , p. 190. — 5 *Niv.*
an XI. Cass. *BOURDON-NEUVILLE.* Jour du Pal. id. p. 294.
— Bul. de la Cour , an 11 , p. 102. — Jur. an 11 , p. 134.

(2) 4 *Fruct. an XI.* Cass... Bul. de la Cour, an 11 ,
p. 394. — Jour. du Pal. an 12, Coll. p. 262.

(*) Au palais, c'est, *en matière civile*, la renonciation

forcée.
Surenchère.
Loi du 11 bru.
an VII.

brumaire an VII, a nécessairement tourné au profit des autres créanciers.

C'est-à-dire, que sur le désistement d'un créancier surencherisseur à la vente, amiablement faite, d'un immeuble sur lequel j'avais aussi hypothèque, j'ai pû requérir ma subrogation au droit de ce créancier, et les juges ordonner que nonobstant ce désistement déclaré nul, il serait sursis à l'ordre qui aurait été ouvert. jusqu'à l'adjudication de l'immeuble surenchéri.

En effet. « les juges. en professant que l'en» chère d'un créancier était un acte passé
» avec la justice, qui profitait à toutes les
» parties intéressées, qui avaient un droit
» égal, et avaient fait les diligences d'inscrip-
» tions hypothecaires, n'aurait fait que rap-
» peller les anciens principes, et la doctrine
» des auteurs les plus estimables, qui ont traité
» de la matière. et que le code civil a formel-
» lement consacrés (Art. 2190.) »

« Il suit même de l'article 18 de la loi de
» brumaire, sur les expropriations, que tout
» n'était pas consommé par le désistement d'un
» créancier qui avait fait surenchère, puisque
» s'il ne se présentait pas, ce n'était qu'après
» l'extinction de trois feux consécutifs, sans
» autre enchère, que l'acquéreur restait pro-
» priétaire. moyennant le prix stipulé dans
» son contrat. »

---

que fait un particulier à une convention faite entre lui et un autre, à une poursuite, à une demande, ou à l'appel interjetté d'un jugement de première instance. *En matière criminelle*, c'est la renonciation à la plainte, ou aux poursuites que l'on avait intentées contre quelqu'un. Enfin, se désister, abandonner ou renoncer, sont des termes synonimes. *CESSATIO.*

Ainsi, « loin que les juges aient violé ou
» faussement appliqué la loi du 11 brumaire
» an VII, (en prononçant ainsi qu'il a été dit
» ci-dessus), ils se seraient au contraire par-
» faitement conformés à son esprit et aux an-
» ciens principes de la matière. » (1)

2.º « *Désistement* (un) fait en justice, a *De ses effets.*
» *toute l'autorité de la chose jugée.* »   Chartres gé-
Il résulte de l'application de cette règle, que   nérales du
celui qui, (en vertu de l'article 38 du chapitre   Hainault.
78 des chartres générales du Hainault), a déclaré aux plaids (*), qu'ayant pris vue et
inspection des deux contrats contenant la vente
sur laquelle il avait basé son action, il se dé-
sistait des fins et conclusions de sa requête,
accordant frais (**), n'a pu renouveller la
même prétention, ni les juges lui accorder sa
nouvelle demande, « sans contrevenir à l'ar-
» ticle 5 du chapitre 78 des chartres pré-
» citées. »

Car, « dans ces circonstances, le désiste-
» ment ne peut s'appliquer qu'au fond, qu'à la
» chose même, et non à l'instance ; ... sans
» quoi il n'y aurait pas de fin aux procès. » (2)

____

(1) 22 *Prair. an XIII.* Rej. *Duverger.* Jour. du Pal.
an 14, 1. s. p. 49. — Jour. des Aud. an 13, p. 404. — Jur.
an 13, p. 285.

(*) *Plaids,* lieux et temps où l'on plaide. *Loca et
Tempora ad judicia exercenda.*

(**) L'art 5 précité porte les mêmes termes ; et ajoute,
*et ce fait, recommencer poursuite, si ainsi le trouve con-
venir.*

(2) 21 *Germ. an X.* Cass. *Maton.* Bul. de la Cour, an
10, p. 284.

3.º *Désistement* d'une société (*le*) *consenti par un associé, moyennant un prix, est réputé vente de sa part.*

Par exemple : si par suite d'une société, contractée en 1791, laquelle n'aurait pas reçu d'exécution, j'ai donné, en 1792, désistement de cette société, avec stipulation de remboursement d'avances, et vente d'effets mobiliers, à charge d'une rente viagère de 1500 fr., au capital de 10,000 francs ; « cette rente » doit au moins, sous le rapport des 10,000 fr. » prémentionnés, être considérée comme provenant d'un capital fourni en valeur métallique, et non soumise à la réduction, aux » termes de l'article 3 de la loi du 13 pluviôse » an VI. »

Car, « l'effet de cette résiliation devait évidemment être le même que si, au lieu de se » servir du mot *désistement*, il eut été énoncé » dans l'acte que *l'associé acquéreur* avait » acheté la part de *l'associé désistant* dans cette » société, moyennant la somme de 10,000 fr. ; » d'où il suit que cette somme était exigible » en valeur métallique, sous les modifications » énoncées en l'article 18 de la loi du 16 » nivôse même année. »

Par conséquent, les juges qui auraient réduit, en l'an XI, ou qui réduiraient maintenant à 1058 fr. la rente de 1500 fr., sous le prétexte de son origine, « fourniraient » motif à la cassation de leur jugement, et au » renvoi des parties à se pourvoir, sur le fond » du procès, devant les juges où elles seraient » réglées. » (1)

---

(1) 6 *Vend. an XI.* Cass. *Goyer.* Bul. de la Cour, an 11, p. 9.

4.º *Désistement d'une plainte (le) n'auto-rise point les juges à faire entendre le plaignant lors des débats.*

En d'autres termes : s'il résultait du procès-verbal des débats que le plaignant, nonobstant le désistement, a été, à la suite des dépositions orales des témoins, entendu comme partie plaignante, sur les faits contenus et détaillés dans sa plainte, « il y aurait, de la » part des juges, usurpation de pouvoir. »

Car, « l'article 370 du code du 3 brumaire » n'autorise point à entendre, comme plai-» gnant, celui qui, par le désistement, a » cessé d'avoir cette qualité ; et cette auto-» risation ne se trouve dans aucune loi. » (1)

DÉSUÉTUDE.

1.º *Désuétude (la) a le pouvoir d'abolir la loi, lorsqu'elle est générale, c'est-à-dire, lorsque l'universalité de ceux pour lesquels la loi a été faite ont méconnu son autorité.*

En thèse générale, l'usage peut-il abroger la loi ? Telle était la question que posait M. le Proc. gén. MERLIN , le 7 brumaire an XI.

Telle est l'importante question que ce mot présente ; d'autant plus importante que le code civil anéantissant les lois anciennes, et les coutumes, l'oubli dans lequel elles tomberont prêtera à ce que l'on soutienne qu'elles étaient tombées en désuétude aux momens où les actes qu'elles réprouvent ont été passés : plus de vingt ans encore ces lois et coutumes régiront l'intérêt des familles et de

---

(1) 9 *Messid. an XIII.* Cass. MELGUIN. Bul. de la Cour » an 13, part. crim. p. 298.

la société, sous le rapport de la transmission des biens, soit par contrat de mariage, soit par testament ou donation, soit enfin par des actes de vente ou d'échange.

Pour bien saisir le point de la question, et les moyens qui doivent la résoudre, suivons M. le *Proc. gén.* dans sa savante dissertation, qui a précédé l'arrêt de la cour, du 25 brumaire an XI, rendu dans le même esprit, ainsi que plusieurs autres dont nous rapporterons les dispositions.

« Sur cette question, *disait M.* MERLIN, nous trouvons dans le droit romain deux textes qui semblent se contredire. »

« La loi 32, §. 1.ᵉʳ au Digeste, DE LEGIBUS, décide que l'usage peut déroger à la loi. *Nam quid interest*, dit-elle, *suffragio populus voluntatem suam declaret, an rebus ipsis et factis! Quare rectissimè etiam illud receptum est, ut leges non solùm suffragio legislatoris, sed etiam tacito consensu omnium per desuetudinem abrogentur.* »

« Et au contraire, la loi 2, au code QUÆ SIT LONGA CONSUETUDO, déclare que l'usage, quelque respectable qu'il soit, ne peut pas prescrire contre la raison, ni contre la loi. *Consuetudinis usûsque longævi non vilis autoritas est ; verùm non usque adèo suî valitura momento, ut autem rationem vincat aut legem.* »

« Quelques interprètes ont cru concilier ces deux textes, en disant que le premier se rapporte aux états, sinon purement démocratiques, du moins dans lequel le peuple s'est réservé à lui-même, et exerce par soi le pouvoir législatif : et le second, aux états dans lesquels le peuple a délégué ce pouvoir à un monarque. Mais ils n'ont pas fait attention

que la première de ces lois avoit comme la seconde, été faite pour l'empire romain, et à
une époque où depuis très long-temps le peuple ne prenait plus aucune part active à la législation. »

« D'ailleurs la raison sur laquelle s'appuie
cette première loi, n'est pas moins applicable
aux gouvernemens représentatifs et même mo-
narchiques, qu'aux gouvernemens dans lesquels le pouvoir législatif est exercé immédiatement par le peuple. »

« Car dans les uns comme dans les autres,
» la loi est toujours l'expression formelle ou
» présumée de la volonté générale. »

« Elle en est l'expression formelle, dans les
» états ou le peuple la vote lui même direc-
» tement; »

« Elle en est l'expression présumée, dans
» les états où elle est votée par des délégués
» électifs ou héréditaires du peuple. »

« Ainsi, dans les uns comme dans les au-
» tres, c'est, à proprement parler, le peuple
» qui fait les lois. »

« Il peut donc les abroger, dans les uns
» comme dans les autres. »

» Or, que ce soit par des paroles ou par une
» longue série de faits qu'il manifeste sa vo-
» lonté, il importe peu; dans l'un et l'autre
» cas, il use du plus incontestable de ses droits,
» et sa volonté souveraine doit être respec-
» tée. »

« Voilà ce qu'est censée dire, ou plutôt voilà
ce que dit réellement le §. 1.er de la loi 32, ff.
DE LEGIBUS; et sa décision est trop bien cal-
quée sur les vrais principes, elle est trop conforme à la saine raison, pour ne pas l'empor-

ter sur celle du rescrit impérial, qui forme la loi 2, C. *QUÆ SIT LONGA CONSUETUDO.* »

« Aussi la Cour de cassation a-t-elle prouvé par plusieurs de ses arrêts, qu'elle regarde l'usage constant, général et uniforme, comme capable d'abroger la loi. »

« Mais pour que l'usage fasse ainsi cesser l'empire de la loi, il ne suffit pas qu'il soit concentré dans une partie du territoire dans lequel la loi a été originairement publiée, il faut qu'il soit commun à tout ce territoire. »

« Lorsque l'usage n'est pas commun à tout le pays pour lequel la loi a été faite, il n'a pas pour lui la volonté générale du peuple, il ne peut conséquemment pas faire loi; et par une conséquence ultérieure, il ne peut pas abroger une disposition législative. »

« La loi 32, §. 1.er ff. *DE LEGIBUS*, n'attribue pas à des usages locaux le pouvoir de faire tomber les lois générales en désuétude. Il ne le donne qu'aux usages qui sont l'expression tacite du consentement unanime du peuple : *TANTO CONSENSU OMNIUM PER DESUETUDINEM ABROGANTUR.* »

A l'égard de l'ordonnance de 1667. Opposition.

2.° *Appliquons, avec la cour suprême, ces grands principes à quelques cas particuliers.*

« L'ordonnance de 1667, article 3 du titre » 35, n'admettait la voie d'opposition contre » les jugemens rendus en dernier ressort, faute » de se présenter, ou faute de plaider, qu'au- » tant que cette voie était employée dans la » huitaine du jour de la signification des ju- » gemens, à personne ou à domicicle; »

« Le législateur avait impérieusement or- » donné, par l'article 34 de la loi du 27 mars

» 1791 , la stricte observation de l'ordonnance
» de 1667 et des réglemens postérieurs; »

Ainsi , « les juges ne pouvaient s'étayer d'un
» usage introduit dans le ressort d'un ci-
» devant parlement, d'après lequel les oppo-
» sitions aux jugemens rendus faute de com-
» paroir, étaient reçues pendant trente ans; ils
» n'auraient pu invoquer cet usage local et
» particulier, qu'autant que cet usage n'aurait
» pas été en opposition avec une loi précise
» et formelle faite pour la généralité de la
» France: »

Car « pour qu'une loi générale puisse être
» envisagée comme tombée en désuétude par
» le non usage, il est nécessaire d'établir ce
» non usage dans la généralité de l'état pour
» lequel la loi a été faite. » (1)

3.º « *La même ordonnance*, *article précité*   *En fait*
» *et* 12 *du titre* 27, n'avait permis d'atta-   *d'appel.*
» quer, par la voie de l'opposition, les juge-
» mens par défaut, que lorsqu'ils avaient été
» rendus en dernier ressort; ... mais ceux
» rendus en première instance étaient compris
» dans les dispositions générales qui avaient
» établi la voie d'appel envers les jugemens
» de premier ressort, sans distinction des ju-
» gemens contradictoires ou par défaut; »

« Quoique l'usage et la jurisprudence de plu-
» sieurs des ci-devant parlemens, eussent
» étendu jusqu'aux jugemens rendus en pre-
» mière instance par défaut la faculté de se
» pourvoir par opposition, que la loi n'avait
» établie qu'envers les jugemens rendus en

____

(1) 25 *Brum. an XI.* Cass. d'office. Bul. de la Cour,
an 11, p. 47. —— Jour. du Pai. an 11 , Coll. p. 270.

» derniers ressort, il ne s'ensuit pas qu'on ait
» pu interdire à ceux qui avait été condamnés
» par défaut en première instance la voie de
» l'appel qui leur était accordée par les lois ; »
(1)

Parce que cet usage n'avait pas dérogé valablement, même pour l'ancien ressort de ces
parlemens, à l'article 3 du titre 35 de l'ordonnance de 1667; cause pour laquelle la cour de
cassation l'a proscrit en cassant des jugemens
auxquels il avait servi de base.

Exception Nivernois.

4° Mais, *il faut, pour l'application de ces
principes, que la loi ait une disposition expresse et positive, autrement les usages font loi ;*

Par exemple : dans le ci-devant Nivernois,
(département de la Nièvre) un notaire, commis par le juge, pouvait seul faire un inventaire, sans l'assistance d'un deuxième notaire
ou de deux témoins ; « parce que l'usage cons—
» tant en Nivernois autorisait, en pareil cas,
» le notaire à procéder seul à l'inventaire. »
Voyez *Inventaire* et *Usage.*

À l'égard de celle de 1673. Société de commerce.

5.° « *L'ordonnance de 1673, article 1.er du
titre 4*, exige que les sociétés soient rédigées
» par écrit , ... »
Mais, « les articles 2 et 3 du même titre,
» qui déclarent nuls tous les actes et contrats
» passés, tant entre les associés qu'avec leurs
» créanciers, à défaut d'enregistrement et pu-
» blication des actes de société, sont tombés
» en désuetude, et sont abrogés par l'usage

______

(1) 11 *Pluv. an* X. Cass. *DUTERRE.* Bul. de la Cour,
an 10, p. 165.

» général du commerce , confirmé par la ju-
» risprudence constante des tribunaux. » (1)

DÉTENTEUR.

DÉTENTEUR (le) d'un héritage devait , aux termes de la coutume de Paris , les arrérages échus pendant sa jouissance , sans distinction entre la rente constituée et la rente foncière.

Voyez *Arrérages*, nomb. 1 ; *Héritage*, *Hypothèque*, *Rentes*, *Tiers* détenteurs.

DÉTENTION. (la)

C'est l'action de retenir une chose ou un héritage ; voyez ce mot.

C'est aussi l'état d'une personne privée de sa liberté ; voyez *Contrainte par corps*, *Mise en liberté*, *Peine* de la détention.

DÉTENU.

C'est celui qui est privé de sa liberté. Voyez comme dessus, et *Dettes*.

DETTES.

1.º *DETTES* d'une succession , (*les*) sont à la charge de l'héritier , et même de son cessionnaire , sans qu'il soit besoin de stipulation expresse.

Dans ce cas , elles doivent être ajoutées au prix de la cession , pour la liquidation du droit d'enregistrement.

D'une succession.

Enregistrement.

---

(1) 22 *Messid.* an IX. Rej. *Veuve* NORMAND. Jur. an 10, p. 11.

En effet, « les dettes passives sont également
» à la charge de l'acquéreur de droits succes-
» sifs, comme elles l'auraient été à la charge
» de l'héritier ; ces principes sont conformes
» au droit commun ; » (et à l'article 870 du
code civil.)

« La régie de l'enregistrement est consé-
» quemment fondée à prétendre que la valeur
» des droits successifs cédés doit être déter-
» terminée, tant d'après le prix exprimé dans
» les divers contrats de cession, que d'après
» les charges qui font partie de ce prix. » Voy.
Cession, nomb. 4; *Droit* de mutation, *Enregistrement*, *Légataire*, *Succession*.

Usufruitier.
Article 612
du code civil.

2.° *DETTES* d'une succession, (*les*) *pèsent sur
l'usufruitier universel, même à titre particulier
comme sur l'héritier ; et s'il ne veut pas faire
cette avance, l'héritier propriétaire peut faire
vendre, jusqu'à due concurrence, une portion
des biens soumis à l'usufruit.*

En effet, « s'il est reconnu en fait qu'il n'y
» a pas d'autre immeuble dans la sucession
» que celui dont l'usufruit a été légué ; »
Alors, « l'article 612 du code civil assimil-
» lant l'usufruitier universel, quoiqu'à titre
» particulier, au légataire d'usufruit, à titre
» universel, les juges se conformeraient à
» cette disposition de la loi, en autorisant
» l'héritier à faire vendre une portion de l'im-
» meuble sujet à l'usufruit légué, jusqu'à
» concurrence des dettes réclamées, si mieux
» l'usufruitier n'aime lui même payer le créan-
» cier, sauf répétition contre l'hérier, après
» la cessation de l'usufruit. » (1)

____

(1) 4 *Fruct.* an *XIII.* Rej. *GUIGO.* Jour. des Aud. an

Voyez les exceptions tirées, par l'usufrutier, des article 1012 et 1014 du code, au mot *Usufruit.*

3.º **DETTES** d'une succession (*les*) *ne sont point à la charge des héritiers légitimaires qui ont reçu leur légitime en argent, de l'héritier pur et simple, encore que ce dernier soit devenu insolvable.*

A l'égard de l'héritier légitimaire.

Droit romain

Voyez au mot *Créanciers*, nomb. 5 ; et les mots *Héritiers* et *Légitimaires.*

4.º **DETTES** (*les*) contractées constant ma- riage, *par le mari, ne pouvaient, sous la cou- tume de Paris, être à la charge de la femme qui avait renoncée à la communauté.*

A l'égard de la femme qui a renoncé à la communauté.

Coutume de Paris.

« Lorsque la femme n'avait par aucun acte » contracté d'engagement personnel, il en » résultait que, par sa renonciation à la com- » munauté, elle devait, aux termes de la » coutume de Paris, être quitte des dettes » contractées par son mari » Voyez *Commu- nauté*, nomb. 1.

5.º **DETTE** (*une*) *peut être représentée par une autre, par l'effet de la subrogation de la part du débiteur, au profit du nouveau créan- cier.*

Dette (la) éteinte de cette manière ne dé- charge pas les co-obligés.

Eteinte avec des deniers empruntés.
Subrogation.
(a)
Parlement de Paris.

12, p. 500. — Jour du Pal an 14, 1. s. p. 161. — Jur. an 14 et 1806, p. 18.

(a) *Nota.* Le code civil n'avant point de dispositions relativement à cette règle, il faut la vérifier par le droit ancien ; conséquemment par les lois, les statuts, les coutumes ou les usages des lieux.

En d'autres termes : si moi et mon épouse avons emprunté, solidairement, une somme, avec hypothèque spéciale sur le bien acquis de cette somme, et hypothèque générale sur la totalité de nos biens en général ; le cas arrivant que le prêteur veuille être remboursé de la somme prêtée ; si je fais un nouvel emprunt, avec stipulation que ces nouveaux deniers serviront au remboursement du premier créancier, mon épouse ne peut pas valablement soutenir être déchargée de l'obligation qu'elle a contractée envers le premier prêteur.

La raison de décider ainsi, dans l'ancien ressort du parlement de Paris, est « que de » l'édit de 1609, expliqué par l'arrêt de ré- » glement rendu le 6 juillet 1690, par le sus- » dit parlement, il résulte que pour qu'un » prêteur soit subrogé aux hypothèques, » noms, raisons et actions d'un créancier, à » l'égard de tous les co-débiteurs, il suffit » qu'il ait fourni ses deniers à l'un de ceux- » ci, et que ces deniers aient été employés » à payer ledit créancier. » (1) Voyez *Subrogation.*

Des communes. 6.° « DETTES des communes. (*la liquidation » des*) *sans distinction de celles exigibles et » de celles constituées, fait partie des attribu- » tions administratives*, aux termes des arti- » cles 1 et 2 de la loi du 22 decembre 1790. »

Belgique. Et « aux termes des articles 2 et 7 de la loi » du 5 prairial an VI, les dettes des commu- » nes de la Belgique doivent être liquidées » de la même manière que celles des com-

____

(1) 8 *Niv. an XIII.* Cass. *Enfans* LAMBERT. Jour. des Aud. au 13, p. 232. — Jour. du Pal. an 13, 1. s. p. 561.

« munes

« munes de l'ancien terrritoire français. » Voy.
Administration, nomb. 4, et *Liquidation*.

DETTES (les) *des émigrés, dont la Républi-* Des émigrés.
que a appréhendé la succession, doivent être
payées par l'état.
Voyez *Emigrés, Héritiers* et *Succession.*

7.º **DETTES** *commerciales (les) d'un marchand* Commer-
rendent sa veuve et ses héritiers justiciables ciales.
des tribunaux de commerce, encore qu'ils
n'aient point continué son commerce.
Voyez *Traité de compétence*, part. civile,
nomb. 80 et 81, pag. 81 et suiv. Voy. *Héritiers*,
et *Veuve.*

8.º **DETTES** *d'une société (les) sont à la* Résultantes
charge de tous les actionnaires d'icelle ; les- d'une société.
quels ne peuvent stipuler qu'ils ne seront pas
tenus des dettes.
Voyez *Action* de société, nomb. 44, pag. 49,
2.ᵉ vol.

Celles contractées, pour achat de marchan- Contractées
dises, par un agent de la société, sont à la char- par l'agent
ge de cette société. d'une société.
En effet, « lorsqu'un agent général, en exé-
» cution d'un traité de société, usant des pou-
» voirs ainsi donnés, a soustraité avec des
» marchands d'une quantité de fourniture,
» il a obligé chacun des associés solidairement
» au paiement du prix. »
« Dans ces circonstances, un décompte
» signé de celui des associés, à qui seul l'acte
» de société avait donné la signature, aurait
» bien pu servir, en cas de difficulté, à déter-
» miner le *quantum* d'une dette ainsi contrac-

» tée pour fournitures, mais n'était pas né-
» cessaire, pour constituer la société débi-
» trice; puisque cette société se trouvait obli-
» gée pour fourniture par les personnes qu'elle
» avait chargées des achats, et qu'elle avait
» conséquemment autorisé à l'obliger à en
» payer le prix : »

« D'où il suit, que les juges qui auraient
» décidé que les actes ci-dessus n'obligent pas
» chacun desdits associés au paiement d'une
» dette ainsi contractée, auraient violé la loi
» du contrat. » (1) Voyez *Associé*, nomb. 1.er,
Cassation, nomb. 2, pag. 352, 2.e vol.

DÉVOLUTION. (*)

Dans le canton, ou Mundat de Wissembour.

DÉVOLUTION (la) dans les coutumes où elle était admise, ne dépouillait point l'époux survivant des biens de l'époux décédé, du moment du décès.

---

(1) 30 *Prair. an XIII.* Rej. *CURTEL.* Bul. de la Cour, an 13, p. 345. —— Jour. du Pal. an 1806, 1. s. p. 134.

(*) La dévolution n'était établie que par un petit nombre de coutumes, telles que du Brabant, de Limbourg, de la Gueldre, de l'Artois, du pays de Liège, de quelques parties de l'Allemagne; de l'Alsace, de Colmar, Turkheim, Munster, Landau et du canton ou Mundat de Wissembourg.

Ces effets étaient de transmettre, après la dissolution du mariage, aux enfans nés de ce mariage, tous les biens immeubles de la communauté, à l'exclusion des enfans que l'époux survivant aurait pu avoir d'un second mariage. Ce droit étant supprimé depuis le 8 avril 1791, ne peut fournir matière à beaucoup de discussions; c'est pourquoi nous ne rapportons que les principes adoptés par la cour, et pour plus amples détails, nous renvoyons le lecteur aux Questions de droit de *M. MERLIN*, et à son réquisitoire inséré dans les recueils où se trouve l'arrêt ci-après daté.

Les lois nouvelles abolitives de la dévolution ont leur effet contre les enfans nés avant leur publication, lorsque leur pere ou leur mère a survécu à cette publication.

On justifie ces règles par les principes suivans :

« La dévolution telle qu'elle était établie » par le statut du Mundat de Wissembourg, » (*) n'expropriait pas l'époux survivant dés » biens dont il était proprietaire lors de la » dissolution de son mariage. »

« Par l'effet de la dévolution, les enfans ac- » quéraient une expectative de ces biens, » tellement fondée, qu'elle eut pu leur don- » ner le droit de s'opposer aux ventes que » l'époux survivant eut voulu en faire, dans » d'autres cas que ceux dans lesquels le sta- » tut lui en permettait l'aliénation ; cette » expectative n'était cependant pas la pro- » priété, celle-ci restait essentiellement dans » les mains de l'époux survivant, qui pouvait » l'aliéner dans certains cas, et qui n'était » point censé acquérir, lorsque par le décès » de ses enfans, sa proprieté redevenait libre » du lien opéré par la dévolution. »

« La dévolution semblable au fidei-commis, » n'empêchait pas que le grévé fût seul pro- » priétaire ; »

« Comme les appellés à recueillir un fidei- » commis, les enfans n'avaient qu'un expec- » tative subordonnée à la condition, qu'ils » survivraient leur auteur grevé de dévolu- » tion ; » c'est-à-dire l'époux survivant.

(*) Lequel porte, entr'autres dispositions : *le survi- vant (l'époux) doit se contenter de l'usufruit.*

« La loi nouvelle (*) n'a point rétroagi,
» en abolissant cette expectative, en statuant
» sur le mode de transmission de la propriété
» des pères et mères grévés de dévolution,
» puisque cette transmission était encore à
» opérer. »

« Tel est l'esprit de l'article 1.er de la loi
» du 18 pluviôse an V, qui, en ne mainte-
» nant que les avantages légitimement sti-
» pulés en faveur des successibles, exclut
» nécessairement les avantages qu'établis-
» saient les statuts sous lesquels le mariage
» avait été contracté; »

« Telle est la conséquence de la loi du 3
» vendemiaire an IV, qui, en ordonnant l'exé-
» cution de la loi du 17 nivôse an II, à comp-
» ter du jour de sa promulgation, a néces-
» sairement aboli, au préjudice des enfans
» nés de mariages antérieurement contrac-
» tés, tous les avantages qu'ils avaient pû
» espérer d'après les statuts municipaux. »

« *Enfin*, toutes ces dispositions législatives
» dérivent du principe, que les transmissions
» de biens, laissées sous la puissance de la loi,
» doivent se régler suivant la loi en vigueur
» au moment où s'opèrent ces transmissions;»

« D'où il suit, qu'en jugeant *que les*
» *lois des 8 avril 1791, 18 vendémiaire et 17*
» *nivôse an II contenaient un effet rétroactif;*
» *qu'aux termes de l'art. 12 de la loi du 3*
» *vendémiaire an IV, les lois antérieures rela-*
» *tives aux divers modes de transmission des*
» *biens, ne devraient avoir leur exécution*

(*) celles des 8 avril 1791, 18 vendémiaire et 17
nivôse an II.

» *qu'à compter du jour de leur publication ;*
» *et qu'il résulterait de cet article combiné*
» *avec l'article* 1.er, *qui maintient les avanta-*
» *ges irrévocables de leur nature, légitimement*
» *stipulés, que les lois des 8 avril et* 18 *ven-*
» *démiaire an II ne portent plus aucune atteinte*
» *aux droits acquis antérieurement,* les juges
» violeraient lesdites lois des 8 avril et 18
» vendémiaire, en les écartant comme lois
» rétroactives, et feraient une fausse appli-
» cation de l'article 12 de celle du 3 vendé-
» miaire an IV. » (1)

DICTER.

DICTER, « *c'est*, dit M. MERLIN, *prononcer,*
» *mot à mot, ce qu'on destine à être écrit en*
» *même temps par un autre.* »

Mention expresse dans les testamens.
Code civil.

*LA MENTION qu'un testament a été DICTÉ,
au notaire, PAR LE TESTATEUR, n'est point
équivalente à celle qu'il a été écrit par ce notaire,* et ne pourrait sauver ce testament de
la nullité prononcée par l'art. 972 du code civil
à défaut de mention qu'il aurait été écrit
par le notaire.

En effet, « les mots *dicté au notaire*, continue M. MERLIN, n'expriment point *ADÆ-
QUATÈ et IDENTICÈ* la même idée que feraient naître, dans tous les esprits, les mots
écrit par le notaire. »

« Les mots *dicté au notaire*, ne peuvent

---

(1) 10 *Niv. an XIII.* Cass. d'office. Bul. de la Cour, an
13 et 14, p. 126. —— Jur. an 13, p. 154. — Jour. des
Aud. an 13, p. 159. —— Jour. du Pal. an 13, Coll. p. 292.
Quest. de droit, au mot *Dévolution.*

suppléer au défaut de mention de l'écriture; l'un ne suppose point l'autre. »

Ainsi « dans une espèce où l'on soutiendrait » qu'un notaire aurait satisfait par équipo- » lence, à la mention expresse ordonnée par » l'article 972 du code civil, (par les mots » *dicté au notaire*); loin de contenir une » contravention à la loi, le jugement (qui » aurait prononcé la nullié de ce testament) » s'y serait littéralement conformé, et ne four- » nirait aucun moyen de cassation. » (*)

Voyez le fait au mot *Testament.*

DIRECTEUR *du Jury.*

En ce qui touche la juridiction des Direc- teurs de jurys : voyez le *Traité de compétence,* qui précède le premier volume, pag. 162, nomb. 57 et suivans, où tout ce qui concerne leur compétence a été établi.

En ce qui concerne les diverses procédures qu'ils doivent faire, et les règles du droit aux- quelles ils sont assujettis ; voyez les mots in- dicatifs de ces actes, ou des matières aux- quelles lesdites règles sont applicables : toutes

---

(1) 10 *Therm. an XII.* Rej. *Duchatenet.* Jur. an 13, p. 370. — Jour. des Aud. an 13, p. 486. — Jour. du Pal. an 14, 1. s. p. 138 — *Nota.* Cet arrêt, quoique rendu par la section des requêtes, et sous ce rapport moins décisif que ceux qui cassent des jugemens pour violation de la loi, doit être considéré comme fixant la jurispru- dence de la cour suprême, en ce qu'il a été rendu *consultis classibus.*

réunions de principes, relatives à ces objets, n'ayant pu être ici qu'une redite inutile.

DISCUSSION. Voy. *Bénéfice de discussion*, 2.ᵉ vol. pag. 318, nomb. 7.

DISPOSITIONS.

DISPOSITION; en jurisprudence signifie, *aliénation*, soit par *vente*, *donation*, *contrat de mariage*, ou par quelque autre acte que ce soit : par exemple la *donation* est une disposition entre vifs ; le *legs* est une disposition à cause de mort et *testamentaire :* voyez ces mots.

DISPOSITION ; est aussi la décision des lois et des décrets impériaux, et qu'on est obligé de suivre : c'est le contenu dans un jugement ou dans un arrêt, auquel on est obligé de se soumettre, lorsqu'il est passé en force de chose jugée.

Ce sont les dispositions des personnes et de la loi, interprètées les unes par les autres, qui donnent lieu aux contestations soumises à la justice et qui par conséquent ont donné lieu à ce Dictionnaire ; par une ultérieure conséquence nous renvoyons le lecteur aux mots indificatifs des matières auxquelles appartiennent les dispositions, dont il aura à s'occuper.

DISTRIBUTION (*) *de Deniers.*

1.º *DISTRIBUTION (quand la) dans un ordre a été retardée pendant plusieurs années , par des*

(*) *Distribution;* ce mot suppose une chose à partager.

contestations , les créanciers ne peuvent sous ce prétexte être colloqués , pour les intérêts de leurs créances, depuis la date de la transcription de leurs contrats ; mais seulement pour les deux années conservées par l'inscription.

En vain, dirait-on contre cette règle : 1.º la loi de brumaire an VII, n'a pu vouloir que les créanciers souffrissent une perte d'intérêts, lors même qu'on n'aurait à leur reprocher aucune négligence ; elle a borné à deux années les intérêts conservés par l'inscription, parce que, d'un côté, tant que l'immeuble hypothèqué n'est pas vendu, le créancier est toujours le maître, de prendre inscription pour les arrérages qui lui sont dûs ; et que d'un autre, elle assigne à la distribution un terme fort court ; 2.º si, par des contestations, la poursuite d'ordre, au lieu d'être expédiée dans le temps légal, se prolonge pendant plusieurs années, le cours des intérêts des capitaux qui en produisent, ne doit pas rester suspendu ; puisque le prix de l'immeuble aliéné est dévolu aux créanciers, jusqu'à concurrence de leurs créances en principal et intérêts ; 3.º les intérêts représentatifs des fruits

---

pour en remettre à chacune de plusieurs personnes une part ou davantage, suivant son droit, ou suivant la volonté de celui qui fait la distribution.

Au Palais, on emploie ce mot lorsqu'il s'agit de distribuer à des créanciers le prix d'un immeuble vendu par expropriation, ou par le débiteur , avec indication de paiement à ses créanciers ; ou lorsqu'il s'agit de distribuer les restes de la fortune d'un marchand en faillite, à ses créanciers ; cette distribution se fait suivant l'ordre d'ancienneté des créances hypothécaires, ou quelquefois dans une proportion , avec perte , comme d'un quart ou d'un vingtième pour le tout.

de la chose aliénée, n'appartiennent ni au vendeur desaisi et débiteur, ni aux créanciers qui ne viendraient pas en ordre utile, *Suivant l'ordre des créances.* puisqu'en traitant, ils n'ont pù calculer les événemens qui les accumuleraient depuis la transcription et la notification ; 4.º enfin, les entraves qui ont retardé les opérations, peuvent-elles dépouiller les créanciers d'une partie précieuse de leurs revenus, lorsqu'il n'existe pour eux aucun moyen légal de la conserver, par la voie de l'inscription devenue impossible après la transcription ? (faite par l'acquéreur)

Quelque équitables que puissent paraître ses moyens, ils devraient cependant disparaître devant la volonté de la loi : en conséquence on répondrait à ces argumens ; (*) allouer des années d'intérêts ou arrérages en sus des années postérieures à l'inscription, conservées par icelle, et faire courir ces nouvelles années du jour de la transcription des contrats, c'est faire une addition à la loi du 11 brumaire an VII (art. 19) qui en réservant l'hypothèque pour deux années, en a exclu nécessairement un plus grand nombre ; d'ailleurs ces expressions sont claires et n'admettent pas une autre interprétation.

Tandis « que les juges d'appel en reduisant
» à deux années d'intérêts un plus grand
» nombre qui aurait été accordé par les ju-
» ges de première instance, en faveur d'un
» créancier, pour être colloqué au même rang
» et ordre d'hypothèque que le capital inscrit,
» ne violeraient nullement, ni n'applique-

____

(*) Avec la cour d'appel de Paris.

» raient faussement l'article 19 de la susdite loi
» de brumaire an VII, les articles 31 et sui-
» vans de la seconde loi de brumaire étant
» sans application à l'espèce. » (1)

De prix d'immeubles appartenant à un mineur. Compétence.

2.º *DISTRIBUTION (la) du prix d'une vente d'immeubles appartenant à un mineur, faite devant un juge, corformément à la loi, mais à l'audience des criées du tribunal de Paris, appartient à ce tribunal; encore que les immeubles vendus soient situés dans un autre département.*

Il suffit « que les adjudications aient été
» faites par le tribunal civil du département
» de la Seine, d'après les formalités prescrites
» pour la vente des immeubles des mineurs;»
Pour que, prononçant sur la demande en réglement de juge résultante du conflit qui aurait eu lieu entre les juges du tribunal de Paris et ceux du tribunal de Tournai; (*)
La Cour de cassation « joignant les deux
» instances, et statuant par voie de réglement
» de juges, sans s'arrêter ni avoir égard au
» jugement du tribunal de première instance
» séant à Tournai, lequel serait déclaré nul
» et comme non avenu, *ORDONNE* que l'ordre
» et la *distribution* continuent d'être faits
» devant le tribunal civil du département de
» la Seine. » (2)

____

(1) 4 *Frim. an XIV*. Rej. *Dame LEMAIGRE-DE-SAINT-MAURICE*. Jour. du Pal. 1806, 1. s-p. 353.

(*) Ces derniers, comme juges de la situation des biens, et ayant été saisis de la demande en distribution de prix par les créanciers belges; tandis que les créanciers de Paris auraient saisi les juges de cette ville d'une semblable demande.

(1) 26 *Frim. an XIV*. Réglem. de juges, après un long

3.º *DISTRIBUTION* (*la même*), *lorsqu'il s'agit du prix d'une vente volontaire. doit être faite devant les juges de la situation des biens.*

C'est-à-dire. que si les biens d'un débiteur ont été vendus à sa diligence, conséquemment volontairement. à l'audience des criées du tribunal de la Seine, tandis que ces mêmes biens étaient situés dans le ressort du tribunal séant à Pontoise ; c'est au tribunal de Pontoise que les créanciers doivent demander la distribution du prix de vente.

En effet, s'il y avait conflit, pour cette distribution de prix, comme dans l'espèce précédente entre les tribunaux de Paris et de Pontoise : sur la demande en réglement de juge; « la Cour de cassation , attendu que la » vente dont il s'agit serait purement volon- » taire, sans avoir égard à l'ordonnance du » tribunal civil de la Seine , qui serait re- » gardé comme non-avenue , ordonnerait » que l'ordre et distribution aurait lieu de- » vant le tribunal séant à Pontoise. » (1)

4.º *DISTRIBUTION* (*le crime de*) *de fausse monnaie nécessite la question de savoir si cette distribution a été faite sciemment.*

En effet, « une cour de justice criminelle » spéciale prononçant sur sa compétence , » ne caractériserait pas suffisamment le délit » imputé au prévenu, en se contentant de » le qualifier de distribution de fausse mon-

Id. Lorsqu'il s'agit d'une vente volontaire.
Compétence.

MATIÈRE CRIMINELLE.
De fausse monnaie.

---

délibéré , *Entre le Prince SALUCE-KYLBOURG et ses créanciers.* Jour. des Aud. an 14 et 1806, p. 117.

(1) 27 *Frim. an XIV. Entre le sieur CALMER et ses* créanciers. Jour. des Aud. an 14 et 1806, p. 121.

» naie, sans énoncer si le distributeur savait
» qu'elle était fausse. » (1)

DIVORCE *simulé.*

Peut être attaqué de simulation par des tiers.

1.º *DIVORCE* (un) *peut être attaqué et considéré comme simulé, et conséquemment ne produire aucun effet à l'égard des tiers.*

Donnons quelques développemens à cette règle, d'autant plus importante qu'elle protège l'équité contre l'astuce et l'immoralité des époux qui se font un jeu du principal lien de la société, et sacrifient à la cupidité l'honneur du mariage et les exemples qu'ils doivent à leurs enfans.

Un mari et son épouse mineure vendent, en l'an II, leur immeuble;

En l'an VIII le divorce est prononcé entre les vendeurs, par consentement mutuel.

L'épouse devenue administratrice de ses biens se pourvoit en restitution contre la susdite vente, ce qu'elle n'aurait pu faire sans le secours du divorce qui la rendait à elle-même et maîtresse de ses actions.

L'acquéreur soutient que le divorce, en vertu duquel la demandresse en restitution a recouvré le droit de le poursuivre, est simulé, parce qu'il n'a pas reçu d'exécution par la désunion effective des personnes et des biens.

Les juges accueillent ce moyen et consacrent en principe, que des époux divorcés qui continuent à vivre ensemble, qui réunissent leurs soins pour l'administration de leurs

____

(1) 2 *Frim. an XII.* Cass. d'office. Bul. de la Cour, an 12, part. crim. p. 31.

biens, ne peuvent avoir eu véritablement l'intention de rompre le lien qui les unissait, et que leur divorce est non sérieux mais simulé, et non opposable, à des tiers.

Que d'ailleurs, la continuité de la vie commune doit suffire pour empêcher qu'un divorce soit opposable à des créanciers, de même qu'elle empêchait jadis une séparation de corps d'avoir effet à l'égard des créanciers.

C'est cette décision que l'on a attaquée devant la cour de cassation.

Quoi de plus étrange a osé dire l'épouse divorcée, que l'accueil fait à la simulation d'un mariage ou d'un divorce! quelle est donc, a-t-elle ajouté, l'action d'un étranger sur ces actes? si presque toujours l'on repousse les collatéraux, comment accueillir des étrangers? leur intérêt peut-il jamais être mis en balance avec l'état des personnes?

La cour suprême a fait justice de ces argumens, et des développemens qui leur ont été donnés; par le principe:

« Qu'il faut distinguer, par rapport au di-
» vorce, les effets qui regardent le personnel
» des époux, des effets relatifs aux biens. »

« Qu'en ce qui concerne les biens, il en
» est, d'après la loi du 20 septembre 1792,
» vis-à-vis des tiers, comme il en était ancien-
» nement envers eux de la séparation civile:
» qu'ils ne peuvent être privés de leurs droits,
» lorsqu'ils démontrent que c'est en fraude
» que le divorce a été prononcé. La cour a
» rejetté le pourvoi. » (1)

____

(1) 1.er *Mess. un XI.* Rej. *Dame* BRANDY. Jour. du Pal. an 11, 2. s. p. 337.——— Jur. an 11, p. 331.

Reconnu valable par des actes postérieurs.

2°. *DIVORCE (l'époux défendeur en) qui, par des actes postérieurs, en a reconnu la validité, ne peut plus l'attaquer.*

En vain cet époux dirait-il : qu'une convention tendante à faire valoir un acte de divorce nul, serait contraire à l'ordre public et aux bonnes mœurs, et serait une contravention à l'article 6 du code civil.

Car, « cet article défendant de déroger par » des conventions particulières à l'ordre pu- » blic et aux bonnes mœurs, et bornant sa » défense à ce qui concerne ces objets d'inté- » rêt public, a voulu permettre l'effet des re- » connaissances et celui des transactions sur » l'intérêt civil et privé ; ce qui est formelle- » ment exprimé dans l'article 2046, et ce que » la loi transitoire de floréal an XI a spéciale- » ment appliqué au divorce. » (1) Voyez *Bonnes mœurs.*

Peut être annullé après le décès de l'un des époux divorcé.

3.° *DIVORCE (un) peut être annullé après le décès de l'un des époux divorcés.*

Voici les faits qui ont eu lieu, dans l'espèce jugée :

En fructidor an V', citations de la part du mari pour voir prononcer le divorce pour incompatibilité d'humeur ;

Les citations furent données ailleurs qu'au domicile légal, et par un huissier hors le ressort de sa juridiction ;

Point de contestation avant le divorce prononcé, l'épouse ne s'étant point présentée ;

En vendémiaire an VII, le divorce est prononcé ;

____

(1) 24 *Pluv. an XIII.* Rej. *BOEHLER.* Jur. an 13 p. 221. — Jour. des Aud. an 13, S. p. 92.

En frimaire même année, naissance d'un enfant, que le mari divorcé a reconnu pour être issu de lui et d'une personne libre ;

Onze jours après, décès du mari divorcé et de l'enfant reconnu :

En floréal an VII, même année, citation de la part de l'épouse divorcée à la mère du fils reconnu de son ci-devant époux, pour se concilier sur la demande en nullité du divorce prononcé ;

L'affaire portée en première instance, jugement contradictoire rendu en fructidor an VII, qui annulle le divorce ;

Appel de la part du fils reconnu, ou plutôt par sa mère tutrice.

Sur cet appel, on argumenta de l'inviolabilité de l'état du défunt, décédé époux divorcé et dégagé du lien du mariage ; de ce que le divorce est un acte administratif ; de ce que la loi n'a pas établi la faculté de l'annuller, comme elle a fait pour le mariage ; on a fait valoir les inconvéniens résultans de ces annullations, si elles étaient possibles pendant trente années ; enfin, on a prétendu que l'intention manifeste du législateur d'alors, était de donner aux citoyens les plus grandes facilités de rompre le mariage et de passer à de nouveaux liens.

Jugement rendu contradictoirement, sur l'appel, qui déclare qu'il a été bien jugé en première instance.

POURVOI EN CASSATION :

Premier moyen fondé sur la contravention à la loi *PRINCIPALITER*, au code *DE LIB. CAUSA*, il n'est pas permis, disait-on, d'élever contre l'état d'un défunt, une contestation principale et directe ; cette action n'est permise que secondairement, à l'occasion d'inté-rêts civils, et par forme de question préjudi-cielle.

Second moyen, quant à la forme, tiré d'une prétendue violation de la loi du 20 septembre 1792; —— d'un excès de pouvoir, en ce que le divorce serait un acte administratif, puisqu'il est fait par un administrateur; — autre excès de pouvoir, en ce que l'acte de divorce serait une décision judiciaire, qui ne peut être réformée en première instance; — un troisième excès de pouvoir, proposé sous le rapport qu'en supposant l'annullation du divorce dans les années VIII et IX, il n'aurait pu être annullé que par la justice de paix;

Ces moyens, grandement développés, ont succombé devant la cour suprême; par les principes suivans :

« La loi romaine invoquée était relative à la » distinction de l'état d'esclave ou d'homme » libre; elle n'a aucun rapport avec nos mœurs » et notre état civil. »

« L'acte de divorce pour incompatibilité » d'humeur n'était point une décision de jus-» tice, mais une attestation de la persistence » de l'un des époux dans sa demande en di-» vorce; » (on peut prêter ce raisonnement au divorce par consentement mutuel;)

» Si l'acte de divorce est administratif dans » ses rapports avec l'ordre social, pour l'ordre » et la tenue des registres de l'état civil, il » n'en est pas moins certain que toutes contes-» tations nées des intérêts privés dans les actes » de l'état civil, sont essentiellement du res-» sort de l'autorité judiciaire; »

« Les lois du 20 septembre 1792, n'ont pas » défendu d'annuller les actes de divorce,

» soit

» soit qu'il y ait eu opposition auparavant,
» soit qu'il n'y en ait pas eu ; »

» La loi avait chargé les juges de paix de
» prononcer sur les oppositions à des mariages,
» mais non sur les contestations élevées à l'oc-
» casion des divorces ; lesquelles doivent être
» portées, comme toute autre devant les tri-
» bunaux ordinaires ; »

« A l'égard des inconvéniens allégués dans
» l'intérêt des épouses et des enfans, dont
» l'état et la fortune risqueraient, pendant
» trente années, d'être détruits par l'annul-
» lation des divorces et des mariages sub-
» séquens, ils peuvent être corrigés par des
» dispositions ultérieures des législateurs. » (1)

4.º *Divorce (le) pour cause d'émigration
a pu être prononcé en l'an IX, sans vérification
judiciaire du fait d'émigration.*

L'article 272 du code civil ne peut être opposé contre la validité d'un pareil divorce,
sous prétexte de la reconciliation des époux.

Pour vérifier la première de ces règles, il
convient de dire, *avec M. Merlin :* « il ne
faut pas séparer l'ensemble des décrets des 20
septembre 1792, 25 février 1793, 28 mars suivant, et 24 vendémiaire an XIII ; »

« Le premier *autorisait* le divorce pour diverses causes ; il distinguait les causes non encore prouvées par des actes authentiques, et
les causes prouvées par des actes authentiques,
soit jugement, (§. 2, article 16,) en cas de séparation de corps ou de condamnation à des
peine afflictives ou infamantes ; soit des actes

Pour cause
d'émigration.

Art. 272 au
code civil.

----

(1) 14 *Vend. an* X. Rej. *Davignon.* Jur. an 10, p. 65.

de notoriété, (*ibid.* article 16) en cas d'absence de cinq ans sans nouvelles.

« Au second cas, il *voulait* que le divorce soit prononcé sans aucune formalité judiciaire, et sur la simple representation des jugemens ou actes qui établissaient la cause de divorce ; au premier cas, la loi *voulait*, (*ibid* art. 18) que la cause de divorce soit établie par la voie judiciaire, elle *rangeait* dans cette classe (§. 1.er, art. 4, et §. 2, art. 18) le divorce pour cause d'émigration. »

« A cette époque, le législateur venait d'ordonner, le 8 avril précédent, la formation des listes d'émigrés ; il n'avait pas encore déterminé l'effet de ces listes ; il n'était pas encore décidé que la seule inscription sur la liste, opérait une preuve légale du fait de l'émigration. En conséquence, en décrétant le divorce pour cause d'émigration, il a été nécessaire d'ordonner que le fait d'émigration serait constaté d'une manière judiciaire. »

Mais « le décret du 25 février 1793, rendu cinq mois après, a défendu aux tribunaux de connaître en aucune manière du fait d'émigration ; celui du 28 mars suivant *a posé* en principe que le fait d'émigration serait légalement constaté par la seule inscription sur la liste des émigrés. Par là même s'est trouvé abrogée la nécessité de constater par la voie judiciaire le fait d'émigration, à l'effet d'obtenir le divorce pour cette cause ; il a suffi de présenter à l'officier municipal l'extrait de la liste des émigrés ; aussi le décret du 24 vendémiaire an III a-t-il décidé conformément à l'esprit de la loi du 20 septembre 1793, que le divorce serait prononcé sans aucune citation ; et par suite sans preuve judiciaire du fait d'émigration, parce qu'on ne peut recourir aux tribunaux sans citation préalable. »

Sur la seconde de ces règles *M. le Proc gén.* observe que le « code civil ne disposant art. 272, que pour l'avenir, sa disposition ne peut être invoquée à l'égard d'un divorce prononcé deux ans auparavant. »

Et la cour admet en principe, « que la loi » du 24 vendémiaire an III, ayant décrété » que le divorce pour cause d'émigration, se- » rait prononcé sans aucune citation, il en » résulte, que la loi du 20 septembre 1792 » n'avait plus d'application dans cette ma- » tière, et qu'il n'était plus question, *dans* » *l'espèce*, de constater le fait d'émigration » devant des arbitres de famille, d'autant » qu'il était constaté par la liste des émigrés. »

« Que l'article 272 est d'autant moins appli- » cable à l'espèce, que le code civil ne re- » connaît point l'émigration pour une cause » de divorce, et que d'ailleurs l'article 295 » porte que les époux divorcés ne peuvent » se réunir. » (1)

5.º *DIVORCE (la question de validité d'un) ne pouvait être soumise au juge de paix incidemment à l'instance résultante d'une opposition à un mariage.*

Sa nullité, proposé incidemment à une opposition à un mariage.

Les juges de première instance saisis de la connaissance de l'opposition à un mariage, et incidemment de la demande en nullité d'un divorce, ne pourraient en tous cas y prononcer en dernier ressort.

---

(1) 5 *Therm. an XII.* Rej. LÉPINAY. Jour. du Pal. an 13, 1. s. p. 145. — Jur. au 13, p. 92.

Voyez le *Traité de compétence*, part. civile, page 68, nomb. 67.

Demande antérieure au code civil.

6.° DIVORCE (*les demandes en*) antérieures au code civil, *doivent être insterdites comme par le passé, et doivent avoir leurs effets, conformément aux lois qui existaient lors de la demande.* (art. 2, loi du 26 germ. an XI.)

La cédule de comparution était, quoique seule, introductive de l'instance;

La nullité de la signification de cette cédule n'entraînait point la nullité des autres actes préliminaires;

Ainsi, lorsque les juges de première instance auraient rejetté la demande en nullité de cette signification; « les juges d'appel en » annullant un premier procès-verbal d'as- » semblée de parens (tenue en l'an X) et ce » qui s'en serait suivi, et ne prononçant pas » la nullité du comparant, de l'ordonnance » de l'officier public, ni de la signification » qui en aurait été faite, avec citation aux » fins desdits comparant et ordonnance, et » en renvoyant en cet état les parties et la » matière devant les premiers juges, pour » faire exécuter leurs arrêts, ne contrevien- » draient à aucune loi. » (1)

Prononcé avant le code civil.

7.° DIVORCE (*le*) prononcé avant le code civil *pour fait d'émigration ne peut être valablement attaqué de nullité, sous l'empire du code, par l'émigré rentré*, (*) ni par aucune autre personne.

____

(1) 10 *Germ. an XII.* Rej. BEREUGNIER. Jur. an 12, p. 284. ---- Jour. du Pal. an 13, 1. s. p. 149. — Jour. des Aud. an 12, p. 352,

(*) Le fait de cette cause et les circonstances, ainsi

En vain cet émigré dirait-il, à l'appui de sa demande en nullité de divorce : je suis Irlandais, si j'ai servi en France, si je m'y suis marié, ce n'a été qu'avec l'intention de rentrer dans mon pays et je n'ai jamais entendu me soummettre aux lois français : je ne suis point naturalisé français, je n'ai prêté aucun serment civique ; donc, je ne peux être soumis aux lois françaises.

Vainement ajouterait-il : la loi transitoire du 26 germinal an XI veut que tous les divorces prononcés aient leurs effets ! oui ; mais conformément aux lois existantes : d'où il suit que si sous les lois alors existantes on eut pu prononcer la nullité de mon divorce, il faut encore la prononcer.

On lui opposerait la doctrine de *M. MERLIN*, et l'arrêt de la cour, rendu dans le même sens.

Y aurait-il, dans l'admission de cette demande en nullité de divorce, violation de la loi du 30 avril 1790 ? y aurait-il violation de la loi du 26 germinal an XI, expliquée par l'avis du conseil d'état, du 11 prairial an XII ? telles seraient les deux questions que l'on examinerait, avec M. le Procureur général, pour justifier les règles ci-dessus posées.

« D'abord, il y aurait violation de la loi du 30 avril 1790 (relative à la manière dont on acquerait la qualité de citoyen français) car, d'après ce décret il ne manquait à *celui* qui était domicilié en France depuis cinq ans, qui y avait épousé une française, pour être

---

que les principaux moyens sont rapportés au mot *Absent*, nomb. 6, 1.er vol.

français, que d'avoir prêté le serment civique. »

Qu'était le serment civique ? *voyez* ce mot.

« Il est de principe, que le mariage est réglé par la loi du domicile matrimonial ; c'est-à dire le lieu où les époux projettent de s'établir. » Voyez *Domicile*.

Envain opposerait-on que cet individu, en résidant en France, aurait conservé la qualité d'anglais, par son intention de retourner en son pays. Le retour ne peut être dans l'intention, quand la loi le rend impossible.

L'individu, dont il s'agit, qui « n'ayant aucun espoir actuel de rentrer dans son pays, se marie avec une française pour vivre en France, se soumet, par son contrat de mariage, aux lois françaises, qui continue de servir (en qualité d'officier en France, d'y demeurer avec son épouse. Peut-on douter qu'il ne soit devenu français, quand bien même il n'aurait pas prêté le serment civique ; et par suite, que son mariage ne doive se règler entièrement par les lois françaises ? »

Hypothèse suivant la loi des étrangers.

« Supposons qu'avant l'introduction de la faculté du divorce en France, deux époux polonais, dont la loi autorisait le divorce, fussent venus choisir domicile en France, et qu'ils eussent voulu jouir de la faculté du divorce autorisée par la loi, sous la foi de laquelle le mariage avait été contracté, les tribunaux français auraient-ils pu refuser de prononcer sur leur demande, conformément aux lois de la Pologne. » *Non*, suivant la conséquence que M. MERLIN tire de l'hypothèse qu'il s'est posée ; et suivant les principes de la matière.

« Supposons que le mariage de *l'individu*

dont il s'agit, ait été contracté en Angleterre;
qu'après y avoir demeuré plusieurs années,
il fût venu en France; que l'un des époux
alors eut demandé la dissolution du mariage, coformément aux lois françaises, les tribunaux français n'auraient-ils pas dû se dé-
terminer par les lois d'Angleterre, qui auraient réglé le mariage lors de la célébra-
tion. »

Donc, « dans l'espèce, où le mariage a été
célébré en France, comment *l'émigré rentré*
aurait-il pu affranchir son mariage de la législation française, et priver son épouse des
avantages que lui assurait la loi sous laquelle
elle avait contracté! . . . point de doute que les
juges ne contreviendraient à la loi de 1790,
en admettant la demande en nullité du divorce
en question, et en déclarant étranger celui que
la même loi déclare français »

« Ils contreviendraient à loi du 26 germinal
» an XI. »

« *L'article premier de cette loi maintient-il*
indistictement tous les divorces prononcés avant
la publication de la loi, qu'ils soient bien ou mal
fondés; ou ne les maintient-il que lorsqu'ils sont
basés sur des causes avouées par les lois d'alors?

« Pour prouver que la loi n'a pas eu pour
but de maintenir, sans exception, tous les divorces antérieurs; qu'elle n'a pas entendu
maintenir les divorces antérieurs qui ne seraient pas fondée sur une cause vraie; que son
but a seulement été de consacrer de nouveau
le principe de la non rétroactivité; on invoque
l'exposé des motifs par les conseillers d'état
qui ont présenté la loi au corps législatif. »

« Les raisons contenues dans cet exposé,

paraissent assez décisives: elles ne sont néanmoins pas sans réplique. »

« Cette loi contient deux dispositions principales : la première , que la législation précédente règle les effets des divorces déjà prononcés ; la seconde , que ces effets appartiennent indistinctement à *tous* divorces prononcés avant sa publication. »

« Le mot *tous* est indéfini ; il embrasse tous les divorces généralement quelconques déjà prononcés; il n'y a pas d'exception ; ils doivent donc avoir leurs effets conformément à la législation précédente. »

« Ce qui prouve que le législateur a compris dans sa disposition tous les divorces bien ou mal fondés , c'est qu'il n'ajoute pas légitimement prononcés. »

« La loi fait marcher de front et sur la même ligne les divorces prononcés et ceux autorisés par jugement. Si elle donne effet aux divorces autorisés par jugement, qui ne sont pas encore passés en force de choses jugée ; si elle interdit tout recours contre ceux prononcés par jugement , elle maintient également ceux prononcés par les officiers de l'état civil. »

« Pour démontrer qu'il n'existe plus de recours contre le divorce autorisé par jugement qui n'aurait pas encore acquis l'autorité de la chose jugée . il suffit d'examiner les lois transitoires sur l'adoption, sur les enfans naturels, ... où le législateur a eu l'attention d'insérer les mots passés en force de chose jugée. Si le législateur les a omis dans la loi du divorce, si voisine des deux autres, c'est qu'il n'a pas voulu qu'il fut porté atteinte aux divorces prononcés ; son intention a été de les légitimer tous indistinctement, d'interdire tous recours contre ceux qui avaient été prononcés, et ce, pour éviter les troubles qui seraient nés des réclamations postérieures. Il a interposé son autorité pour valider des actes qui auraient pu être déclarés nuls sous la législation précédente ; des exemples nombreux démontrent qu'une telle prévoyance a souvent animé la législation. »

« L'interprétation donnée, par M. le Procureur-général, à la loi du 26 germinal an XI, est celle du conseil d'état, dans son avis du 11 prairial an XII. »

« Qu'a-t-on à opposer contre une décision aussi solemnelle ? » Voyez *Conseil d'état*.

Enfin, il faut ajouter aux principes rapportés au mot *Absent*, nomb 6, ce qui suit :

« Il résulte du texte précis de la loi du 26
» germinal an XI, que l'intention du législa-
» teur a été, après avoir établi, par le code
» civil, une législation nouvelle sur le divorce,
» d'interdire désormais toute demande en
» nullité des divorces prononces antérieure-
» ment, et revêtus d'ailleurs des formes exté-
» rieures et matérielles prescrites par les diffé-
» rentes lois ; »

« Cette disposition générale, fondée sur des
» vues d'ordre public et sur des motifs politi-
» ques du plus haut intérêt, s'applique spé-
» cialement aux divorces prononcés pour cause
» d'émigration ou d'absence; c'est en effet dans
» ce sens que les lois des 20 septembre 1792
» et 26 germinal an XI ont été expliquées et
» interprétées, spécialement à l'égard des
» émigrés et absens rentrés, par l'avis du
» conseil d'état, du 11 prairial an XII, ap-
» prouvé par l'Empereur, le 18 du même mois. »

« En se pénétrant des considérations à la

» fois politiques et morales qui ont dicté la
» loi du 26 germinal, ainsi que des circons-
» tances dans lesquelles elle a été rendue, il
» est impossible de n'y pas reconnaître une
» disposition d'ordre public, ayant pour but,
» ainsi que l'atteste l'avis du conseil d'état
» ci-dessus énoncé, de proscrire des recher-
» ches tendantes à perpétuer des agitations et
» des souvenirs qu'il importe essentiellement
» d'éteindre, et sous ce rapport, elle doit être
» considérée comme une véritable loi de police
» générale, qui assujettit indistinctement à
» son empire TOUS LES INDIVIDUS, (*) soit
» français, soit étrangers, résidant sur le ter-
» ritoire français, et qui frappe par conséquent
» SUR TOUS LES DIVORCES prononcés avant le
» code civil, dans toute l'étendue de la Fran-
» ce, soit entre des français, soit même entre
» des français et des étrangers. » (1)

Pour cause de déréglement de mœurs.

Exception résultante du même fait.

8.º *DIVORCE (une demande en) pour cause de déréglement de mœurs notoire, peut nécessairement être repoussée par l'exception des déréglemens de l'époux demandeur.*

(*) *Nota.* On lit dans le commentaire *de M. le Sénateur* MALEVILLE, sur le code civil (1.ᵉʳ vol. p. 261): *la cour n'a point du tout jugé que cette fin de non-recevoir,* (c'est-à-dire que l'émigré rentré fut non-recevable à contester la justice, au fond, du divorce obtenu par sa femme) *s'appliquât au simples absens; et la grande majorité est convenue au contraire que la loi du 26 germinal ne pouvait pas être ainsi entendue;* cette observation contient une erreure, qui se trouve rectifiée par l'arrêt ci-après daté, rendu par les sections réunies, et entre les mêmes parties qui avaient figurées dans la cause jugée le 30 pluviôse an 15.

(1) 22 *Mars* 1806. Cass. Sections réunies. *MACMAHON.*

En d'autres termes : l'inconduite personnelle de l'époux demandeur en divorce , pour
cause de déréglement de mœurs , opère une
fin de non-recevoir contre sa demande , qui
ne peut être rejettée sans une violation de la
loi sur la matière.

En vain dirait-on : l'enquête faite par le
demandeur ayant suffisamment prouvé l'inconduite du défendeur , le déréglement de
mœurs de l'autre époux ne peut légitimer ni
servir d'excuse à l'inconduite du défendeur.

La raison de décider le contraire se trouve
dans le principe « que le mariage est un contrat
» civil qui impose à chacun des époux une
» obligation réciproque de bonnes mœurs , et
» leur donnait aux termes de l'article 4 du §.
» 1.er de la loi du 20 septembre 1792 , l'action
» en divorce pour cause déterminée de déré-
» glement de mœurs notoire , (*) et par consé-
» quent admet l'exception en faveur de l'un
» et de l'autre , fondée sur l'inconduite per-
» sonnelle de celui qui demande pour cette
» cause le divorce ; »

« D'où il suit qu'en déclarant inadmissible
» la fin de non-recevoir *dont il s'agit* , les
» juges auraient violé l'article 4 ci-dessus
» cité. » (1)

Nota. Nous pensons que les principes rapportés en cet

Jour. des Aud. an 14 et 1806, p. 275. —— Jour. du Pal.
1806 , 1. s. p. 310. — Jur. an 14 et 1806, p. 295.

(*) *Déréglement de mœurs:* ce qui est opposé aux règles
de la morale, ou à l'ordre établi dans la société conjugale,
qui porte l'individu déréglé à être toujours hors des
règles de la modération et dans les excès.

(1) 7 *Niv. an VII.* Cass. *Dame Pinson,* Jur. notice p. 188.

article sont applicables aux excès, sévices ou injures graves mentionnés en l'article 231 du code civil, comme pouvant servir de base à une demande en divorce; c'est pourquoi nous avons recueilli cette décision, qui sans son analogie, serait superflue.

Des effets des divorces prononcés sous l'ancienne loi. De la garde des enfans.

9.° DIVORCE (*en cas de*) *prononcé sous l'empire de la loi de 1792, pour cause déterminée, les enfans restés à la garde de l'un des époux, peuvent, si cet époux s'est remarié, lui être retirés long-temps après son second mariage.*

La circonstance que l'autre époux aurait été inscrit sur la liste des émigrés dont il n'aurait été rayé que par l'effet de l'amnistie prononcée par le sénatus-consulte du 6 floréal an X, n'empêcherait point que les enfans puissent lui être remis.

Ces règles sont suffisamment justifiées par l'observation « que l'époque pour statuer sur » le sort des enfans d'époux divorcés et re- » mariés, n'est pas fixée par la loi; »

« Et qu'il n'y a aucune fin de non-recevoir » à opposer, à cet égard, de l'état dans lequel » *l'époux reclamant* aurait été ramené par sa » radiation, lequel ne présente aux termes » de la loi, aucun obstacle à la réclamation » qu'il exercerait. » (1)

Du droit de succession des enfans naturels.

10.° DIVORCE (*le effets d'une demande en*) *sont différens de ceux d'une demande en séparation de corps, relativement au droit de succession des enfans naturels nés après ces demandes:*

L'enfant naturel qui eut été habile à suc-

____

(1) 6 *Therm. an XII.* Rej. HERON. Jour. des Aud. an 13, p. 77.

ceder s'il fût né après une demande en séparation, n'est point successible s'il est né après une demande en divorce.

Par exemple, si le 7 janvier 1793 l'épouse de A... a formée sa demande en divorce ; si, le 5 mai de la même année, une autre femme met au monde un enfant qu'elle prétend être des œuvres dudit A...; le divorce prononcé contre A... et son épouse le 19 juillet 1793, postérieurement à la naissance de cet enfant, ne pourrait le rendre habile à succéder à A..; lors même que ce dernier l'aurait reconnu.

En vain dirait-on : selon l'article 14 de la loi du 12 brumaire an II, s'il s'agit de la succession de personnes séparées de corps par jugement ou acte authentique, les enfans nés hors mariage exercent tous les droits de successibilité comme s'ils étaient légitimes ; pourvu que leur naissance soit postérieure à la demande en séparation : donc, il faut en dire autant des enfans nés de personnes divorcées, pourvu que leur naissance soit posrérieure à la demande en divorce.

La fausseté de ce raisonnement résulte des principes suivans ;

« En supposant cet enfant, fils naturel de » A..., il n'en serait pas moins constant que, » lors de sa naissance, son père était engagé » dans les liens du mariage, circonstance qui » ne permet pas de le placer entre les enfans » légitimes dans le partage de la succession » de son père, selon l'article 13 de ladite loi » du 12 brumaire ; »

Car, « l'article 14 de cette loi ne présente une exception à l'art. 13 que dans le cas où il s'agit de la succession de personnes séparées de corps par jugement ou acte authentique ;

cette exception ne regarde absolument que
le passé, puisque (avant le code civil) les
demandes en séparation de corps furent étein-
tes et abolies par l'art 6 du §. 1.er de la loi
du 20 septembre 1792 sur le divorce; »

Or, « étendre l'exception de l'article 14
» aux personnes divorcées, ce serait . . . non
» seulement faire une fausse application de
» cet article, mais encore contrevenir for-
» mellement à l'article 13 de la même loi. »
(1)

*De la procé-
dure confor-
me au
CODE CIVIL.
Ordonnance
de
comparution.*

11.º DIVORCE (*une femme peut former sa
demande en) sans autorisation préalable.* (*)
L'ordonnance de comparution, *des époux
devant le Président du tribunal de première
instance, n'est point soumise aux formalités
des exploits.*

« L'article 238 du code civil, veut que la
» copie de l'ordonnance du juge, pour faire
» comparaître devant lui l'époux contre le-
» quel la demande en divorce est dirigée
» ou présentée, en présence de l'époux de-
» mandeur, soit par lui (le juge) adressée à
» cet époux ; ainsi, *d'une part*, le Président
» de première instance, se conforme exacte-
» ment à la lettre et à l'esprit de l'art. 238,
» en désignant un huissier audiencier, et le
» chargeant d'adresser copie de son ordon-
» nance ; *d'autre part*, cet huissier remplit
» sa mission, en délaissant cette copie, de
» lui signée, au domicile du défendeur : d'où

____

(1) 5 *Niv. an IX.* Cass. Sections réunies. EMERY. Jur.
notice, p. 585.

(*) Voyez *Autorisation des femmes mariées*, nomb. 2,
2.e vol. p. 292.

» il suit qu'il ne lui serait pas permis (à l'époux
» défendeur) d'appliquer à cet acte la rigueur
» des formes exigées pour la validité des ex-
» ploits ordinaires. »

12.º *Le délai de trois jours, pendant les-* *Du délai*
quels le tribunal doit accorder ou suspendre la *pendant le-*
permission de citer, peut se compter de celui *quel la permis-*
du référé à l'audience. *sion de citer*
doit être
accordée.

« Le terme de trois jours qui suivront, dans
» lesquels l'article 240 du code civil veut que
» le tribunal accorde ou suspende la permis-
» sion de citer, peut, sans aucune violation
» de la loi, se compter, non du jour de la
» signification du procès-verbal prescrit par
» l'article 239, (*) mais de celui où les pièces
» remises au Procureur impérial, et le référé
» du tout fait au tribunal, ont permis au
» ministère public et au juge d'en prendre
» connaissance; »
Ainsi « lorsque les conclusions ont été don-
» nées le 4, par le Procureur impérial; et que
» c'est le 6 que le jugement portant permis-
» sion de citer, a été rendu, il n'y a pas de
» contravention qui puisse fournir une ou-
» verture en cassation. » (1)

13.º *DIVORCE (tout jugement sur le fond* *Des jugemens*
d'une demande en) pour cause déterminée doit *d'admission.*
être précédée d'un premier jugement d'admis-
sion de cette demande.

« Aux termes des articles 246 et 247 du

(*) De comparution des époux et des représentations
qui leur ont été faites par le président.

(1) 25 *Germ. an XIII.* Rej. *LACOSTE.* Jour. du Pal. an
14, 1. s. p. 33 —— Jour. des Aud. an 13, S. p. 135. ——
Jur. an 13, p. 337.

» code civil. la demande en divorce formée
» par *un époux*. contre *l'autre*, doit d'abord
» être admise par un premier jugement, bien
» qu'il ne soit pas proposé de fin de non-
» recevoir contre cette demande par celui-
» ci; sauf à statuer en suite sur le mérite de
» cette demande par un second jugement; »

« En prononçant sur le tout par un seul et
» même jugement. il y aurait contravention.
» formelle aux deux articles ci-dessus cités,
» qui exigent deux jugemens distincts et
» séparés. » (1)

Des aveux faits en justice.

14.º *Les* AVEUX *du défendeur en* DIVORCE *pour cause déterminée. doivent être considérés comme élémens de la preuve des faits allégués par la partie demanderesse.*

« La disposition contenue en l'article 244
» du code civil fait à tous les juges un devoir
» de prendre égard aux aveux que fait le
» défendeur en matière de divorce; il en ré-
» sulte que lorsque ces aveux peuvent contri-
» buer à constater les causes de divorce allé-
» guées par la partie qui réclame le divorce,
» il ne faut pas que ces causes soient *pleine-*
» *ment* constatées par tous autres moyens que
» ces aveux; »

D'où il suit qu'en déclarant. que les aveux
de l'époux défendeur (*) ne peuvent être

---

(1) 18 *Frim. an XIV*. Cass. *Dame* LAPOURIELLE. Jour.
des Aud. an 14 et 1806, p. 173. — Jour. du Pal. 1806.
1. s. p. 183. — Jur. an 14 et 1806 p. 177.

(*) Lequel, en avouant les sévices et mauvais traite-
mens allégués par le demandeur, ajouterait que ce dernier
y aurait donné occasion par ses folles dépenses et son
peu d'égard pour lui défendeur.

scindés

scindés des causes par lui alléguées , et ne suffi-
raient point pour dispenser le demandeur de la
charge que la loi lui impose de prouver *pleinement* les faits articulés ;

« Les juges prononceraient en sens con-
» traire, et conséquemment violeraient l'art.
» 244 précité. » (1)

Voyez *Douaire*, et autres mots indicatifs
des divers avantages pouvant appartenir aux
époux divorcés.

DOL.

1.° *Dol (il n'y a point) dans la faüsse déclaration, par acte sous seing privé, que des
biens hypothéqués, sont francs de toutes hypothèques.*   RÈGLES GÉNÉRALES.

C'est-à-dire « que la déclaration , relative
» à la franchise d'hypothèque d'un immeu-
» ble, qui dans le fait en est grévé, quoique
» mensongère, ne renferme pas les caractè-
» res du dol, si elle n'est accompagnée d'au-
» cune autre circonstance aggravante ; »
« Il ne pourrait en résulter tout-au-plus
» qu'un stellionat dont la connaissance ap-
» partient aux tribunaux civils, d'après la
» disposition expresse de la loi du 15 germi-
» nal an VI; mais non l'action correctionnelle
» autorisée par l'article 35 du tit. 2 de la loi
» du 22 juillet 1791 pour raison du dol. » (2)

---

(1) 11 *Frim an XIV*. Cass. *Dame Buvina*. Jour. des
Aud. an 14 et 1806, p. 76. — Jur. idem, p. 97 . — Jour.
du Pal. 1806 , 1. s. p. 177.

(2) 9 *Vend. an X*. Cass. *Girouit*. Jour. du Pal. an 10,
2. s. p. 85. — Bul. de la Cour , an 10, part. crim. p. 28.

2.° *Dol (le) résultant de la suppression d'une pièce dans un procès civil ne constitue pas un délit sujet à la poursuite correctionnelle;*

Ce fait ne donne lieu qu'à une action civile.

Envain les juges correctionnels, considéreraient-ils, que dans le fait il aurait existé une contre lettre ayant pour objet un supplément de prix; que les prévenus, en ne présentant point cette contre-lettre en justice, auraient colludé entre eux pour faire rejaillir sur un tiers la perte résultante de la demande en justice faite par l'un d'eux à charge de l'autre et qu'ils savaient n'être pas fondée; que ces prévenus auraient trompé les juges du tribunal civil, en laissant penser que le prix porte au contrat par eux présenté était sincère, tandis que d'après la contre-lettre il était évidemment faux; ce qui caractériserait le dol, l'abus de crédulité et l'escroquerie :

Il est évident, dans l'espèce, « que la seule » question agitée est celle de savoir, si la » contre-lettre est feinte ou véritable; or, » d'après les faits posés ci-dessus, toute la » question est relative au simple dol; et le » simple dol ne constitue pas l'un des délits » prévus par l'art. 35 de la loi de juillet 1791 ; » lequel n'est point applicable à toute espèce » de dol, et ne peut être appliqué qu'au dol » à l'aide duquel on abuse de la crédulité » des personnes dont, au moyen de cet abus, » on parvient à escroquer la fortune en to- » talité ou en partie. » (1) Voyez au *Traité de compétence*, en matière crim. nomb. 3.

---

(1) 5 *Messid. an XI.* Cass. VINCENT et TESTULAT.

« Il ne peut, en thèse générale, y avoir
» lieu à l'action correctionnelle, que lorsqu'on
» articule des faits de dol et de fraude qui
» attaquent la substance de l'acte, et qui prou-
» vent que cet acte n'est pas l'ouvrage de la
» volonté libre et entière de celui qui l'a sous-
» crit. »

3.º *DOL (le) ne pourrait s'induire des circonstances suivantes, qui auraient précédées
ou accompagnées la passation d'un acte de
vente, ou autre de semblable cathégorie;*

« A moins qu'il ne fut articulé, que la partie
» aurait été induite par machinations et par
» fraudes à consentir cet acte; » *par exemple*,

« Le peu de connaissance de la partie con-
tractante dans les affaires, son grande âge,
sa surdité, la circonstance qu'étant née dans
les départemens réunis, elle entendrait peu
la langue française » (dans laquelle l'acte aurait été écrit). »

« Que l'acte contiendrait des faits contraires à ceux qui se seraient rèelement passés ; que le prix y énoncé serait moindre que
celui convenu ; qu'il aurait été payé comptant en espèces effectives à la vue du notaire
et des témoins, tandis qu'il n'aurait été remis à la partie que la reconnaissance du dépôt de certaines lettres de change. »

« Que la partie éclairée par des conseils,
» s'étant plaint des faits ci-dessus et particu-
» lièrement de ce que la susdite déclaration
» ne lui donnait point d'hypothèque, le pré-
» venu aurait promis de consentir un con-

Jour. du Pal. an 11, 2. s. p. 407. —— Bul. de la Cour,
an 11, part. crim. p. 292.

» trat payable aux époques convenues, mais
» qu'il n'aurait été fait qu'une obligation de
» somme inférieure à celle convenue et à
» constitution de rente à quatre pour cent. »

« Ces faits articulés seraient en contradic-
» tion avec le contenu aux actes ; ainsi, l'allé-
» gation vague de fraude et d'escroquerie,
» *fournie à l'appui de ces faits*, ne tendrait
» qu'à faire admettre une preuve par té-
» moins, contre et outre le contenu aux actes,
» en contravention aux dispositions des or-
» donnances de Moulin et de 1667, disposi-
» tions confirmées par l'article 1341 du code
» civil ; — d'où il suit que le tribunal de po-
» lice correctionnelle serait incompétent pour
» en connaître. » (1)

4.º « *Dol* (le) *ne se présume point, une allé-*
» *gation de cette espèce doit être clairement*
» *prouvée ;* »
« C'est la disposition de la loi 6 au code, tit.
» *DE DOLO MALO*, et de la loi 18 ff. tit. *DE PRO-*
» *BATIONIBUS ;* »
« D'où il résulte, qu'une condamnation
» fondée sur un dol simplement présumé, et
» motivée sur la seule allégation d'une par-
» tie. serait en contravention auxdites lois et
» fournirait motif à la cassation du jugement
« qui l'aurait prononcée. » (2)

DOMAINES *Nationaux*.

    1.º *Domaines* nationaux (*les contestations*

---

(1) 10 *Pluv. an XIII*. Cass. CHATAUD. Jour. des Aud.
an 13, S. p. 91. — Bul. de la Cour, an 13, part. crim p. 153.
(2) 9 *Plair. an IX*. Cass. BEAUMONT. Jur. notice, p.
417. — Bul. de la Cour, an 9, p. 203.

relatives aux) ne doivent point être jugées en premier et dernier ressort, comme le sont les contestations relatives aux impôts indirects.

Parce que « les lois qui permettent aux » tribunaux d'arrondissement de juger en » premier et dernier ressort les contestations » relatives aux impôts indirects, ne peuvent » pas être appliquées à celles qui s'élevent » relativement aux domaines nationaux ; » » (1) la loi du 22 frimaire an VII n'étant re- » lative qu'à la perception des droits d'enre- » gistrement, l'art. 65 de cette loi, qui porte » que les jugemens en cette matière seront » sans appel, fait exception à la règle géné- » rale, portée par la loi du 24 août 1790 ; et » enfin une exception ne peut s'appliquer » d'un cas à un autre. » (2)

« Ainsi les tribunaux civils de première » instance ne sauraient, sans excéder leurs » pouvoirs, étendre cette exception à des » actions dont l'objet, étant tout autre que la » perception d'un impôt indirect, excéderait » la valeur déterminée par l'article 5 de ladite » loi d'août, pour juger en premier et der- » nier ressort une contestation relative au » recouvrement d'une somme principale, due » aux domaines pour restant du prix d'adju- » dication d'une coupe de bois, dont le mon- » tant excéderait la valeur de 1000 francs. »

« On ne saurait tirer une conséquence con- » traire des dispositions de l'art. 17 de la loi » du 9 octobre 1791, qui rend commune aux

------

(1) 14 *Germ. an IX.* Cass. *Régie de l'enregist.* Jour. du **Pal** an 9, 2. s. n.° 3, p. 2,

(2) 15 *Messid. an XI.* Cass. *VALIGNOT.* Bul. de la Cour, an 11, p. 317.

De la procé-
dure sur cette
matière.

» affaires du domaine, la forme de procédure
» prescrite par l'article 25 de la loi du 19 dé-
» cembre 1790, pour les instances relatives
» au droit d'enregistrement; » (1)
D'où il suit « que lesdits tribunaux feraient
» une fausse application de ces lois, s'ils croy-
» aient pouvoir assimiler, pour l'exercice de
» leur compétence, les demandes en paiement
» de fermages dûs à l'état, à celles des contri-
» butions indirectes, et violeraient les lois du
» 1.er mai 1790 et du 24 août précitées, lorsque
» l'action et le montant de la condamnation
» excéderait la somme de 1000 francs; » (1)
» les dispositions ci-dessus étant les seules qui
» dérogent aux principes constitutionnels,
» lesquels assurent aux citoyens le droit d'ap-
» pel, et garantissent la légalité des jugemens
» sous la sanction du double dégré de juri-
» diction. » (2) Voyez *Action* en matière civ.
nomb. 3. *Avoués*, nomb. 3. et *Rapport*.

Exclusion
des justices
de paix.

2.º *DOMAINES* nationaux (*les affaires rela-*
tives aux) *ne peuvent être jugées que par les*
tribunaux de première instance, à l'exclu-
sion des justices de paix.

« Il résulte de la combinaison des lois ci-
» dessus citées, que les tribunaux civils de
» première instance sont seuls compétens pour
» connaître immédiatement des actions rela-
» tives aux domaines; or, si une action est

----

(1) 20 *Flor. an XI.* Cass. *Régie de l'enregist.* Bul. de la
Cour, an 11, p. 253.

(2) 22 *Niv. an XI.* Cass. MONT-CHARMANT *et* DESVI-
GNES. —— Bul. de la Cour, an 11, p. 119.

(3) 19 *Vend. an XII.* Cass. GAMBART. Bul. de la Cour,
an 12, p. 15

» intentée devant un juge de paix, relative-
» ment au domaine et poursuivie contre le
» domaine, ensuite d'une vente d'objets mo-
» biliers appartenant à la république ; le juge
» de paix en statuant sur cette action, viole-
» rait les règles de la compétence établies
» par lesdites lois » (1)

3.º *Domaines* nationaux (*les fermages des*)
dont la vente a eû lieu, sont partageables
entre l'adjudicataire et le domaine.　　　　*De leur*
fermage.

C'est-à dire, « que le temps qui s'est écoulé
» depuis le jour de l'année qui correspond à
» celui de l'entrée en jouissance du fermier
» jusqu'à la date de l'adjudication, détermine
» la portion de fruits, de fermages ou de
» loyers, qui appartiennent à la république.»
(2) Voyez *Fermages*, nomb. 1.º *idem.*

4.º *Domaines* nationaux (*l'étendue des*)
vendus par l'autorité administrative ne peut
être déterminée par l'autorité judiciaire.　　*En fait de*
vente.

Voyez *Action* en matière civile, nomb. 4.º
2.ᵉ vol. pag. 4. *Adjudications*, nomb. 10. id.

5.º *Domaines* (*les acquéreurs réunis de*) ne
peuvent être considérés comme associés soli-
daires, envers leurs acquéreurs, sans une con-
vention expresse.　　*Acquéreur.*

« La société, pour acquérir et revendre
» des immeubles, est une société extraordi-
» naire, qui ne peut être assimilée à une so-

---

(1) 12 *Messid. an XIII.* Cass. *Régie des domaines.*
Bul. de la Cour, an 13, p. 353.

(2) 19 *Germ. an XII.* Cass. *Régie des domaines.* Bul.
de la Cour, an 12, p. 231.

» ciété de commerce; l'article 7 du titre 4 de
» l'ordonnance de 1673, qui prononce la so-
» lidarité entre associés, n'est relatif qu'aux
» sociétés de commerce. » (1) Voyez *Paye-*
ment, et *Société.*

De la
Couronne.

6.º *DOMAINE* de la couronne (*les biens du*)
étaient inaliénables, et ne pouvaient être concé-
dés qu'à titre d'engagement.

Les concessionnaires de ces biens n'ont pu
devenir véritablement propriétaires d'iceux.

« Il était de principe constant en 1789 et
» avant, que le domaine de la ci-devant cou-
» ronne était inaliénable; et que quelle que
» fût la qualification donnée au contrat, il
» ne renfermait jamais qu'un simple enga-
» gement, incapable de transférer la pro-
» priété; »

« Ce principe d'aliénabilité ne recevait
» d'exception que pour les petits domaines
» tels que les moulins, que la loi même du
» 14 ventôse an VII exclut expressement. »
(2) Voyez *Acquéreurs*, nomb. 1.er, *Rede-*
vance, et *Remboursement.*

Congéable.

7.º *DOMAINE* congéable (*le propriétaire par*
indivis d'un) *ne peut exercer le droit de*
congément contre son co-propriétaire. Voyez
Congément.

Voyez relativement aux domaines natio-

______

(1) 28 *Brum. an* XIII. Rej. DUHAMEAU. Jour. du
Pal an 13, 1. s. p. 529.

(2) 10 *Brum. an* XII. Cass. *Régie des domaines.* Jour.
des Aud. an 12, p. 140. — Bul. de la Cour, an 12, p. 36.
—— Jur. an 12, p. 46. — Jour. du Pal. an 12, 1. s. p.
228.

naux le *Traité de compétence*, en matière civile, pag. 62 et 64, et les mots *Déchéance*, *Pourvoi*, *Régie* des domaines, *Rescision*, *Vente*, et autres indicatifs des matières particulières où le domaine peut être intéressé.

DOMESTIQUES. *En Matière civile.*

1.º *Domestiques* (*les legs faits aux*) depuis le 14 juillet 1789, *maintenus par la loi du 5 frimaire an II, ont été subordonnés aux dispositions de celle du 17 nivôse suivant ; c'est-à-dire, réductibles à la somme de 10,000 francs, lorsqu'ils se trouvaient excéder cette somme.*

Des legs qui leur sont faits. Loi du 17 niv. an II.

Un legs fait, en 1793, à un domestique, portant sur l'usufruit d'une maison, à la charge de satisfaire à tout ce qui pourrait être exigé pour en conserver la propriété; sur cent septiers de bled, et un cochon gras de rente et pension viagère; surtout le mobilier du donateur, avec un capital de 4000 fr. portant rente; n'a pu être accordé dans son intégralité, par décision de justice en floréal an II (ou avant le 23 floréal an XI, jour de la publication du code civil sur cette matière) sans contravention à la loi du 17 nivôse même année : ladite loi ayant abrogé celle du 5 frimaire précédent.

« Parce qu'outre que l'on ne *reconnaissait* » plus de domestiques (*), il n'a pas dû y » avoir de règles spéciales pour eux, parce

---

(*) Reconnais, porte l'arrêt; mais l'article 1023 du code civil a consacré de nouveau l'expression *domesti-* *que,* en s'occupant des legs qui leur sont faits.

» que s'ils étoient indigens, ils profitaient des
» retenues légales, et que s'ils étaient riches,
» ils ne méritaient pas plus de faveur que les
» autres citoyens, ainsi qu'il résulte de la ré-
» ponse à la 32e question relative à la loi du
» 17 nivôse an II, approuvée par le décret du
» 22 ventôse; ce qui prouve que la loi du 17
» nivôse a abrogé celle du 5 frimaire, qui ne
» faisait d'ailleurs que consacrer le principe
» de la non-révocation absolue des dons et
» legs particuliers faits depuis le 14 juillet
» 1789, sans fixer le montant de ce qui serait
» conservé. » (1) Voyez *Donation*, *Legs* et
Succession.

DOMESTIQUES. *En Matière criminelle.*

1.º *DOMESTIQUE* (*la qualité de*), *d'une personne volée, donnée au prévénu du vol, exige,
lors du jugement, la position d'une question
relative à cette circonstance.*

« Dans l'espèce, le jury n'ayant pas été
» interrogé sur cette circonstance, lorsqu'elle
» résulte de l'acte d'accusation et de la dé-
» fense de l'accusé; *savoir*, si celui ci était
» ou n'était pas, à l'époque du vol, domes-
» tique chez *la personne* à qui appartiennent
» les effets déclarés avoir été volés; l'omis-
» sion de cette question est une contraven-
» tion expresse aux articles 373, 374 et 375
» du code des délits et des peines; laquelle
» entraîne la cassation de la déclaration du
» jury, des débats et de l'arrêt qui en a été
» la suite: après quoi la Cour de cassation

----

(1) 26 *Ther. an* II. Cass. D*RIENCOURT.* Jur. notice, p. 67.

» renvoie le prévenu, en état de prise de corps,
» devant un autre cour de justice criminelle,
» pour être procédé à nouvelle position de
» questions, nouvelle déclaration, nouveaux
» débats et nouveau jugement, conformé-
» ment à la loi. » (1)

2.º *Domestique* (*le vol commis par un*) *ne peut point être puni des peines correctionnelles, sans contravention à la loi.*

C'est-à-dire « qu'il y a contravention à l'art.
» 13 de la seconde section du tit. 3 de la 2.ᵉ
» partie du code pénal, dans le jugement
» qui ne prononce qu'une peine correction-
» nelle, contre *celui qui est* déclaré complice
» d'un vol commis avec la circonstance de
» domesticité; crime dont l'article 13 précité
» prononce la peine de 8 années de fers; » (2)

Car, « une femme domestique à gages chez
» le propriétaire des objets volés (qui remet
» des clefs à son mari à l'effet de commettre
» le vol dont s'agit) est auteur et complice
» du vol, et a encouru une peine afflictive
» et infamante; »
Comme « le mari quoiqu'auteur du même
» vol, est aussi complice de sa femme; »
D'où il suit « que le code pénal décernant
» aux complices des crimes les mêmes pei-
» nes qu'aux auteurs, cet homme et cette
» femme ont encouru la même peine; et
» que les juges qui ne prononceraient qu'une

---

(1) 26 *Vend. an* X. Cass. **Billa.** Bul. de la Cour, an 10, part. crim. p. 40.

(2) 22 *Pluv. an* XI. Cass. d'office. Bul. de la Cour, an 11, part. crim. p. 154.

» peine correctionnelle à la charge du mari,
» feraient une fausse application de l'art. 28
» du titre 2, deuxième partie du même code
» pénal, et de l'art. 23 de la loi du 19 juillet
» 1791. » (1)

3.° *DOMESTIQUES (les DÉLITS) c'est-à-dire commis entre maris et femmes, pères et enfans ; donnent* lieu aux distinctions indiquées au mot *Action,* en mat. crim. nomb. 16.

4.° *DOMESTIQUE (le) d'un Commissaire des guerres, s'il est prévenu d'avoir volé ledit Commissaire, n'est point justiciable des tribunaux criminels ordinaires.*

« S'il est constant, que le prévenu était do-
» mestique à gages chez un Commissaire des
» guerres, à l'époque du délit dont il est ac-
» cusé ; il en résulte qu'il n'est pas justiciable
» des tribunaux civils, et qu'il y aurait, à
» son égard, contravention aux règles de
» compétence de la part du Directeur du
» jury et de la cour de justice criminelle qui
» auraient retenu la connaissance de ce dé-
» lit. » (2)

Voyez au *Traité de compétence,* en mat. criminelle, nomb. 107, pag. 207, et ci-devant au mot *Conscrit,* nomb. 2.

DOMICILE *judiciaire.*

Relativement à la juridition Assignation.

1.° « *DOMICILE (le* changement *de) s'opère* » *relativement à la juridiction, par la rési-*

______

(1) 1.er *Fruct. an XI.* Cass. d'office. Bul. de la Cour, an 11, part. crim. p. 545.

(2) 28 *Pluv. an XI.* Cass. *HYPPOLITE.* Bul. de la Cour an 11, part. crim. p. 156.

» *dence de fait dans un lieu différent, jointe*
» *à l'intention positive d'y fixer sa demeure :* »
« Ce principe ne reçoit aucune dérogation
» de l'article 6 de la constitution, uniquement
» relatif à l'exercice des droits politiques. »(*)

Si l'on disait : le domicile se perdant comme il s'acquiert, il faut une année d'absence d'une commune pour perdre celui qu'on y avait : ainsi celui qui n'a quitté Paris que le 10 janvier, ne peut être assigné à Lyon que le 10 janvier suivant.

On répondrait, *avec M. Merlin*, « c'est là une erreur manifeste sur l'article 6 précité, puisqu'il ne s'agit ici que de l'exercice des droits purement civils ; il suffit donc de recourir aux principes qui sont dispersé avec profusion dans le corps des lois romaines sur cette matière. Or, dans leur esprit, un seul moment d'habitation suffit pour opérer le changement de domicile, pourvu que ce changement soit accompagné de l'intention

---

(*) L'article 105 du code admet, à défaut de déclaration expresse, la force des circonstances.

Où en seraient les habitans des cités où il existe plusieurs municipalités, où il est une espèce de personnes qui déménagent tous les trois mois, si l'intention bien prononcée de changer de domicile n'était point attributif de juridiction ? Où en serait le marchand qui, dans une grande ville, transporte son domicile à trois quarts de lieues de celui qu'il abandonne, si cet abandon bien constaté n'était attributif de domicile légal en sa nouvelle demeure ? Si la méchanceté pouvait faire protester ses billets, pendant un an, à la demeure abandonnée ? Que de maux, que de surprises un semblable système pourrait enfanter ! *Le Rédacteur* estime que les principes de la cour et de M. le Procureur général peuvent être considérés comme le développement de l'art. 105 du code civil.

de l'individu. *DOMICILIUM RE ET FACTO TRANS-FERTUR. LEG.* 20, *ad municipalem.* (*)

« Inutilement s'autoriserait-on de RODIER, qui enseigne que l'on peut assigner pendant un an, au domicile de l'absent; cette doctrine ne s'applique nullement à l'espèce, où la personne qui doit être assignée n'est point absente (dans le sens de la loi) et lorsqu'elle a un domicile connu; car, l'auteur cité ne raisonne que dans le cas où ces deux circonstances n'existeraient point. »

Exemple de fait.

J'avais, en l'an IX, mon domicile de fait et de droit à *Toulouse*;

En frimaire de la même année, j'habite la ville de *Lyon*, et je déclare sur les registres publics que j'y fixe mon domicile;

Dans le même mois, je suis porté sur le rôle de la contribution mobiliaire;

Je suis nommé notable communal;

Dans une procuration envoyé à mon épouse, à *Toulouse*, je prends la qualité de rentier à *Lyon*;

J'écris à mon gendre, je lui témoigne combien il m'est pénible de m'éloigner de ma femme et de mes enfans; enfin, je lui fais signifier la déclaration que j'ai consignée dans une des mairies de *Lyon*:

Dans cet état de choses, mon gendre peut-il soutenir m'avoir valablement fait assigner à *Toulouse*, dans l'année du jour où j'ai abandonné cette ville pour me fixer à *Lyon* ?

Je répond, *avec la cour de cassation :* NON. « cela résulte d'une foule de circonstances déterminantes; »

(*) Voyez la note (*) page précédente.

« L'inscription hypothécaire qui aurait été
» faite (*à Toulouse*) à la requête de mon
» épouse , me serait étrangère , elle ne pour-
» rait prévaloir sur mes propres déclarations. »
Enfin , « je ne peux être cité sur l'action
» personnelle , que vous voulez intenter contre
» moi , que devant les tribunaux de la ville de
» *Lyon* , où est mon domicile. » (1)

2.º *DOMICILE* (*le*) d'un étranger, *résidant*   *A l'égard d'un*
en France, *est au lieu de sa résidence habi-*   *étranger.*
tuelle.

Si , avant 1789 , malgré ma qualité d'étranger , j'ai obtenu du service en France , et ai
établi mon domicile à Paris ; la circonstance
que, pour me soustraire aux événemens révolutionnaires, je me serais retiré à la campagne
jusqu'en l'an X , époque à laquelle je serais
revenu à Paris , n'aurait point autorisé à me
donner assignation , en l'an II , devant le tribunal de l'arrondissement de cette campagne :
Car , « aucune loi ne s'opposant à ce que des
» étrangers ayent un domicile en France ; ils
» demeurent conséquemment sous la disposi-
» tion de la loi commune , qui n'exige pour
» l'établissement du domicile, que le fait de
» l'habitation réelle jointe à l'intention de
» l'établir. » (2)

3.º « *DOMICILE* (*le*) d'origine *se conserve*,

____

(1) 28 *Flor. an* X. Régl. de juge. *PALIGNEU.* Jur. an
10, p. 263. — Jour. du Pal. an 11, 1. s. p. 145. Sous la
date du 12 *Vend. an* X. — *autre arrêt*, entre les mêmes
parties. du 12 *Vend. an XI.* Jur. an 11 , p. 21 ; lequel sur
opposition a confirmé le premier arrêt.

(2) 8 *Therm. an XI.* Régl. de juges. *WALSH-SERRANT.*
Jour. du Pal. an 12, 2. s. p. 228. — Jur. an 11 , p. 368.

D'origine.
D'un militaire.

» *tant que la volonté de le remplacer par un*
» *autre n'est pas indiquée d'une manière ex-*
» *presse et positive ;* cela est de principe. »

Donc, « s'il est prouvé que *Paul* n'a quitté
» la commune de Lyon, lieu de sa nais-
» sance, où il exerçait sa profession, que
» pour se rendre à l'armée ; et qu'en con-
» séquence, il ait été inscrit, en l'an IX,
» comme notable domicilié de ladite com-
» mune, sur la liste départementale ; »

« Il s'en suit que la succession de *Paul*,
» (décédé à Paris, en l'an X), doit être
» censée ouverte à Lyon. » (1)

Des témoins
aux actes
notariés.
Ordonnances
anciennes.
Testament.

4.° DOMICILE *des TÉMOINS,* (*l'omission du*)
dans un contrat ou un testament, reçu par un
notaire, sous l'empire des ordonnances de 1539,
de Blois et de 1735, *ne rend point le contrat*
ou le testament nul.

En effet, « les articles 267 de l'ordonnance
» de 1539, et 163 de celle de Blois, qui
» veulent que dans les contrats et testamens,
» il soit fait mention du domicile des té-
» moins, ne prononcent point la nullité de
» ces actes, à défaut de cette mention ; »

« L'ordonnance de 1735 ne prescrit ex-
» pressément cette formalité par aucun de
» ses articles ; ainsi en décidant qu'un tes-
» tament n'est pas nul à défaut de men-
» tion du domicile des témoins qui y as-
» sistèrent, les juges ne commettraient point

----

(1) 11 *Vend. an XIII.* Régl. de juges. DESTAING.
Jour. du Pal. an 13, 1, s. p. 535. — Jour. des Aud. an
13, S. p. 34.

de

» de contravention expresse à aucune de ces
» ordonnances. » (1)

5.º DOMICILE (*le défaut de*) *pendant six mois , dans l'étendue de la commune dans laquelle un mariage a été contracté , n'a point opéré la nullité de ce mariage.*

En fait de mariage. Loi du 20 septem. 1792.

« Avant la loi du 20 septembre 1792, il fallait, *disait M. MERLIN , sur cette grande question* , se marier devant le propre curé ; il fallait faire une publication de bans, et cependant le défaut de l'une de ces formalités ne faisait pas obstacle à la validité du mariage. La loi du 20 septembre 1792 a-t-elle dérogé à ces principes ? »

« Non, elle a substitué l'officier public au curé : voilà la seule novation à cet égard, mais elle n'a pas établi la peine de nullité contre le défaut de publication de bans, contre le défaut de domicile. »

« Le législateur de 1792 a distingué les con-
» ditions absolues et nécessaires à la validité
» du mariage, et les formalités accidentelles
» ou relatives ; il a voulu que la violation des
» règles déterminées par la section 1.re du
» tit. 4 de la susdite loi , emportât nullité ;
» mais il n'a pas attaché cette peine à l'in-
» observation des formalités prescrites par les
» sections 2 et 4 du même titre ; »

Or, « la disposition de cette loi qui veut
» que l'acte de mariage soit reçu par l'officier
» public du lieu du domicile de l'une des
» parties, n'est ni prohibitive , ni irritante,

____

(1) 6 *Vent. an XI.* Rej. *FLOSAC.* Jour. du Pal. an 11 ; t. s. p. 516.

» et la formalité qu'elle prescrit, est étran-
» gère à la substance de l'acte. »

D'où il suit « qu'en annullant un acte de
» mariage (passé sous l'empire de ladite loi
» du 20 septembre) sous prétexte qu'aucun
» des epoux ne residait depuis 6 mois dans
» la commune où il aurait été reçu par l'offi-
» cier public ; les juges feraient une fausse
» application des articles 2 de la deuxième
» section et 1 er de la section 4 du tit. 4 de la
» loi du 20 septembre 1792, créeraient une
» nullité, et sous ces rapports, excèderaient
» leurs pouvoirs. » (1) Voyez *Donation*, et
Mariages.

Quel est le domicile ma-trimonial.

6.° « *Quel est le domicile matrimonial ? c'est,*
disait M. MERLIN, *le lieu où les époux projettent de s'établir.* »

« Si le mari a contracté mariage dans le
domicile de son épouse, s'il continue d'y re-
sider sans manifester son intention de s'établir ailleurs, il adopte en se mariant le domicile de son épouse ; et c'est par la loi qui gou-
verne ce lieu que le mariage doit être réglé. »

« Dans l'hypothèse, où le mariage, d'un
Anglais avec une Française, aurait été célébré
en France, comment l'Anglais pourrait-il affranchir son mariage de la législation française, et priver son épouse des avantages que lui
assurerait la loi sous laquelle elle aurait contracté ! Les faits postérieurs à son mariage deviendraient étrangers à la cause qu'il soutien-

______

(1) 12 *Prair. an XI.* Cass. SPIESS. Bul. de la Cour,
an, 11, p. 281. — Jour. du Pal. an 11, Coll. p. 365. —
Jur. an 11, p. 321.

drait et ne pourraient détruire la soumission aux lois françaises, résultantes des circonstances dans lesquelles il se serait marié. » (*)

7.º **DOMICILE** des époux (*la coutume du*) *régit-elle le don mutuel ?* oui;

En fait de don mutuel.

Coutume de Paris.

« Les époux étant domiciliés à Versailles,
» lorsqu'ils se firent le don mutuel en ques-
» tion; et ayant d'ailleurs déclaré par cet
» acte expressément qu'ils entendaient con-
» tracter et disposer selon la coutume de Pa-
» ris, dans laquelle ils avaient été mariés ; il en
» résulte, à l'égard de chacun des deux époux,
» une obligation personnelle envers l'autre,
» qui ne peut s'éteindre que du consente-
» ment mutuel et simultané de tous deux,
» nonobstant tout domicile, qu'ils pourraient
» avoir ensuite choisi. » (1) Voyez *Don* mutuel, ci-après.

8.º **DOMICILE** (*le*) élu *dans une ville, où l'on n'a pas sa résidence, avec renonciation à se prévaloir des lois relatives au domicile, avec consentement que tout exploit soit fait à ce lieu, et protestation de nullité de toute signification qui pourrait être faite ailleurs, n'est point attributif de juridiction.*

Du domicile élu.

Juridiction.

Parce que « la partie n'ayant ni domicile ni
» résidence dans cette ville, mais habitant
» dans un autre, il ne lui est pas loisible de
» se procurer le choix d'un tribunal par l'élec-

(*) *Extrait* du plaidoier de M. le Procureur-général, dans la cause *MACMAHON*, rapportée au mot *Divorce*, nombre 7.

(1) 3 *Messid. an V.* Cass. *HANNOUE.* Jur. notice p. 106.

» tion arbitraire d'un domicile sans rési-
» dence. » (1)

Chez un avoué 9.º *Celui élu, dans une procédure, chez un avoué* « *doit être considéré comme un mandat* » *donné à celui-ci pour recevoir les significa-* » *tions qui peuvent être faites pendant le* » *cours de cette instance.* »

Si dans la signification d'un appel inter-jetté, je déclare faire élection de domicile chez *tel* avoué, avec la clause restrictive sans au-tre attribution, cette clause ne peut empêcher l'intimé de m'anticiper par exploit signifié à ce domicile :

Car, « les mots sans autre attribution, » ne signifient autre chose, si non que l'avoué » n'a qualité que pour recevoir valablement » les exploits qui lui seront fignifiés dans » cette instance. » Voyez l'article ci-après.

Détermine les délais des ajournemens. 10.º *DOMICILE* (*le*) *détermine le délai des ajournemens ; celui qui, dans le cours d'une procédure. en veut changer, doit se conformer aux articles* 103 *et* 104 *du code civil.*

De la circonstance « que j'avais mon domi-» cile à Paris, lorsqu'une procédure a com-» mencé, que dans divers jugemens de cette » affaire j'ai été qualifié d'habitant de Paris, » sans qu'il y ait eu réclamation de ma part ; »

Il résulte que je serais valablement as-signé par acte postérieur, dans les délais né-cessaires pour *Paris*, encore que de fait j'aie transporté ma demeure à *Anvers* :

____

(1) 8 *Therm.* an X. Régl. de juges. **Jour. du Pal. an** 11, 1. s. p. 58.

En effet, « si j'ai voulu depuis changer réel-
» lement mon domicile, la preuve de mon in-
» tention doit résulter des déclarations pres-
» crites par les susdits articles ; »

Or, « si rien n'annonce que j'ai produit
» cette preuve devant le tribunal, (les juges
» peuvent décider que j'ai été) valablement
» assigné dans le même délai dans lequel on
» aurait pu faire assigner tout autre individu
» véritablement domicilié à Paris. » (1)

11.º *Domicile* (le) *réel est le lieu où l'assignation à comparaître sur l'appel doit être
signifié.*

En fait d'appel.

Car, « l'assignation à comparaître sur l'ap-
» pel est un véritable ajournement, qui doit
» être signifié à personne ou domicile ; or,
» cela s'entend non pas du *domicile élu* pour
» l'exécution du jugement de première ins-
» tance, mais du véritable domicile de la
» partie assignée ; »

« S'il est libre aux parties d'élire un do-
» micile autre que leur domicile réel, cette
» faculté qui est une dérogation au principe
» général, en matière de domicile, doit être
» plutôt restreinte qu'étendue ; »

« L'effet d'une élection de domicile ne
» s'étend point d'un objet à un autre qui en
» est totalement distinct. »

Ainsi, « le domicile élu au commencement
» d'une procédure en première instance, ne
» l'est pas pour l'instance d'appel, si l'inten-
» tion de la partie n'est pas clairement ma-

---

(1) 13 *Germ. an XII.* Rej. *Simons.* Jour. du Pal. an
12, 2. s p. 465. — Jour. des Aud. an 12, p. 298. — Jur.
an 12. p. 253 *Pour les articles* 9 *et* 10.

» nifestée, et légalement connue de son ad-
» versaire. » (1)

En matière   '12 °.*DOMICILE* élu (*en matière* d'hypothè-
d'hypothèque. que *le*) *chez le conservateur dans une commune
par un créancier, autorise les notifications à ce
lieu. de la part des autres créanciers.*

C'est-à-dire que le créancier inscrit qui a
fait cette élection de domicile, ne peut valablement soutenir que le titulaire ayant été
changé et le bureau transporté dans une autre commune, les autres créanciers ayent été
dans l'obligation de lui faire les significations
requises chez le nouveau conservateur.

« L'article 30 de la loi du 11 brumaire,
» prescrit à l'acquéreur de faire notifier son
» contrat aux créanciers inscrits aux domi-
» ciles par eux élus; »

Or, « si un créancier a élu domicile, *dans
» les termes ci-dessus*, et qu'il n'en ait point
» changé depuis; dans l'hypothèse où son in-
» tention eût été de le changer, si le bureau
» venait à être déplacé, l'acquéreur ne peut
» entrer dans les vues obscures du créancier ;
» cette obscurité s'interprète toujours contre
» celui qui parle, et l'acquéreur ou le pour-
» suivant ne sont pas tenus. ni de deviner son
» intention, ni de suppléer à ce qui n'est pas
» littéralement exprimé dans l'acte, ni de
» suivre les changemens de domicile qui ne
» sont pas énoncés de la manière prescrite
» par la loi. » (2)

-----

(1) 25 *Vend. an* VII. Cass. *JOUIN.* Jour. du Pal. an 12,
I. s. p 97 — Bul de la Cour, an 12, p. 25. — Jur. an
12, p. 97 — Jour. des Aud. an 12, p. 121.

(2) 8 *Therm.* an XI. Cass *PINOT.* Bul. de la Cour, an
11, p. 365. — Jour. du Pal. an 11, 2. s. p. 449.

Mais « cette élection de domicile ne consti-
» tue pas mandataire du créancier celui chez
» qui elle est faite, (d'ou il suit que) le paie-
» ment fait à ce domicile en d'autres mains
» que celles du créancier n'opère point la libé-
» ration du débiteur. » V. *Créancier,* nomb. 10.

13.° *Domicile (l'élection de) faite dans l'af-*
fiche qui précède une expropriation forcée,
s'étend à toutes les procédures auxquelles l'ex-
propriation peut donner lieu, jusqu'au juge-
ment d'ordre inclusivement.

 En fait d'ex-propriation forcée.

« La loi du 11 brumaire an VII, art. 4,
» veut (comme l'art. 673 du code de procé-
» dure) que le créancier poursuivant fasse
» mention dans les affiches (le code dit dans le
» commandement) de son élection d'un domi-
» cile dans la commune où l'adjudication de-
» vra se faire; il est dans l'esprit de la loi que
» cette élection de domicile dure autant que
» la poursuite même, de laquelle fait néces-
» sairement partie et suite, l'ordre ou la dis-
» tribution du prix de l'adjudication, telle-
» ment que, pour parvenir à cet ordre, la
» loi ne permet ni citation ni assignation;
» c'est à ce domicile élu, expressément com-
» mandé par la loi, que les créanciers et la
» partie saisie peuvent et doivent faire faire
» au poursuivant toutes les significations qui
» peuvent l'intéresser jusqu'à la consomma-
» tion de la distribution. » (1) (*)

---

(1) 22 Janv. 1806. Rej. *Terrasson.* Jour. des Aud. an
14 et 1806, p. 168 — Jur. an 14 1806, p. 202.

(*) Il a été jugé dans l'espèce que l'intimation sur l'appel du jugement d'ordre, avait pu être fait à ce domicile; « mais dans l'exploit de signification du jugement
» de première instance, la partie y avait positivement

14.º *DOMICILE* élu (*le*) *pour les poursuites en première instance et en appel, n'est point le domicile où un arrêt d'admission en cassation doit être signifié.*

Si un Espagnol a poursuivi un habitant de la ville de Mons, et qu'il ait fait élection de domicile en cette ville pour la première instance; cette circonstance et celle, bien plus forte, qu'il aurait accepté la signification de l'appel, interjetté du jugement par lui obtenu, à ce domicile élu et sans réclamation, n'autoriserait pas l'habitant de Mons à signifier l'arrêt d'admission de sa requête au même domicile.

En vain dirait-on, contre la règle ci-dessus posée: l'ordonnance de 1667 (ou le code) n'est point applicable à l'espèce; le vœu du réglement de 1738 se rapporte au domicile élu pendant procès; le domicile à Mons ayant été élu en première instance et consenti en cause d'appel, l'assignation, devant la Cour de cassation, donnée à ce domicile serait valable; et partant elle ne donnerait pas lieu à la déchéance.

On répondrait, avec la Cour de cassation: dans l'hypothèse posée, « la signification du » jugement d'admission, ne serait point faite » au domicile voulu par la loi; »

« L'élection de domicile faite à Mons, ne » pourrait être considérée comme une élec-

---

» déclaré vouloir continuer cette élection de domicile; » d'où il résultant que la signification de l'acte d'appel avec » ajournement (ou intimation) faite à ce domicile, était » égale et régulière. » Nous pensons que cette signification eut été également régulière, quand le créancier n'aurait point réitéré son élection de domicile dans la signification du jugement d'ordre.

» tion de domicile absolue, à l'effet d'y rece-
» voir toutes assignations ; elle n'était rela-
» tive qu'aux actes d'instruction à faire au
» tribunal de première instance. »

« L'exploit de signification serait déclaré
» nul, d'après l'article 30, tit. 4, 1re partie
» du réglement; et l'habitant de Mons dé-
» chu de sa demande en cassation. » (1)

15.° *Domicile* connu (*les juges du*) *des parties, sont toujours ceux pardevant lesquels la Cour de cassation renvoie les dites parties sur leur demande en réglement des juges.*

En fait de réglement de juges.

Peu importerait que les parties se fussent signifiés des changemens et translations de domicile, depuis l'introduction de la demande, si ces domiciles sont demeurés inconnus de la cour; cette circonstance n'empêcherait point que les parties ne fussent réglées devant les juges du premier domicile.

Car, « les parties n'étant connues à la Cour
» de cassation que comme domiciliées *dans*
» *le lieu indiqué par la procédure*, la cour ne
» peut vouloir les renvoyer ailleurs, » que devant les juges de ce lieu; hors le cas de suspicion ou récusation d'un tribunal entier. (2)

Voyez *Réglement de juges*, *Créanciers hythécaires* et *Déportation*.

DOMINOTIERS (les) sont des ouvriers, qui fabriquent des papiers pour la tenture et la décoration des appartemens, ainsi que

____

(1) *Sans date.* Frères BERLAUD. Jur. an 11, p. 42.

(2) 21 *Frim. an X.* Régl. de juges. PERRIGEAU. Jur. an 10, p. 171.

d'autres ouvrages de ce genre, mais générale-ment de peu d'importance.

Cependant leurs ouvrages sont soumis à la loi qui assure à chacun la propriété de son ouvrage. Voyez *Contrefaçons.*

DOMMAGES-INTÉRÊTS. *En Mat. civile.*

RÈGLES GÉNÉRALES.

1.º « *DOMMAGES-INTÉRÊTS (les) sont livrés* » *à l'arbitrage du juge et à la conscience du* » *magistrat, ils dépendent absolument des cir-* » *constances et des faits de la cause : par con-* » *séquent ils ne sont point dans le domaine de* » *la Cour de cassation.* »

C'est-à-dire qu'il n'y aurait point d'ouver-ture à cassation contre un jugement qui au-rait condamné pour dommages-intérêts à une somme modique, eu égard à celle qui aurait été demandée, quoique l'évidence des faits rendît cette demande légitime : l'erreur du juge en dernier ressort, dans son arbitration, est un malheur irréparable. (1)

2.º « *Aucune loi n'impose aux juges l'obli-* » *gation de prononcer la contrainte par corps* » *pour dommages-intérêts.* »

Voyez les exceptions et les développemens de ce principe au mot *Contrainte* par corps, nomb. 3 et 4.

Pour injures écrites.

3.º *DOMMAGES-INTÉRÊTS (les) pour raison* *d'injures contenues dans un mémoire lu à* *l'audience, ou pour autre cause, peuvent être* *accordés par les juges, incidemment à la de-* *mande principale.*

____

(1) 12 Therm. an IX. Rej. *Comp. de France.* Jour. du Pal. an 9, 2. s. n.º 34. p. 6. —— Jur. an 10, p. 9.

« Les juges, en condamnant en dernier
» ressort une partie, à 200 fr. de dommages-
» intérêts, *dans le cas ci-dessus*, n'excéde-
» raient point leur pouvoir, puisque ladite
» somme n'excède pas celle dont il est per-
» mis aux tribunaux civils de connaître en
» dernier ressort. » (1)

Mais « une demande de 10,000 fr. de dom-
» mages-intérêts, ayant donné lieu à une ac-
» tion nouvelle, entièrement indépendante
» de la premier, ne peut être jugée qu'en
» premier ressort. » (2)

4.º *Dommages-intérêts (les) peuvent être* A charge d'un
adjugés à charge d'un étranger qui se trouve étranger.
en France, pour raison de l'inexécution des ac-
tes qu'il a passés avec un Français ; encore que
ses biens et sa personne soient séquestrés.

C'est ainsi qu'un algérien propriétaire de
navire, qui, en l'an VII, aurait *nolisé* (*) pour
Malte, moyennant un prix déterminé, et
se serait engagé par un article de la *char tre-*
partie (* *) envers *l'armateur* à lui procurer un *permis d'expédier* et un *passe-avant*,
pour le mettre à l'abri d'être capturé par les
vaisseaux français, aurait pu être condamné
aux dommages-intérêts, envers l'armateur,
faute par lui d'avoir exécuté la convention ci-

---

(1) 3 *Brum. an* X. Rej. Jour. du Pal. an 10, 1. s. p.
13. —— Jur. an 10, p. 80. V. *Traité de compétence*, p. 29.

(2) 16 *Therm. an* X. Rej. Bartelémy. Jour. du Pal.
an 10, 2. s. p. 530.

(*) *Nolisé*, engagement du maître d'un bâtiment de
mer de transporter des marchandises d'un port a un autre.

(**) *Chartre - partie.* Voyez la note grammaticale
page 89 précédente.

dessus, nonobstant l'apposition du séquestre national sur ses effets et sur sa personne.

Envain cet *Algérien* aurait-il dit, que son retard étant l'effet de la force majeure, résultante du séquestre apposé sur ses biens et sur sa personne, s'était à l'autorité qui l'avait fait prisonnier de guerre à défendre à la demande en exécution de ses engagemens ; &c.

On lui aurait répondu: « l'article 7, tit. 3, » de l'ordonnance de 1687, ne donne lieu à » la résiliation, que dans le cas d'interdiction » de commerce, par guerre, repressailles, ou » autrement, et dans votre espèce il n'y a » point eu d'interdiction véritable, puisque » nonobtant la rupture entre la France et le » Dey d'Alger, le navire eût pu arriver à » Malte ; »

» Il s'agit de savoir, si la chartre-partie » était résiliée, et si, dans ce cas, il y avait » lieu à l'indemnité ; or, il est contre le droit » naturel et des gens, qu'un contrat soit résilié par le fait personnel de l'une des parties : si elle n'a pu remplir ses engagemens, » elle ne doit pas moins être tenue à des » dommages-intérêts, vis-à-vis des parties » avec lesquelles elle s'était obligée. » (1)

À une mère, hors le mariage.

5.º *DOMMAGES INTÉRÉTS (il n'est point dû de)* à une femme qui devient mère hors le mariage, par celui qui dénie la paternité.

« L'action en dommages-intérêts de la mère » de l'enfant né hors le mariage, depuis la » publication de la loi du 12 brumaire an II,

---

(1) 13 *Therm. an XI*. Rej. COEN-BALERI. Jour. du Pal. an 11, 1. s. p. 163.

» et l'action en déclaration de paternité désa-
» vouée, reposant sur le même fait indivisi-
» ble, l'auteur de la grossesse, il est évident
» que dans ce cas la recherche de la pater-
» nité n'étant pas permise, l'action en dom-
» mages et intérêts de la part de la mère est
» aussi interdite. » (1)

6.º *DOMMAGES-INTÉRÊTS (les) peuvent être* En matière de
accordés à charge de la régie des douanes ou- douanes.
tre l'indemnité d'un pour cent par mois, en-
vers tous autres que le propriétaire des mar-
chandises indûment saisies : et à dire d'experts.

En vain, la régie des douanes dirait-elle :
l'art. 9 de la loi de fructidor an III, qui règle
l'indemnité, en cas de saisie non fondée, à
un pour cent par mois de la valeur des marchandises, exclut toute autre indemnité;

On lui répondrait :

« L'article 9 de la loi du 14 fructidor an III,
» n'a réglé que l'indemnité dûe au proprié-
» taire de la marchandise qui a été indû-
» ment saisie, à raison du retard qu'il a
» éprouvé, et de la privation, pendant quel-
» que temps, de sa marchandise ; ce qui a
» été cause que l'indemnité a été basée et
» sur la valeur de cette marchandise, et sur
» la durée de la détention, et qu'elle a été
» adjugée en entier au seul propriétaire de
» la marchandise ; »

« Mais, la marchandise saisie se trouvant
» sur un navire (ou une voiture) indûment
» retenu, ainsi que la marchandise, il ne peut
» pas être douteux qu'il soit dû au proprié-
» taire du navire, une indemnité propor-

____

(1) 19 *Vend. an VII.* Cass. *GARAUD.* Jur. notice, p. 168.

» tionnée à la durée de la détention et de la
» dépense qu'elle lui a occasionnée ; »

« Cette indemnite n'ayant été réglée par
» aucune loi, il a eté nécessaire de la fixer
» par un rapport d'experts ; »

» Votre partie adverse. partie saisie, re-
» présentait. non seulement le propriétaire
» de la marchandise, mais encore le capi-
» taine et le propriétaire du navire (servant
» au transport), ainsi elle avait droit de deman-
» der et l'indemnité dûe au propriétaire de
» la marchandise, et celle dûe au proprié-
» taire du navire (ou de la voiture), et le juge-
» ment qui les a accordées, n'a violé aucune
» loi. » (1)

Voyez Action, 2.ᵉ vol. pag. 9. nomb. 7 ; pag.
78. nomb. 77. et *Servitude*. au *Traité de compétence*. §. des justices de paix, pag. 67, nomb.
66 ; et autres mots suivant les espèces.

DOMMAGES-INTÉRÊTS. *En Mat. crimin.*

<table>
<tr><td rowspan="4"></td></tr>
</table>

Règles
Générales.

1.º « *DOMMAGES-INTÉRÊTS (toute action en)*
» *est par sa nature une action civile, dont les*
» *tribunaux criminels ne peuvent connaître,*
» *que dans le cas où la loi leur en attribue le*
» *droit*. » *et d'après les règles qui suivent.*

« C'est à-dire que d'après les dispositions de
» l'art. 432 du code des délits et des peines,
» lorsque l'accusé a été déclaré non coupable,
» ou que le fait dont il a été déclaré con-
» vaincu ne se trouve pas *défendu par la loi*. »

---

(1) 3 *Messid. an* XI. Rej. *Régie des douanes*. Jur. an
11, p. 19. —— Jour. du Pal. an 11, 2. s. p. 388.

« Mais , lorsque l'acusé n'est pas convaincu
» du fait , la loi n'autorise plus les tribunaux
» criminels à statuer sur les dommages-
» interêts auxquels il peut prétendre ; elle
» lui réserve seulement. par la disposition
» de l'art. 426, une action, qui par cela
» même que la connaissance n'en est pas for-
» mellement attribuée aux juges criminels,
» ne peut être portée, d'après les principes
» généraux du droit, que devant les tribu-
» naux civils. » (1)

Lorsque « la partie, qui a droit à des intérêts
» civils résultant du délit, n'a produit aucu-
» ne plainte au procès ; si elle n'a fait aucun acte
» ni rempli aucune des formalités prescrites
» par la loi pour être partie plaignante : les
» juges criminels en la recevant intervenante
» au procès après la déclaration du jury , et
» en lui adjugeant de suite des dommages-
» intérêts, feraient une fausse application de
» l'art 432 du susdite code, et commettraient
» un excès de pouvoir. » (2)

« Les dommages-intérêts sur lesquels les
» tribunaux de police (et autres) sont auto-
» risés à prononcer en vertu du code des
» délits et des peines, ne peuvent être que la
» mesure du dédommagement personnel de la
» partie qui se prétend lésée par le délit ; »

« S'ils prononcent sur la demande de la
» partie civile, des dommages-intérêts, re-
» versibles sur les pauvres de la commune ;
» la somme adjugée ne tournant pas au pro-

----

(1) 6 *Vend.* an X. Cass. *SÉGUR.* Bul. de la Cour, an 10,
part. crim. p. 3. —— Jur. an 10, p. 91. —— Jour du Pal.
an 10, 2. 3 p. 138.

(2) 9 *Therm. an IX.* Cass. *CACHOT. et BUGARD.* Jur.
notice, p. 328.

» fit personnel de ladite partie civile, la con-
» damnation, à cet égard ne saurait être en-
» visagée que comme une aggravation de
» peine, déguisée sous le titre de dommages-
» intérêts ; ce qui constituerait (à l'egard des
» tribunaux de police) un excès de pouvoir
» par la violation de l'article 606 et la fausse
» application de l'article 154 du code des dé-
» lits et des peines. » (1)

En fait de pourvoi. 2.° *La partie qui a obtenu des dommages-intérêts, peut intervenir, lors du pourvoi de la part du condamné, pour soutenir le bien jugé, même à la Cour de cassation.*

« Aucun texte de loi ne s'oppose à ce que
» des parties plaignantes et civiles qui ont
» obtenu des dommages-intérêts sur leurs
» poursuites, soient admises à soutenir en la
» cour que le jugement doit être maintenu,
» parce que les formes ont été religieusement
» observées et la loi bien appliquée. » (2)

A l'égard des juridictions spéciales. 3.° DOMMAGES-INTÉRÊTS (les) *d'une partie civile peuvent être prononcés par les juridictions speciales établies pour certains délits : c'est le dernier état de la jurisprudence de la cour.*

« Les tribunaux extraordinaires ne peuvent
» (en thèse générale) exercer d'autres attri-
» butions que celles qui leur sont expressé-
» ment déléguées par le titre de leur institu-
» tion ; »

___

(1) 17 *Flor. an IX.* Cass. d'office. Jur. notice, 434. — Bul. de la Cour, an 9, part. crim p. 514. — Nous croyons cet arrét unique dans son espèce.

(2) 5 *Brum. an XIII.* D'admis. LELENNIER et consorts. Jour. du Pal. an 15, 1. s. p. 550. — Jour. des Aud. an 15, p. S. p. 38.

Lorsque

Lorsque « nul article de la loi ne leur donne
» le pouvoir de statuer sur les dommages
» civils résultant du délit ; . . . en permettant
» d'appeller en cause *la partie dénonciatrice*
» *du fait* pour la faire condamner en des
» dommages civils, et en recevant cette par-
» tie elle-même intervenante pour le même
» objet, ils excéderaient leurs pouvoirs et
» franchiraient les termes de leur compéten-
» ce ; » (1) c'est ainsi qu'il fut jugé par plusieurs arrêts.

Mais « les tribunaux spéciaux ayant été in-
» vestis par la loi du droit de prononcer des
» peines afflictives et infamantes sans recours
» en cassation, ils ont le même droit lorsqu'il
» s'agit de prononcer des condamnations ci-
» viles résultant du délit, ainsi que l'a décidé
» le conseil d'état, le 17 floréal an XI. » (2)

Voyez au *Traité de compétence*, part. crim.
pag. 259, nomb. 154.

4.º *DOMMAGES-INTÉRÊTS* (les) *mis à la charge
des communes, par la loi du 10 vendémiaire
an IV, n'ont point lieu à l'égard des parens
d'une personne homicidée, si ce n'est en faveur
de la veuve ou des enfans.*

Voyez au mot *Communes*, §. de leur responsabilité, nomb. 7.

5.º *DOMMAGES-INTÉRÊTS* (les) *résultans d'un
délit de pâturage doivent être prononcés à la
charge du pâtre.*

A charge des communes.

En fait de délit de pâturage.
Code civil, art. 1385.

---

(1) 6 *Fruct. an* IX. Cass. ARGOUD. Bul. de la Cour,
an 9, p. 541. —— Jur. an 10, p. 26.

(2) 20 *Pluv. an* XII. Cass. d'office. Bul. de la Cour,
an 12, p. 107.

III.ᵉ *Vol.*   Z

En effet « des poulains qui auraient fait des dé-
» gats, ayant été confiés par leur propriétaire,
» à la garde du pâtre établi pour les bestiaux
» de la commune, les juges doivent le con-
» damner plutôt que le propriétaire, qui na-
» turellement a dû s'en reposer sur les soins
» du garde : en procédant ainsi ils ne con-
» treviendraient point à l'article 12 de la loi
» du 28 septembre 1792; et l'art. 1385 du code
» civil, rendant responsable du dommage
» causé par un animal, celui sous la garde
» duquel il était, les juges ne contrevien-
» draient point à cet article, en condamnant
» le garde à l'amende encourue pour le dom-
» mage causé par sa négligence. » (1)

Prononcés solidairement

6.º *DOMMAGES-INTÉRÊTS* (*les*) *demandés incidemment à l'action publique, peuvent être prononcés solidairement contre la femme et le mari, encore que ce dernier soit renvoyé de l'action publique.*

Car, « les juges ayant considéré cette femme
» comme l'auteur du dommage causé, conjoin-
» tement avec son mari, c'est régulièrement
» et avec justice qu'elle serait condamnée so-
» lidairement avec son mari, aux dommages-
» intérêts adjugés à la partie civile et lésée. »
(2)

Voyez au *Traité de compétence*, part. criminelle, pag. 153, nomb. 48, pour le cas où
il y a plusieurs accusés et plusieurs chefs d'accusation.

---

(1) 18 *Frim. an XIV.* Rej. COLLIN. Jour. des Aud. an
14 et 1806, p. 83. — Jur an 14 et 1806, p. 128.

(2) 27 *Brum. an XI.* Rej. *Dame BAYLE.* Jour. du Pal.
an 11, 1.ᵉ s. p. 341.

7.º *Ils peuvent être prononcés contre un ac-cusateur téméraire, au profit de l'accusé qui a été renvoyé absous.*

Contre un accusateur téméraire.

En vain voudrait-on distinguer entre l'ac-cusateur qui aurait agi méchamment et dans le dessein de nuire à l'accusé, et celui qui n'aurait agi que par erreur, et dirait-on: l'ac-cusation a été intentée de bonne-foi, et sans aucun dessein de calomnie; il y avait contre l'accusé un concours de présomptions assez puissantes, pour que l'on doive reconnaître au premier coup d'œil que l'accusation ne peut être arguée de calomnie ou de légèreté.

Si « cette exception n'avait pas été propo-
» sée devant les juges, (en dernier ressort)
» qui auraient rendu le jugement de condam-
» nation, elle ne pourrait plus être accueillie »
devant la Cour de cassation;

Et « le tribunal ayant jugé en fait qu'il y
» avait eu témérité dans la dénonciation, le
» jugement, *qui accorderait les dommages-
» intérêts*, ne violerait aucune loi. » (1)

8.º *Il ne peut être adjugé de dommages-intérêts à la partie qui a transigé, avec le pré-venu, sur le délit qui pouvait donner lieu à leur demande.*

Lorsqu'il y a eu transaction sur le délit.

Cette règle s'applique même en faveur des communes qui ont transigé sur les domma-ges-intérêts dont elles sont responsables aux termes de la loi du 10 vendémiaire an IV.

C'est-à-dire que « si après l'incendie de ma
» maison, je porte sur-le-champ une accusa-

____

(1) 1.ᵉʳ *Therm. an* X. Rej. *LAPORTE et consorts.* Jur. an 10, p. 350. — Jour. du Pal. an 10, 2. 8. p. 410

» tion à charge de ceux que je dis être les
» auteurs de ce délit; »

Si je transige de manière à ce que les inculpations soient détruites, et les torts justifiés;

« En prononçant, à charge de ma commune, des dommages-intérêts envers moi, les juges violeraient l'autorité de la transaction; » et fourniraient motif à la cassation de leur décision. (1)

Jurys maritimes.

9.° *Les jurys maritimes, ne peuvent, d'après la loi sur leur établissement, connaître de dommages et intérêts civils.*

Mais « de ce que la loi sur l'établissement des tribunaux maritimes ne réserve point de dommages-intérêts en faveur des prévenus acquittés, il ne s'en suit pas qu'elle abroge le principe général qui veut que dans ce cas on leur en accorde. » (2)

Autorise la contrainte par corps.

10.° *DOMMAGES-INTÉRÊTS (les) et réparations, envers la partie civile, auxquels un accusé a été condamné par les juges criminels, autorisent la contrainte par corps ;*

Voyez *Alimens*, page 130, nomb. 6. 2.ᵉ vol.

Voyez, en fait de dommages-intérêts principalement au *Traité de compétence*, § des tribunaux de police, pag. 195, nomb. 95 ; § des cours spéciales, pag. 259, nomb. 159 ; les mots

____

(1) 23 *Messid. an X.* Cass. *Commune de Saint-Martin du Bouleau.* Jour. du Pal. an 10, 2. s. p. 433.

(2) Voyez la note (1) 1.ᵉʳ *Therm.* p. précédente.

Acquittement, en matière criminelle, nomb. **2.** ; *Délit* forestier, et autres suivant les cas.

DON *mutuel, entre époux.*

1.º *Don* mutuel entre époux (le) est per-mis, *depuis la loi du 17 nivôse an II, même dans les pays où la loi municipale le défen-dait.*

Est permis par-tout où la loi de niv. an II a été publiée.

En vain dirait-on : la loi de nivôse , conserve toutes les formes anciennes de disposer, même entre époux , et n'innove que relativement à la faculté de disposer, plus ou moins éten-due : dans l'espèce, il ne s'agit pas de la fa-culté plus ou moins grande de disposer, mais, bien de la forme que l'acte devait avoir pour que la disposition fût régulière.

On répondrait : « les articles 14 et 61 de la » loi du 17 nivôse . . . permettent aux maris » et femmes de se faire tels avantages qu'ils » jugent convenables, en observant toutes les » formalités relatives à l'essence des actes et » à la capacité des personnes: d'où il suit que, » dans l'espèce, il n'y aurait pas lieu à ap-» pliquer la coutume d'Auvergne (ni aucune » autre) qui défendait les dons mutuels entre » époux. » (1) Voyez *Avantages* entre époux, nomb. **2.**

2.º *Dons* mutuels, (les) *de survie entre époux, n'ont point été soumis, après la loi du 17 nivôse an II, aux formalités prescri-*

De survie Coutume de Valenciennes.

---

(1) 25 *Fruct. an XI. Cass. Veuve Baisle.* Jur. an 12, p. 72. —— Jour. des Aud. an 12, p 78 — Bul. de la Cour, an 12, p. 421. —— Jour. du Pal. an 12, Coll. p. 142.

De survie. *tes par les ordonnances de 1731 et 1735, pour les donations entre vifs et les testamens.*

C'est ainsi que des époux domiciliés à Valenciennes, ayant stipulé, après mariage en l'an VII, que le survivant serait et demeurerait héritier universel des biens meubles et usufruitier des immeubles du prédécédé, à charge d'acquitter les dettes de la communauté; — que ces avantages n'auraient néanmoins lieu qu'autant que le prédécédé ne laisserait aucun héritier direct; auquel cas lesdits avantages seraient réduits au simple usufruit sans aucune charge des dettes:

« N'auraient fait ni un testament, ni une
» donation entre vifs, mais une disposition
» particulière autorisée par l'article 17 de la
» coutume de Valenciennes. »

Vainement aurait-on attaqué cette disposition comme étant nulle aux termes de l'art. 77 de l'ordonnance de 1735, qui prohibait les testamens conjonctifs, en ce qu'ils contiendraient des institutions réciproques d'héritier.

Car « l'art. 46 de l'ordonnance de 1731, et
» l'art. 77 de l'ordonnance de 1735, exceptent
» de leurs dispositions les dons mutuels et
» autres donations entre mari et femme après
» leur mariage; »

D'ailleurs « les articles 13 et 14 de la loi du
» 17 nivôse an II, autorisent les dispositions
» qui ont été faites *de la manière susdite*, et
» la coutume de Valenciennes, qui les régit,
» y est conforme; d'où il résulte que le juge-
» ment qui rejetterait la demande en nullité
» ne violerait aucune loi. » (1)

______

(1) 1.er *Vent. an IX.* Rej. *Les mineurs Guille.* Jur. notice, p. 405.

3.º *Dons* statutaires (*les*) , *du nombre des-* quelles *se trouve le tiers coutumier , sont-ils* abolis *par d'autres statuts postérieurs ?*

Ceux ouverts avant la loi du 17 *nivôse an II, sont-ils abolis , relativement aux enfans nés de mariages antérieurs ?*

Voyez le mot *Tiers-coutumier*, où ces questions sont traitées.

4.º *Dons* mutuels (*les*) *entre époux , faits après le mariage sous l'empire des anciennes ordonnances n'étaient point assujettis , à peine de nullité , à la formalité de l'insinuation* (*) *dans les quatre mois de leur date.*

La donation qui se trouvait, *au décès du prémourant*, ayant été insinué dans les quatre mois du décès de l'un des donateurs, était valable par rapport a cette formalité.

L'affirmatif des propositions ci-dessus résulte des principes de l'ancienne législation en matière de donation : écoutons la Cour de cassation dans le rapprochement des lois de la matière et dans la discussion quelle en a faite.

Mariage des époux en l'année 1792 , le 15 avril.

Le 9 thermidor an VIII , ils se firent , par acte notarié, donation mutuelle, *qualifiée entre vifs* , pure , simple et irrévocable, de tous les biens qui se trouveraient appartenir au prémourant au moment de son décès, pour. par le survivans, en jouir en toute propriété à compter de cette époque.

Le 19 fructidor an IX , décès de l'un des

(*) *Insinuation :* en jurisprudence, l'ainsertion sur un registre, ce que nous nommons maintenant *Transcription.* Voyez ces mots.

époux, sans postérité ; le 27 fructidor suivant, insinuation à la requête du survivant, de la donation du 9 thermidor an VIII, en vertu de laquelle il demande la délivrance des biens délaissés par l'époux décédé ;

Cette donation, attaquée de nullité pour défaut d'insinuation dans les quatre mois, a donné lieu au développement des principes ci-après ;

Premier principe.

5.º « *La donation du 9 thermidor an VIII,* » *quoiqu'elle soit qualifiée donation entre vifs,* » *n'est qu'une donation à cause mort ;* »

Cette vérité se prouve de la manière suivante ;

« La nature des conventions se doit déter- » miner, non par les qualifications qui leur » sont données, mais suivant la loi 219 *DE* » *VERBORUM SIGNIFICATIONIBUS ;* »

« L'article 894 du code civil définit la do- » nation entre vifs, conformément à la loi 1.re » ff. *DE DONATIONIBUS*, et à la loi 162 ff. *DE* » *REG. JUR. :* »

« Par l'acte du 9 thermidor, les époux ont » donné au survivant les biens que le prédé- » cédé laisserait après sa mort ; ces biens n'é- » tant ni certains, ni déterminés, ni présens, » ne pouvaient pas faire la matière d'une do- » nation entre vifs. »

Deuxième principe.

6.º « *Toute donation prend essentiellement* » *le caractère de donation à cause de mort,* » *lorsqu'elle est faite entre mari et femme ;* »

Principe conforme « aux lois romaines et à » l'art. 18 du tit. 1.er de l'ordonnance de 1747, » qui déclare passibles de substitution fidei- » commissaire, même après leur acceptation,

» les donations entre mari et femme ou au-
» tres donations à cause de mort ; »

7.º « *En supposant irrévocable la donation*
» *dont il s'agit, elle serait encore une dona-*
» *tion à cause de mort ; »* Troisième principe.

Car « les dispositions d'un contrat de ma-
» riage qui assurent aux futurs époux ou à
» leurs enfans à naître, tout ou partie des
« biens que tel . . . . laissera en mourant,
» sont irrévocables, et néanmoins qualifiées
» expressément donations à cause de mort
» par l'art. 3 de l'ordonnance de 1731; enfin,
» l'art. 13 parle également des dispositions
» contractuelles, qui, quoi qu'irrévocables,
» sont aussi des dispositions à cause de mort.»

8.º « *La donation dont il s'agit, étant à*
» *cause de mort et non entre vifs, n'est pas* Quatrième principe.
» *soumise, par les déclarations et ordonnances*
» *de la matière, à l'insinuation ; »*
Par les motifs expliqués au mot *Insinuation.*
voyez ce mot.

« En déclarant nul le don mutuel, du 9
» thermidor an VIII, faute d'insinuation
» dans les quatre mois de sa date ; il y aurait
» contravention et fausse application des lois
» de la matière, création d'une nullité et
» excès de pouvoir. » (1)
« Car les ordonnances n'ont voulu assujettir
» à la formalité de l'insinuation, à peine de
» nullité, dans les délais qu'elles fixent, que
» les donations qui sont réellement entre vifs

---

(1) 14 *P. air. an XIII.* Cass. BEUGON. Bul. de la Cour,
an 13 et 14, p. 318. — Jur. an 13, p. 340. — Jour. des
Aud. an 13, p. 400. — Jour. du Pal. an 13, Coll. p. 470.

» et de biens présens, sauf encore celles fai-
» tes aux contrats de mariage en ligne directe,
» qui ne sont considérées que comme des
» avancemens d'hoiries. » (1)

Fait pendant une maladie mortelle.

Coutume du Vermandois.

9.° *Don* mutuel (un) *entre époux, fait sous l'empire de la loi du 17 nivôse an II, n'est pas nul par la circonstance, que le prémourant l'aurait souscrit étant dans un état de maladie dont il serait décédé.*

Ce don peut être opposé à l'acquéreur, qui aurait acquis des héritiers dans l'intervalle du décès du donateur à la transcription de la donation.

En vain opposerait-on l'art. 50 de la ci-devant coutume de Vermandois; (*) et dirait-on que de l'application de cette règle il résulterait la violation de cette coutume, une fausse application de l'art. 61 de la loi du 17 nivôse an II, ainsi que la violation de l'art. 26 de la loi du 11 brumaire an VII, sur le régime hypothécaire.

On répondrait, avec M. *Daniel Proc. gén.*: la loi du 17 nivôse an II, a permis indéfiniment aux époux de s'avantager par testamens ou donations; et par là, elle a nécessairement affranchi le don mutuel de la condition prescrite par l'art. 50 de la coutume de Vermandois; c'est dans ce sens que la cour a déjà résolu la question par deux arrêts rendus le 12 fructidor an X, et le 30 messidor an XI.

---

(1) 25 *Vent. an XI.* Rej. *Neucourt.* Jour. du Pal. an 11, Coll. p. 338. —— Jur. an 11, p. 277.

(*) Lequel exige que les époux (qui se font don mutuel) soient sains de corps et non malades de maladie dont vraisemblablement ils seraient décédés.

En effet « la coutume de Vermandois, qui
» exigeait pour la validité de ces sortes de
» donations, que les époux fussent sains de
» corps et non malades de la maladie dont ils
» étaient décédés depuis, est aboli; cette con-
» dition, qui n'est point de l'essence du don
» mutuel, n'avait été prescrite par cet article,
» que par une suite de la prohibition faite
» par l'art. 47 de la même coutume; ... elle
» a cessé d'être obligatoire et l'art. 50 d'avoir
» force de loi en même temps que cette pro-
» hibition, par l'effet des lois nouvelles, et
» notamment des articles 14 et 61 de celle du
» 17 nivôse an II, qui, en rendant aux époux
» la faculté de s'avantager de toute manière
» indéfiniment, sauf la réduction en cas d'exis-
» tence d'enfans, ont, par le but et la géné-
» ralité de leurs expressions, aboli tous les
» obstacles qui interdisaient ou gênaient ci-
» devant l'exercice de cette faculté; ainsi on
» ne peut invoquer cet article contre le don
» mutuel dont il s'agit. »

« Par l'article 48 de la coutume de Ver-
» mandois, le don mutuel saisissait le dona-
» taire; il suit de cette disposition que la
» propriété des biens compris dans le don
» mutuel, passait, par le décès de l'un des
» époux, immédiatement de la tête de celui-
» ci, sur celle de son époux donataire; et
» par une conséquence ultérieure, que les
» héritiers de l'époux donateur, n'ayant
» jamais été saisis de la propriété de ces
» biens ne pouvaient valablement les vendre
» ni en transférer la propriété qu'ils n'avaient
» pas. »

« D'après l'art 28 de la loi de brumaire an
» VII, la transcription ne transmet à l'acqué

» reur que les droits que le vendeur a à la
» poursuite de l'immeuble vendu ; ainsi en
» ne s'arrêtant point à la vente (faite par les
» héritiers du donateur avant la transcription
» de la donation) ni à sa transcription ; et
» en ordonnant de préférence l'exécution du
» don mutuel, quoique transcrit postérieure-
» ment à la vente, les juges ne feraient que
» se conformer à la loi. » (1)

Régi par la loi du lieu.

10.º *Don* mutuel (*le*) *est régi par la loi du lieu où le mariage a été contracté, sans égard au lieu du décès.*

Voyez *Domicile*, nomb. 7. pag. 339.

Par les co-pro-priétaires.

Avec accrois-sement.

11.º *Don* mutuel (*le*) *fait par divers co-propriétaires, avec accroissement entr'eux, à mesure du décès des prémourans, est une donation permise.*

« Cet acte n'offre aucun caractère de subs-
» titution, soit dans son expression, soit dans
» l'intention secrète qu'on voudrait y suppo-
» ser. »

En effet « toute idée de substitution, fon-
» dée sur ce que le don serait fait avec droit
» d'accroissement des uns aux autres, à me-
» sure du décès du premier mourant d'eux,
» disparaîtrait, si l'on considérait que le droit
» d'accroissement ne serait stipulé que pour
» renforcer la disposition ; mais qu'au fond
» la disposition en aurait été inutile, et ne
» porterait sur rien, puisque chacun des *con-
» tractans* aurait déjà, et par acte, donné
» au dernier vivant tout ce qui lui apparte-

____

(1) 28 *Prair. an XIII.* Rej. *Héritiers Nivoix.* Jour. des Aud. an 13, p. 419.

» nait, aucun d'eux ne pouvant plus trans-
» mettre, et rien ne pouvant plus accroître
» aux autres ; »

« La clause, *qui serait insérée*, voulant
» que les survivans soient successivement sai-
» sis et mis en possession, ne prouverait pas
» d'avantage, puisqu'elle ne serait évidem-
» ment relative qu'à l'usufruit réservé, la
» propriété étant déjà transférée à celui qui
» survivrait : »

« Ainsi, dans l'espèce, l'acte dont il s'agit,
» ne présenterait dans sa qualification, dans
» son essence, et dans la volonté connue des
» parties, qu'une donation permise : »

« On ne pourrait dire que le jugement qui
» l'aurait confirmée, serait contrevenu aux
» articles 30 et 34 de l'ordonnance de 1747,
» concernant les substitutions, ni aux lois de
» 1792 qui les ont abolies. » (1)

DONATAIRE.

1.°*DONATAIRE* (l'héritier) *par donation an-*
térieure à la loi du 17 nivôse an II, qui avoit
reçu le don, a dû, pour conserver ses droits
à l'hérédité, après le 18 pluviôse an V, rappor-
ter à la succession ce qu'il avait reçu.

RÈGLES GÉNÉRALES. *Assujetti au rapport de la chose donnée.*

C'est-à-dire, qu'il n'a point été dérogé, par
le rapport de l'effet retroactif de la loi de
nivôse, à sa disposition qui ordonnait le rapport des donations.

En effet « les lois du 9 fructidor an III, 3
» vendémiaire an IV. et 18 pluviôse an V,
» qui ont rapporté l'effet rétroactif de celle

----

(1) 12 *Pluv. an IX.* Rej. LEMOINE. Jur. notice p. 397.

» de 17 nivôse an II, n'ont point dérogé à » l'obligation de rapport prescrit par l'art. 8 » de cette loi, lorsque les donataires veulent » participer aux successions des donateurs; » l'art 1.er de celle du 18 pluviôse an V, en » a seulement dispensé ces donataires . lors- » qu'ils ne veulent pas prendre part à ces » successions : »

« Il n'est donc pas douteux que l'objet des » donations faites auparavant la loi du 17 ni- » vôse, ne doive être rapporté à la masse » d'une succession (ouverte le 19 frim. an V.) » si les donataires veulent y prendre part. » (1)

2.º *Celui qui aurait été exempt du rapport, sous l'ancienne législation, et qui avait accepté la succession ouverte sous l'empire de la loi du 17 nivôse, n'a point été dispensé de ce rapport par l'article 1.er de celle du 18 pluviôse an V.*

« Il faut bien distinguer, *disait le Ministère public* sur cette proposition, dans la loi du 17 nivôse les dispositions rétroactives au 14 juillet et les dispositions pour l'avenir. Les premières sont abolies par la loi du 9 fructidor an III, et l'effet de leur abolition est réglé par les lois des 3 vendémiaire an IV et 18 pluviôse an V ; les secondes sont con-servées en leur entier. »

« La loi de Nivose, art. 9, assujettit au ra-port. même en renonçant, les donations posté-rieures à la publication. La différence des

---

(1) 23 *Messid. an IX.* Cass. *Héritiers* MILON. Bul. de la Cour, an 9, p. 288. — Jour. du Pal. an 10, 1. s. p. 125. — Jur. notice, p. 467.

antérieures et des postérieures est que l'héritier présomptif donataire peut conserver les anciennes en renonçant, et qu'il ne peut conserver les nouvelles même en renonçant; mais, dans l'un et l'autre cas, il ne peut venir à succession qu'en rapportant. »

« Lorsqu'on veut réduire au taux de la loi du 17 nivôse un donataire antérieur, soit étranger, soit devenu tel par sa renonciation, alors il invoque l'article 1.er de la loi du 18 pluviôse an V, pour conserver sa donation dans toute son étendue, conformément à la législation précédente. Mais lorsque le même donataire veut venir à succession, il faut qu'il se soumette à la loi qui lui défère la succession, et qui la lui défère sous la condition du rapport.... La loi qui défère au donataire une succession à venir à la charge de rapporter sa donation, ne lui ôte pas le droit acquis à sa donation; elle lui défère le droit non acquis à la succession, sous une condition qu'il doit remplir, s'il veut recueillir le bénéfice de l'hérédité. C'est ainsi que l'article 1.er de la loi du 18 pluviôse, en conservant au donataire antérieur, soit étranger, soit devenu tel par sa renonciation, l'entière exécution de sa donation, conformément à la législation précédente, n'empêche pas que s'il veut profiter de la succession qui lui est échue, depuis la loi du 17 nivôse, il ne soit tenu d'en remplir les conditions, et par suite de rapporter sa donation. »

« En juger autrement, ce serait blesser le
» système d'égalité que toutes les lois depuis
» le commencement de la révolution, ont eu
» pour objet d'établir; les successions doivent
» se régler par les lois établies lors de leur

» ouverture, et *le donateur* étant décédé pos-
» térieurement à la publication de la loi du
» 17 nivôse. *c'est un second motif* pour que l'ob-
» jet de la donation qu'il a faite auparavant,
» doive être rapporté à la masse de la succes-
» sion. si le donataire veut y prendre part : »

De même pour le cas où « l'acte par lequel
» il aurait reçu (le donataire) 30,000 francs,
» serait qualifié, dans l'acte même, de dona-
» tion entre vifs. bien que cette donation soit
» à charge, les juges n'en devraient pas moins
» juger d'après la législation concernant les
» donations, que la loi ne distingue pas dans
» sa disposition, les donations à charges des
» autres. « (1)

N'est assujetti aux dispossi-tions de la loi de nivôse an 2.

3.º DONATAIRE à titre singulier (*le*) n'a point été soumis aux dispositions de l'article 17 de la loi du 17 nivôse an II.

C'est-à-dire que : si j'ai été fait donataire respectivement avec mes cousins, par acte de 1791. et que d'après la loi du 17 nivôse nous avons abandonné par transaction aux héritiers légitimaires la moitié des biens de la succession au préjudice de nos droits comme donataires ; lesdits héritiers ont pu valablement aliéner les biens qui leur sont échus en partage : car, si, ayant des regrets de la transaction dont il s'agit, j'avais, après les lois des 9 fructidor an III et 3 vendémiaire an IV (*), demandé la nullité du partage,

---

(1) 16 *Brum. an XIII.* Rej. *Dame* PIGENAI. Jour. des Aud. an 13, p. 70. —— Jur. an 13, p. 84. —— Jour. du Pal. an 13, 2. s. p. 113.

(*) Qui ont rapporté l'effet rétroactif de la loi de nivôse an II.

réclamé

réclamé l'exécution de la donation, et formé contre les acquéreurs une demande en délaissement ;

Les juges auxquels mes demandes auraient été soumises, en disant que cette donation étant annullée, par la loi du 17 nivôse, ceux au profit de qui cette nullité aurait été prononcé, auraient eû, par l'art. 17 de cette loi, le droit de retenir, soit le sixième, soit le dixième, sur ladite donation ; que les héritiers n'auraient pu vendre, ni les acquéreurs acheter de bonne-foi les portions que les donataires auraient été autosisés à retenir sur les donations ; et en condamnant les acquéreurs à me relâcher ces portions de biens, auraient fourni motif à la réformation de leur décision.

Parce qu'en principe, « la donation, dont » s'agit, faite à moi et à mes cousins respecti- » vement de diverses parties de biens fonds » et rentes, n'aurait point été faite à titre uni- » versel, mais seulement à titre particulier ; » qu'ainsi les juges d'appel, en infirmant le » jugement de première instance (qui en or- » donnant l'exécution des donations auraient » maintenu indistinctement les acquéreurs en » question dans la possession des biens par » eux acquis) par rapport aux sixième et » dixième des acquisitions faites, de quelques » héritages compris dans ladite donation, au- » raient fait une fausse application de l'art. 17 » de la loi de nivôse, et commis une viola- » tion expresse de celle du 3 vendémiaire » an IV. » (1)

____

(1) 23 *Prair. an VIII,* Cass. *Legendre et consorts.* Bul. de la Cour, an 8, p. 247.

4.º « DONATAIRES (les) sont formellement
» exclus du droit de prendre part dans les ré-
» serves qui font parties des successions *AB*
» *INTESTAT.* »

« D'après les anciennes lois, la réserve faite
» par le donateur appartenait de plein droit
» au donataire, lorsque le donateur était dé-
» cédé sans en avoir disposé. »

» D'après la nouvelle législation, au con-
» traire, la totalité de la reserve dont il n'a
» pas été disposé, appartient aux légitimaires,
» sans qu'ils puissent être tenus d'en imputer
» aucune partie sur la légitime légale. » (1)

Enfin, « les articles 1 et 2 de la loi du 18 plu-
» viôse an V ne font que transporter aux lé-
» gitimaires la propriété de la réserve, ce que
» l'ordonnance de 1731 attribuait au dona-
» taire ou héritier contractuel ; mais étant
» constant en principe autresfois que les ré-
» serves devaient entrer dans la masse pour
» le réglement du montant des légitimes, les
» principes doivent être les mêmes aujour-
» d'huy (*), quoique ces réserves appartien-
» nent aux légitimaires et non plus à l'héri-
» tier, sans qu'il puisse en résulter, sur la do-
» nation ou l'institution elle-même aucun effet
» rétroactif contraire à l'esprit et aux dispo-
» sitions de la loi de pluviôse. » (2)

Voyez *Légitime* et *Reserves*, où les principes ci-dessus sont amplement développés.

---

(1) 1.er *Frim. an XI.* Cass. Frères CHASSAING. Bul. de
la Cour, an 11, p. 65.

(*) C'est-à-dire avant la publication du code civil.

(2) 12 *Germ. an XIII.* Cass. Les sœurs BOUCHER. Bul.
de la Cour, an 13, p. 270. — Jour. du Pal. an 13. 2. s.
p. 545. — Jour. des Aud. an 13, p. 137.

5.º *DONATAIRE* entre vifs (*l'émigré rayé*) Émigré rayé.
antérieurement à son inscription . peut suivre Compétence.
devant les tribunaux les contestations déjà
soumises à l'autorité administrative . relative-
ment aux biens qui font partie de la dona-
tion.

« L'émigré considéré comme donataire, par
» son contrat de mariage, des biens de sa
» mère, présens et futurs, ayant, indépen-
» damment du titre d'héritier, pour un tiers
» de celle-ci, qualité suffisante et l'égale pour
» faire valoir en exécution du sénatus con-
» sulte, du 6 floréal an X, et de son certifi-
» cat d'amnistie, du 19 messidor suivant,
» les droits qui lui étaient acquis sur les biens
» de sadite mère non aliénés ni vendus; il ne
» pourrait y avoir défaut de qualité dans sa
» personne pour les faire valoir, puisque ses
» droits deriveraient d'un titre antérieur à
» son émigration. »

« Le certificat d'amnistie *de cet émigré* et
» l'arrêté du Préfet de son département ac-
» cordant la main levée du séquestre, por-
» tant en faveur du gouvernement la reserve
» de tous les fruits provenant de ses biens,
» jusqu'à la délivrance de ce certificat; il en
» résulterait que, d'une part, il ne pourrait
» y avoir de contestation entre le gouverne-
» ment et l'amnistié, au sujet de la percep-
» tion ou de la restitution desdits fruits; et
» que, de l'autre, l'administration en lui ac-
» cordant ladite main levée aurait consommé
» tous ses pouvoirs; en conséquence il n'y
» aurait pas de raison pour que les contes-
» tations subsistantes entre *l'amnistié* et *les*
» *prétendans droits* à la succession de sa mère,
» fussent portées par-devant l'autorité admi-

» nistrative; au contraire, en saisissant les
» tribunaux, l'amnistié ne ferait que se con-
» former rigoureusement au décret impérial,
» du 30 thermidor an XII, qui veut que les
» contestations *de cette espèce* appartiennent
» aux tribunaux, sous la seule condition de
» ne porter aucune atteinte aux actes admi-
» nistratifs. » (1)

DONATIONS. (*)

De récolte de fruits pendans par racines.

1.° *DONATION* de biens ruraux (*une*) avec *la récolte des fruits pendant par racine*, n'est *point une donation de biens àvenir.*

» On ne doit point regarder comme dona-
» tion de biens àvenir la clause par laquelle
» le donataire veut que la récolte des biens,
» dont il s'est réservé l'usufruit, et qui se
» trouvera existante à son décès, appartienne
» à son donataire; car ce n'est évidemment
» pas là une donation de biens àvenir, puisque
» cette clause n'a d'autre effet que d'opèrer
» la consolidation de l'usufruit à la propriété;
» ainsi cette donation est parfaite, indépen-
» demment de ladite clause, qui est en quel-
» que sorte hors de la donation. » (2)

---

(4) 4 *Mars* 1806. Rej. *BALUSIÈRE.* Jour. du Pal. an 14, et 1806. Coll. p. 437. — Jour. des Aud. an 14 et 1806, p. 317.

(2.) 25 *Pluv. an III.* Cass. *MILHADE.* Jur. notice, p. 78.

(*) Les DONATIONS sont, en grande partie, réglées par la loi en vigueur au moment même où elles ont été faites; les effets qu'elles ont dûs ou doivent produire ont été fixés au même instant; il est donc du plus grand intérêt de connaître les anciennes règles de la législa- tion et de la jurisprudence, qui régissaient les donations AVANT LE CODE CIVIL, puisque c'est la vie de l'homme qui règle la durée du droit ancien sur cette ma-

2.° *Donations* contractuelles (*les*) « tirent
» *principalement leur caractère d'irrévocabi-*
» *lité de la circonstance de leur insertion dans*
« *les contrats de mariage ;* »

« Parce qu'on y stipule non seulement pour
» les époux, mais encore en considération des
» enfans à naître du mariage : raison pour
» laquelle toutes les dispositions qu'elles ren-
» ferment, sont de droit présumées irrévo-
» cables, à moins que leurs auteurs n'aient
» stipulé par une clause bien expresse leur
» révocabilité. »

« En considérant une donation, *par contrat*
» *de mariage*, comme irrévocable, son sort
» ainsi que les effets qu'elle a dû ou qu'elle
» doit produire, ont été fixés à l'instant même
» où elle a été faite. »

3.° « *Celles passées sous l'empire de la cou-*
» *tume de Normandie n'ont pu comprendre*

---

tière ; si des personnes de vingt-deux ans ont fait
donation, le 22 floréal an XI, et qu'elles vivent quatre-
vingts ans, ce qui est un terme d'existence assez ordinaire, les dons qu'elles auront faits ne seront ouverts
qu'en 1861, (le 12 mai), l'ancienne jurisprudence aura
donc encore cinquante-quatre ans à régir les donations
faites par ces personnes. C'est pourquoi nous avons
recueilli à ce mot, et rangé suivant les distinctions
qui leur sont propres, toutes les décisions de la cour
de cassation. N'ayant rapporté que ce qui est particulier aux donations, nous invitons le lecteur à consulter
les mots indiqués aux divers articles et généralement
tous ceux qui peuvent être en rapport avec les donations.

Par exemple : S'il s'agit de *donations déguisées*, ou
tacites, on devra consulter les mots *Vente* et *Rentes*. S'il
s'agit de réserves faites lors de la donation, il faut consulter le mot *Réserve* ; de même pour les formalités
d'insinuation et autres auxquelles elles étaient assujetties.

» *que les seuls biens qui étaient alors dans la*
» *libre disposition du donateur :* »

« D'où il suit, que les biens anciens (les
» propres), ayant une autre destination (que
» les donations), par l'art. 427 de la coutume
» de la ci-devant Normandie, qui *subsistait*
» *au moment du contrat* et défendait d'en
» disposer par donation à cause de mort ou
» par testament, ne pouvaient ni ne devaient
» être compris dans une institution contrac-
» tuelle. »

« En le décidant ainsi, les juges se confor-
» meraient exactement au texte et à l'esprit
» de ladite loi. » (1)

Entre concubinaires   4.º *DONATIONS* entre concubinaires (*les*) *fai-*
tes avant le code civil, sont valables encore
qu'elles surpassent ce qui est nécessaire à titre
d'alimens.

C'est à dire *qu'une donation ainsi conçue:* je
donne et lègue à . . . (concubine reconnue
par les circonstances de la cause) fille majeure, demeurant avec moi depuis nombre
d'années, en toute propriété, ma maison
de . . et tout ce qui en dépend — également
tous les biens par moi acquis depuis le jour de
mon acquisition de ma dite maison de.., enfin
tous les meubles meublans de cette maison,
à l'exception de l'argenterie et des tableaux :
doit recevoir son exécution.

Envain dirait on : ne point veiller à ce que
les héritiers légitimes ne soient point dépouil-
lés de leurs droits; ne point examiner si la

____

(1) 7 *Vent. an XIII.* Rej. *HUGUÈS et héritiers BESON-*
GNET. Jour. du Pal an 13, Coll. p. 314. — Jur. an 13, p.
193.— Jour. des Aud. an 13, p. 305.

concubine se trouve dans le cas de prétendre une pension alimentaire et, dans ce cas, ne point la borner à un simple usufruit; mais au contraire maintenir sans restriction la donation ci-dessus, toute considérable qu'elle est: c'est de la part des juges violer l'article 132 de l'ordonnance de 1629; c'est faire une fausse application des lois des 17 nivôse an II et 4 germinal an VIII: ces lois n'ayant nullement abrogé l'ancienne jurisprudence sur l'effet des donations entre concubinaires.

En principe « dût-on se référer aux dispo-
» sitions de l'ordonnance de 1629, il faudrait
» les prendre telles qu'elles avaient été mo-
» difiées par la jurisprudence des ci-devant
» cours de Parlement, qui admettaient, re-
» jettaient ou modifiaient les donations de
» l'espèce de celles dont il s'agit, selon les
» circonstances, et d'après les considérations
» qui militaient pour ou contre les donatai-
» res; »

« Les donations de l'espéce ont été le plus
» souvent maintenues, soit lorsqu'elles avaient
» pour cause la récompense de services ren-
» dus, et pour objet d'assurer des alimens
» aux donataires; soit lorsqu'elles étaient fai-
» tes entre des personnes libres. »

Ainsi lorsque les juges « auraient considéré
» *dans l'espèce*, qu'il résulte des circonstan-
» ces de la cause, que la volonté du testateur
» a été de récompenser personnellement la
» demoiselle . (la concubine) des soins qu'elle
» lui avait donnés constamment jusqu'à son
» décès; que l'un et l'autre étaient libres et
» non engagés dans les liens du mariage, et
» qu'enfin le legs n'excède pas la quotite dis-
» ponible par la loi; en maintenant ladite

» donation , ils ne donneraient point motif à
» reprocher leur décision. » (1)

Avancement d'hoirie.
Retour légal.

5.° DONATIONS (les) *faites par contrat de mariage , et en avancement d'hoirie ont pu , dans le cas du décès du donataire et de ses héritiers , autoriser envers l'ascendant donateur le retour légal ;*

Encore que le droit de retour ait été anéanti en matière de donation par nos lois nouvelles, et qu'il n'ait point été stipulé d'une manière expresse et littérale ; pourvu qu'il soit clairement et évidemment dans l'intention des parties.

« Parce qu'aucune loi ne fixant (en l'an 4
» par exemple) les termes dans lesquels la ré-
» serve ou le retour seraient exprimés, les
» juges ne pouvaient commettre de contra-
» vention, en décidant, *que le droit de retour*
» *pouvait être exercé sans stipulation ex-*
» *presse* ; surtout d'après des lettres du père
» de l'une des parties présent au contrat ; »
(2) ou autre circonstance plus amplement établie aux mots *Réserve* et *Retour.*

A l'égard des ex-religieux.

6.° DONATIONS (les) *faites aux ex-religieux depuis la loi qui ne reconnaît plus de vœux religieux , sont valables , sous le rapport de la capacité de la personne.*

Celles faites antérieurement à cette loi ont pu être validées par une ratification en forme.

----

(1) 1.ᵉʳ *Fructid. an XIII.* Rej. *Héritier* SENCENY. Jour. des And. an 13, p. 549. —— Jur. an 14 et 1806, p. 157. —— Jour du Pal. an 14, 1 s. p. 225.

(2) 11 *Brum. an XI.* Rej. MENARD. Jour. du Pal. an 11, 2. s. p. 113. —— Jur. an 11, p. 117.

« En effet, le législateur a déclaré dans le
» préambule de la loi de 1791, qu'il ne recon-
» naissait plus ni vœux religieux, ni aucun
» autre engagement contraire au droit natu-
» rel; ainsi en déclarant que la nouvelle
» législation avait fait cesser cette incapacité
» civile, les juges n'auraient fait qu'appliquer
» à l'espèce les dispositions de cette loi; »

7.º *S'il s'agissait d'engagemens matrimoniaux contractés en pays étrangers avant l'a-
bolition des vœux religieux en France;*

On dirait: « les parties contractantes ayant
» confirmé, ratifié et pris, même de nouveau
» sous l'empire des lois françaises, et pour
» quelque cause que ce pût être, tous les en-
» gagemens qu'elles auraient pris (en pays
» étrangers) lors de leurs conventions matri-
» moniales; les juges (en les validant) n'au-
» raient pas violés les lois anciennes, qui dé-
» fendaient aux individus, qui avaient fait
» des vœux religieux, de passer des contrats
» dépendans du droit civil; puisqu'à l'épo-
» que de la confirmation, de la ratification et
» de la reprise des engagemens contractés *en*
» *pays étrangers*, les lois françaises ne recon-
» naissaient plus ni vœux religieux ni aucun
» engagement contraire au droit naturel.
Ils se seraient au contraire « conformés aux
» véritables principes, en déclarant que le
» sort de l'obligation réciproque résultant de
» la ratification, ne dépendait pas des ancien-
» nes règles, mais bien de celles positivement
» établies par la nouvelle législation. » (1)

Faites en
pays étran-
gers,

---

(1) 3 *Flor. an XIII.* Rej. *Héritiers* DAVRILLI. Jour.
des Aud. an 13, p. 480. — Voyez la note (2) p. 380.

Voyez ci - devant *Don mutuel*, entre époux.

DONATION. *Entre époux.*

Ce qu'elles sont.

1.º « DONATIONS (*les*) par contrat de ma-
» riage *sont des actes à titre onéreux, qui ne*
» *peuvent s'assimiler à de pures libéralités ;*»
« Et qui doivent produire en conséquence
» l'effet de garantie attachée à des contrats
» de cette espèce. » (1)

Eventuelle.

2.º « DONATION éventuelle (*il y a*) *entre*
» *époux, dans la reserve stipulée entre mari*
» *et femme pendant leur vie, dans leur contrat*
» *de mariage.* »
» Cette réserve emportant donation éven-
» tuelle au profit du survivant, le droit d'en-
» registrement à percevoir, en vertu de cette
» réserve, est naturellement suspendu jusqu'à
» l'époque du décès du prémourant. » (2)
Voyez *Réserve.*

3.º DONATIONS entre époux (*les*) *faites au*
profit du survivant, par contrat de mariage,
antérieur à la loi du 5 septembre 1791, portant
que le donataire ne devra point se remarier,
sont valables.

Parce « qu'à l'époque de ce contrat de ma-
» riage, il n'existait aucune loi qui eût défendu
» aux conjoints la stipulation qu'en cas que le
» survivant passât à de nouvelles noces la

---

(1) 22 *Niv. an* X. Rej. MARCELIN. Jur. an 10, p. 200.
—— Voyez *Cassation*, matière civile, nombre 4.

(2) 3 *Niv. an XIII.* Cass. *Régie de l'enregist.* Bul. de
la Cour, an 13, p. 113.

» donation serait nulle ; et que la loi du 5
» septembre ne contient aucune disposition
» à cet égard. » (1)

4.º *Elles ne sont pas révoquées par la surve-*
nance des enfans issus d'un mariage subséquent
du donateur.

Par exemple : donation par contrat dé ma-
rige de la part de A.. à S .. sa future épouse,
le 15 prairial an II, sous la reserve de l'usufruit ;
mariage consommé ; décès sans enfans de la
demoiselle S... ; A. .. se remarie à demoiselle
G. .. ; il décède, laissant cette dernière enceinte : — les héritiers de la demoiselle S...
se mettent en possession et jouissance des
biens, dont A ... s'était reservé l'usufruit'

L'enfant postume de A..., dont son
épouse, demoiselle G..., était enceinte lors de
son décès, étant venu à mourir en l'an X,
laissant sa mère pour héritière ; cette dernière
n'a point eté fondée à demander aux héritiers de la demoiselle S..., la restitution des
biens donnés à leur auteur par A.... sous
le prétexte que la donation aurait été révoquée par la survenance de l'enfant né d'elle
et de A...

Envain aurait on dit : cette donation doit
au moins être réductible d'après la loi du 17
nivôse an II, aux termes des articles 13 et
14 qui restreignent en cas d'enfans la liberté
de disposer en faveur des époux.

On aurait pu répondre à cette demande :
« l'article 61 de la loi de nivôse n'a point ab-
» rogé l'article 39 de l'ordonnance de 1731,

Non révo-
quées par sur-
venance d'en-
fans.

______

(1) 22 *Niv.* an IX. Rej. MARTIN. Jour du Pal. an 9, 2.
s. n.º 3. p. 5.

» puisque cette loi ne traite pas de la révo-
» cation pour survenance d'enfans; »

« Cet art 39 de ladite ordonnance, ne per-
» mettait pas de révoquer les donations fai-
» tes entre époux, même par la survenance
» d'enfans; »

« Enfin, les articles 13 et 14 de la loi du 17
» nivôse, ne réduisent la donation faite entre
» époux qu'en faveur des enfans de leur
» union ou d'un précédent mariage du dona-
» teur; ainsi, les juges en rejettant votre de-
» mande n'auraient violé aucune loi. » (1)

Sont à cause de mort.   5.° *DONATIONS* mutuelles (*les*) *stipulées entre époux, par contrat de mariage, au profit du survivant, sont des dispositions à cause de mort.* (*)

« Une donation réciproque de cette espèce
» est une véritable donation à cause de mort;
» elle se réfère évidemment au temps de la
» mort, puisque c'est l'époux survivant qui
» doit en recueillir le fruit. »

« Par conséquent, *en rejettant la demande*
» *en nullité de cette donation, comme donation*
» *entre vifs,* les juges ne violeraient point les
» articles 1.ᵉʳ et 2 de l'ordonnance de 1731,
» qui sont uniquement relatifs aux donations
» entre vifs. » (2)

-----

(1) 29 *Messid. an XI* Rej. *Dame GIRAULT.* Jour. du Pal.
an 12, 1. s. p. 243. — Jour. des Aud. an 12, p. 65. — Jur.
an 12, p 21.

(*) Voyez ci-devant *Don* mutuel.

(2) 3 *Flor. an XIII.* Rej. *Héritiers D'AVRILLY.* Jour.
du Pal. an 14, 1. s. p. 113. — Jur. an 13, p. 345. — Jour.
des Aud. an 13, p. 480.

6.º *Les* donations *stipulées par contrat de mariage, avant la loi du 17 Nivôse an II, contraire aux lois anciennes, qui régissaient les parties, sont maintenues à l'égard des époux qui ont survécu à la loi nouvelle.*

Cette règle s'applique à une donation par contrat de mariage, faite en brumaire de l'an II, sous seing-privé, conformément à l'usage général de la ci-devant Normandie, et déposé chez un notaire en floréal suivant.

Par exemple, si l'époux donateur, déclare donner à sa future épouse, « en tant qu'il y est autorisé par le nouveau code, en pleine propriété, la moitié de tous ses biens... la totalité de ses meubles et effets mobiliers, en cas qu'elle lui survive sans enfans ; et qu'indépendamment de cette disposition, et dans le cas où elle serait restreinte par l'autorité de la loi nouvelle..., il donne tout ce que la loi nouvelle lui permet de donner ; il assure le droit de douaire et *remports* matrimoniaux, résultant de la ci-devant coutume de Normandie : entendu que la donation des biens fonds est absolue et sans condition, et que le cas de survie qui est prévu, n'a trait qu'à la donation des meubles. »

En vain attaquerait-on cet acte, sous le prétexte que la coutume de Normandie interdisait au mari toute disposition immobiliaire en faveur de sa femme ; et dirait-on qu'elle n'aurait droit sur les immeubles que pour son douaire ; et qu'enfin, les articles 400 et 422 du statut coutumier interdisait la transmission de propriété. (*)

(*) Tel est succintement l'exposé de la cause et des

On répondrait : « par l'article 61 de la loi
» de nivôse an II. toutes les lois, coutumes,
» usages et statuts contraires aux dispositions
» de cette loi sont abolis. »

« L'article 13 de la même loi est le seul ap-
» plicable a l'espèce présente, (à laquelle les
» lois des 22 ventôse et 5 fructidor an II
» sont étrangères.) puisqu'il s'agit d'avanta-
» ges stipules *entre époux encore existans,*
» par leur contrat de mariage; cet article
» prescrit que de tels avantages, sans dis-
» tinction, auront leur plein et entier effet. »
« Si la légalite de la » stipulation est exigée
» par l'article 14. c'est par rapport aux avan-
» tages faits entre époux . *dont l'un serait dé-*
» *cédé avant le* 14 *juillet* 1789; »

Or . « il n'est pas permis d'argumenter d'un
» article à un autre dans deux espèces tout-
» à-fait différentes, d'autant plus que si telle
» eût été l'intention des législateurs, ils se
» fussent exprimés dans l'article 13 comme
» dans l'article 15, et n'auraient fait des deux
» qu'un seul article. »
Mais, « les deux cas prévus par la loi sont
» bien différens, puisqu'au premier cas,
» (*de l'existence des époux lors de la pu-*
» *blication de la loi*), la nullité était répa-
» rable et n'avait encore acquis de droits
» à personne; tandis qu'au second cas, (*du*
» *décès de l'un des époux*), la nullité était
» irréparable . et aurait acquis des droits aux
» héritiers du jour du décès de l'un des
» époux. »

---

moyens nécessaires à connaître pour bien comprendre la
disposition de la cour , sur le pourvoi qui lui a été soumis.

Enfin, « cette disposition de l'article 13 de
» la loi du 17 nivôse n'est point révoquée par
» les lois des 9 fructidor an III, et 3 vendé-
» miaire an IV, qui ont rapporté l'effet ré-
» troactif de la loi du 17 nivôse. parce que
» cette loi, en validant entre époux encore
» existans, des avantages qui devenaient gé-
» néralement permis à tous les époux, avant
» qu'aucun droits sur iceux eussent été acquis
» à des tiers, n'opérait en réalité aucun effet
» rétroactif; »

« Ce qui résulte evidemment de la disposi-
» tion de la loi du 9 fructidor an II. dans sa
» réponse à la 35.e question proposée sur le
» sort des dispositions entre époux, lorsque,
» faites avant la promulgation de la loi de
» nivôse an II, elles excédaient le point
» indiqué, soit par les conventions, soit par
» les lois d'alors, puisqu'il est répondu que,
» s'il s'agit des dispositions dont l'effet ait
» été ouvert avant la publication de cette
» loi, elles doivent être ramenées à ce terme;
» mais qu'à l'égard des dispositions dont l'effet
» s'est ouvert depuis, elles n'ont d'autres rè-
» gles que les articles 13 et 14 de la susdite loi
» de nivôse an II. » (1)

7.º DONATIONS (les) *faites par contrat de*
mariage, de la part d'une époux à l'autre, de
biens présens et spécifiquement désignés, n'était
point nulle à défaut d'insinuation dans les qua-
tre mois de sa date. (*)

De biens
présens.

---

(1) 21 *Brum. an XIV.* Rej. *Collatéraux* PINEL. Jour.
du Pal. an 14, 1.ᵉ s. p. 193. — Jour. des Aud. an 14 et
1806, p. 84.

(*) Voyez la nature des donations de biens présens,
à l'article *Don* mutuel qui précède.

En effet « en considérant une donation de
» cette espèce comme donation à cause de
» mort dont l'insinuation pouvait être omise,
» sans encourir la peine de nullité, les juges
» ne feraient en cela qu'une interprétation
» conforme à la disposition des lois. » (1)

DONATION. *Entre vifs.*

Démission de biens.

1.º **DONATIONS** (*doivent être considérées comme des*) *entre vifs les démissions de biens irrevocables, aux termes de quelques ci-devant coutumes.*

« Ces démissions étant de leur nature irré-
» vocables ; elles ont par cela le caractère de
» donation entre vifs. » Voyez *Démission* de biens, nomb. 1.

De choses éventuelles.
Coutume de Cambrésis.

2.º Celle *qualifiée entre vifs, sous l'empire de la coutume de Cambrésis, par un vieillard de quatre-vingt-quatorze ans, un mois avant sa mort, et contenant, de la part du donateur, une expropriation actuelle des biens donnés, ne peut être considérée comme une donation à cause de mort.*

La donation d'une année de fermages, non échus lors du décès du donateur, avec réserve de l'usufruit des choses données, ne pourrait point changer le caractère de cette donation.

En vain dirait-on : que la clause relative au fermage de l'année du décès du donateur, présenterait une véritable disposition à cause de mort, et faite en vue de la

____

(1) 8 *Vend. an XIV.* Rej. *Héritiers PAULE.* Jour. du Pal. 1806, 1. s. p. 33. —— Jour. des Aud. an 14, p. 27.

mort ;

mort; une donation d'une chose à venir et purement éventuelle, dont il n'aurait pu être fait de tradition réelle, puisqu'elle n'existait pas encore, et que l'année du décès du donateur était incertaine; ... qu'enfin cette donation devait être considérée à-la-fois comme lucratoire et comme faite en maladie avec danger de mort, et en contravention à l'article 4 du titre 3 de la coutume de Cambrai.

Ces moyens succomberaient par les motifs: « que cette donation serait remunératoire, » (*) et non lucratoire; que, *dans l'espèce,* » rien ne prouvait que le donateur, malgré » son grand âge, fût atteint de maladie dan- » gereuse; que cette donation ne serait point » conférée après la mort; qu'elle serait entre » vifs et irrévocable, puisque la propriété des » biens serait abandonnée au donataire dès » l'instant même de la donation, perpétuelle- » ment et à toujours; qu'ainsi elle ne violerait » ni l'article 4 du titre 3 de la coutume de » Cambrai, ni aucune loi »

Parce « qu'enfin, en ordonnant que la der- » nière année de jouisssance des biens don- » nés appartiendrait au donataire, le do- » nateur n'aurait fait que modifier l'usufruit » qu'il se serait réservé, et que la simple » raison ne permet pas de regarder une telle » modification comme une donation de biens » à venir. » (1)

(*) C'est-à-dire, qu'elle serait la récompense des services rendus au *donateur* par le *donataire,* opposée à la donation lucratoire, en ce qu'elle est l'effet de la reconnaissance et non celui de la générosité.

(1) 14 *Flor. an XI.* Rej. *Driancourt et consorts.* Jour. du Pal. an 12, Coll. p. 275.

3.º *N'est point* DONATION *entre vifs, celle faite par contrat de mariage, lorsque le donateur stipule que le donataire ne pourra prendre les choses données, qu'après son décès.*

En effet, « une donation faite dans un » contrat de mariage, bien qu'elle soit qua- » lifiée entre vifs, ne peut être jugée telle, s'il » a été stipulé par le donateur qu'elle n'aurait » son effet qu'après sa mort, et dans le cas » seulement où il n'aurait aucun enfant à lui » survivant; *disant :* que ce ne serait qu'à cette » époque que son donataire prendrait la pro- » priété et jouissance des biens à lui donnés, » et non plutôt. »

« Il résulterait d'une disposition ainsi con- » çue, que le donataire n'aurait été ou ne » pourrait être saisi de rien avant le décès » du donateur; d'où il résulterait que ladite » donation, ainsi dépourvue du principal ca- » ractère distinctif d'une donation entre vifs » proprement dite, ne pourrait valoir comme » telle, puisque le donateur ne transmettrait » rien à son donataire, ni en propriété, ni en » usufruit avant sa mort; »

Mais, « bien qu'elle ne puisse valoir comme » donation entre vifs, rien n'empêcherait ce- » pendant qu'elle ne puisse être soutenue » comme donation à cause de mort, et qu'en » la considérant comme telle, elle ne puisse » participer à la nature de l'institution contrac- » tuelle; et qu'en conséquence, elle ne soit » irrévocable. » (1) Voyez les §. des *Dona-* » *tions irrévocables* et *de leur forme.*

---

(1) Voyez la note (1) page 374.

4.º *DONATIONS* (les) *légalement faites*, en faveur de mariage, *sous l'empire de la coutume de Normandie, avant* 1789, *par les pères ou mères, à des enfans mâles. n'ont point été assujetties au rapport en faveur des filles*, lorsque les donataires avaient renoncé aux successions.

L'appel des filles, par les nouvelles lois , au partage égal des successions, n'a rien changé à cette règle.

Ces règles se vérifient par la disposition de l'article 1.ᵉʳ de la loi du 18 pluviôse an V, « lequel a maintenu les donations entre » vifs et autres dispositions irrévocables de » leur nature , légitimement stipulées , en » ligne directe , avant la publication de la loi » du 7 mars 1793 , tant sur les successions » ouvertes que sur celles qui s'ouvriraient à » l'avenir ; »

D'où il suit , « qu'une donation faite, le 24 » avril 1784 , a été , dès ce moment , d'après » la coutume de Normandie , à l'abri de toute » espèce d'atteinte de la part *des co-héritières* » *du donateur*, qui avaient été mariées et » dotées en 1767; car, quoique d'après les » dispositions de cette coutume , les dona- » tions faites à quelques uns des enfans fussent » sujettes au rapport lors de l'ouverture de » la succession ; il n'y avait néanmoins que » les enfans mâles qui eussent le droit, en » qualité d'héritiers , de demander le rap- » port, pour faire cesser à leur égard l'iné- » galité ; »

Mais , « il n'en était pas de même à l'égard » des filles qui avaient été mariées ; puisque » la coutume les excluait formellement de ce » droit. »

Bb 2

Donc, « la révocabilité des donations n'était
» pas absolue ; elle était uniquement relative
» aux intérêts des enfans mâles. »

Enfin , « les juges se conformeraient aux
» vrais principes , en déterminant le sort
» de la donation dont il s'agit , d'après les
» droits que les lois en vigueur à l'époque de
» cette donation , attribuaient irrévocable-
» ment aux parties , puisque les lois relatives
» au nouvel ordre de succéder sont sans
» application , dès que le donataire a déclaré
» qu'il n'entend pas s'immiscer dans la succes-
» sion. » (1)

Mort du dona-
teur dans les
trois mois.
Coutume de
Normandie.

5.º *Donations (les) faites en Normandie,*
depuis la loi du 17 *nivôse an II , n'ont pas été*
annullées par le décès du donateur dans les
trois mois

C'est-à-dire qu'une donation faite à Caën,
le 8 floréal au X , n'a point été annullée par
le décès du testateur arrivé le 22 du même
mois.

Envain les héritiers du donateur querel-
leraient-ils cette donation , comme n'étant
pas faite trois mois avant le décès : et soutien-
draient-ils que l'art. 423 de la coutumne de
Normandie était encore en vigueur à cette
époque , soit qu'il fût considéré comme appartenant aux formes de l'acte , soit comme
réglant la capacité du testateur.

Car « il résulte évidemment du texte de
» l'article 61 de la loi du 17 nivôse, comparé
» avec l'article 74 de l'ordonnance de 1734,
» que la condition de survie de trois mois,

---

(1) 2 *Pluv. an XII.* Rej *Dame* Duval-Poutrel. Jour.
des Aud. an 12, p. 263. —— Jur. an 12, p. 261.

» était abrogée à l'époque susdite, du décès
» du donateur. » (1)

« Cet article a aboli toutes lois et coutu-
» mes relatives à la transmission des biens
» par donations, et a confirmé par son art. 14
» toutes celles entre vifs qui auraient lieu à
» l'avenir, sans rappeller les conditions ou
» les délais de survie dont parlaient certai-
» nes coutumes;

« Ainsi on ne peut plus invoquer les dis-
» positions de l'article 243 de celle de Tours, »
à l'égard d'une donation entre époux faite,
en l'an VII, 9 jours avant le décès du donateur. (2)

6.º *Donations (les) à charge de rentes via-*
gères ou à fonds perdus, ont pu être valable-
ment faites au profit des successibles ou de leurs
descendans, depuis la loi du 4 germ. an VIII.

C'est-à-dire que, l'article 26 de la loi du 17
nivôse an II a été abrogé par la susdite loi
de germinal.

Vainement dirait-on pour le soutien de la
thèse contraire : un des motifs qui ont fait interdire les ventes à fonds perdus, c'est que
le même contrat renferme un titre gratuit
et un titre onéreux ; qu'on est sans base
pour estimer ce qui appartient à chacun de
ces titres, et qu'alors on ignore si la libéralité excède la portion disponible, et si les lois
ont été transgressées ;

Coutume de Tours.

A charge de rente viagère, ou à fonds perdus.

---

(1) 18 *Fruct. an XIII.* Rej. *Héritiers* Quesnai. Jur. an
14 et 1806, p. 83.

(2) 30 *Messid. an XI.* Rej. Chateau-Chalons. Jur.
an 11, p. 345.

A charge de rente viagère, ou à fonds perdus.

La loi du 4 germinal a apporté de grands changemens à celle du 17 nivôse ; mais elle a voulu , comme la dernière qu'on se renfermât dans le cercle qu'elle a tracé ; elle n'a pas autorisé les héritiers à recevoir une libéralité qui excèdât la portion disponible. . . ;

Le motif qui a dicté l'art. 26 de la loi du 17 nivôse , et qui tenait à la difficulté de séparer dans une vente à fonds perdus , la vente de la donation , de distinguer le titre onéreux du titre gratuit , subsistait après la publication de la loi du 4 germinal. Donc cette loi n'a pas abrogé l'art. 26 de celle du 17 nivôse.

On repousserait ce raisonnement, par les observations suivantes « que si le n.º 55 de la loi » du 22 ventôse an II, *en interprètant* l'art. 26 » de celle de nivôse . donne à cet article le » motif de la difficulté de trouver une base » d'estimation dans une vente à fonds perdu, » c'est toujours dans le systême de la prohi-» bition de tous avantages en faveur des » successibles : prohibition qui , dans le fait, » est le but principal de la loi. »

« Que la loi de germinal an VIII, ayant » aboli cette prohibition absolue, et l'ayant » remplacée par la faculté de disposer, même » en faveur des successibles, jusqu'à concur-» rence du quart, de la moitié, des trois » quarts, ou de la totalité de l'hérédité, selon » les cas qu'elle a déterminés, les articles 16 » et 26 de ladite loi de nivôse sont tombés » avec leurs motifs et leurs conséquences ; »

Or, « dans un tel état de choses, il n'y a » pas de raison pour soutenir qu'une vente » à fonds perdus, et une donation à charge » de rente viagère, en faveur, soit d'un suc-

» cessible, soit de ses descendans, continuent
» d'être défendues ; »

Enfin, « la loi du 4 germinal an VIII, ayant
» déclaré dans ses articles 1.er et 5, que tou-
» tes libéralités qui seraient faites, soit par
» acte de dernière volonté, soit par acte en-
» tre vifs, dans les formes légales, seraient
» valables, lorsqu'elles n'excèderaient pas la
» portion disponible des biens du donateur,
» encore qu'elles fussent faites au profit des
» enfans ou autres successibles du disposant;
» ayant abrogé par son art. 6, toutes lois con-
» contraires ; il est devenu indifférent, à
» compter de la publication de cette loi, que
» les libéralités soient faites au profit des suc-
» cessibles, sous la forme de donations à ren-
» tes viagères, ou de ventes à fonds perdus,
» pourvu qu'elles n'excèdent pas la quotité
» dont cette même loi accorde la liberté de
» disposer. » (1)

7.º « DONATIONS (les) *faites à des enfans*   Aux enfans
» *à naître ont été considérées, par le législa-*   à naître.
» *teur (de 1731) comme des donations entre*
» *vifs.* »

Elles « doivent être, aux termes des articles
» 1.er et 2 de l'ordonnance de 1731, faite par
» acte notarié, *à peine de nullité.* »

En effet « l'exception portée dans l'article 46
» de l'ordonnance de 1731, ne frappe que
» sur les donations faites par un père de fa-
» mille aux enfans étant en sa puissance,
» et, dans l'espèce, le donateur n'est point

---

(1) 21 *Vent. an XIII.* Cass. *LESERGEANT.* Jour. des Aud.
an 13. p. 297. — Jur. an 12, p. 247. — Jour. du Pal.
an 14, Coll. p. 28.

» père de famille, et n'a point d'enfans sous
» sa puissance; »

« D'ailleurs les donation faites à des enfans
» à naître étant comprises dans les disposi-
» tions des articles 10, 11 et 17 de la susdite
» ordonnance, elles ne peuvent être regar-
» dées comme prévues par l'art. 46. » (1)

Révocation.

Avant le code civil.

8.º *Donation (une) à titre gratuit, entre vifs, faite avant le code civil, était revoquée de droit par la légitimation d'un enfant naturel opérée par un mariage subséquent; encore que la naissance de cet enfant fut antérieure à la donation.*

C'est-à-dire que, si par suite d'un fidei-commis établi par mes ancêtres, je suis appellé à recueillir des biens, dont je ne me sois départi que par une donation éventuelle de mes droits à ma nièce, à charge par celle-ci de me payer une pension viagère dans le cas où elle recueillerait ledit bien pendant ma vie; elle a pu recueillir les biens dont s'agit en vertu de ma dite donation : mais, si par suite j'ai contracté mariage, et si en même temps j'ai reconnu un enfant naturel né de mon épouse avant la donation dont il s'agit, la reconnaissance de cet enfant, faite avant le code civil, a annullé la donation, et je peux redemander à ma nièce les biens dont elle aurait pris possession en vertu d'icelle.

Envain ma nièce dirait-elle que j'aurais pu renoncer à mes droits éventuels, sans que la renonciation fût révocable par survenance ou légitimation d'enfans; et que la loi des 14

______

(1) 16 *Fruct. an VII*, Cass. Montezon. Jur. notice, p. 241.

octobre et 25 novembre 1792, qui a aboli les substitutions, attribuait la pleine et entière propriété des biens substitués à celui qui les possédait.

Vainement dirait-elle : le système de la révocation pour cause de légitimation n'a été introduit que dans le sens de la disposition générale, pour le cas où le donateur n'eût pas d'enfant au temps de la donation ; mais, dans l'espèce où il existait un enfant, alors le donateur a nécessairement voulu restreindre son pouvoir de lui faire du bien, il n'y a plus lieu à appliquer le motif de la loi *SI UNQUAM*, 8.ᵉ au cod. *DE REVOC. DONAT.*

Je lui répondrais, *avec M. ARNAUD, Subst. du Proc. gén.*, la jurisprudence antérieure à l'ordon. de 1731 a été jadis fixée, contre votre système, par deux arrêts des 19 février 1544 et 4 février 1606; si le législateur d'alors avait voulu la modifier, il aurait sans doute ajouté, comme le code civil, (art. 360) une expression positive à ce sujet :

Enfin, « ma renonciation (au fidei-com-
» mis en votre faveur) étant conditionnelle
» et faite avec réserve (de ma pension viagère)
» c'était une véritable donation en votre fa-
» veur ; d'après l'article 39 de l'ordonnance
» de 1731 , la légitimation d'un enfant na-
» turel par mariage subséquent avait l'effet
» de révoquer les donations entre vifs, même
» postérieures à la naissance de cet enfant ;
» d'ailleurs les substitutions n'ont dû avoir
» d'effet qu'en faveur de ceux qui avaient
» recueilli les biens substitués ou de ceux
» qui avaient droit de les réclamer ; j'ai re-
» cueilli ceux dont il s'agit par vos mains ,

» j'ai conservé le droit de les reclamer en
» certains cas, par l'acte de donation. »(1)

DONATIONS. *Déguisées* ou *tacites.*

Sous l'apparence d'un contrat de rente.

1.º *DONATION* déguisée (*une*) *sous l'apparence d'un contrat de rente , n'est pas nulle à défaut d'insinuation.*

En d'autres termes : si mon père a consenti au profit de sa domestique, par acte sous seing-privé du 21 decembre 178S , une rente viagère d'un prétendu capital reçu ; mais ,qu'il apparoisse, d'une contre-lettre souscrite par cette femme, que cette constitution n'était qu'une libéralité déguisée , qui resterait sans effet, si elle se mariait, ou si elle ne servait pas mon père jusqu'à sa mort : je ne pourrais, après le décès de mon père , induire du rapprochement de ces deux actes qu'ils contiennent une donation à cause de mort , ou une donation entre vifs qui serait nulle à défaut d'insinuation :

D'abord, « il n'y aurait point disposition à cause de mort, *disait* M. MERLIN , car l'acte affecte, *dès-à-présent*, les biens du constituant : et quoique le droit ne puisse être exercé qu'après la mort du constituant, le fonds du droit n'en est pas moins acquis à l'instant même. (L.45, § 3, ff. *DE VERBORUM OBLIGATIONIBUS.*) »

« Ce n'est pas un don entre vifs, le contrat étant commutatif, puisque la récompense ne devait appartenir qu'à un service jusqu'à la mort. »

« Dans tous les cas, il n'aurait pas été nécessaire d'employer les formalités prescrites

______

(1) 28 *Frim. an XIII.* Rej. *Dame VILLERS-LAFAYE.*
Jur. au 12, p. 184. —— Jour. des Aud. an 13, p. 72.

pour les donations, la loi n'ayant exigé ces formalités que pour les actes qui avaient le caractère extérieure et positif d'une donation. »

Enfin « les juges ne seraient contrevenus à
» aucune loi en décidant que les deux actes
» du 21 décembre 1788, réunis, présentaient
» des engagemens réciproques consentis par
» les parties y dénoncées ; qu'ils n'étaient
» révocables que de leur consentement mu-
» tuel, sauf le cas d'inexécution de l'une ou
» des deux conditions y établies ; »

Non plus « qu'en maintenant, les cas pré-
» vus n'étant point arrivé, les deux actes ;
» soit comme irrévocables et comme non ré-
» voqués, soit comme n'étant point soumis
» aux dispositions de l'ordonnance des donations du mois de février 1731. » (1)

2.º *DONATION* (la) *déguisée sous la forme d'une vente, au profit de celui qu'on a voulu avantager, en pays de droit écrit, n'était point nulle.*

Sous l'apparence d'une vente.

Lois romaines.

Décisions controversées

« Parce que les donations tacites, c'est-à-
» dire, celles qui sont déguisées sous les ap-
» parences de la forme des contrats commu-
» mutatifs, à titre onéreux, sont permises et
» autorisées par les lois romaines ; »

Or « ces lois formant le droit commun du
» pays où les parties étaient domiciliées et où
» les biens étaient situés, l'une a pu disposer,
» dans la forme d'une vente à fonds perdu,
» de la généralité de ses biens en faveur de
» *l'autre partie ;* quoiqu'elle ne fût pas sa

---

(1) 13 *Vend. an X.* Rej. *Hér:tiers GAUTIER.* Jour. du Pal. an 11, 1. s. 119.——— Jur. an 11, p. 30.

» seule successible, et que *d'autres* eussent un
» droit égal à sa succession : »

D'autant plus, « qu'au 4 mars 1793, épo-
» que de ladite vente, nulle loi prohibitive
» ne gênait, ni n'entravait la liberté à cet
» égard, et que l'on pouvait alors disposer au
» préjudice de certains de ses successibles,
» sans que la disposition put être imprégnée
» de fraude ; suivant cette maxime si con-
» nue : *MULTA DICUNTUR FIERI IN PRÆJUDI-*
» *CIUM, QUÆ NON FIUNT IN FRAUDEM.* »

« Les lois nouvelles sont parfaitement d'ac-
» cord sur ce point avec les lois anciennes,
» elles ont nécessairement supposé l'existence
» des donations tacites, et la possibilité de
» disposer de cette manière, puisque l'art. 26
» de la loi du 17 nivôse an II. révoque ex-
» pressément toutes les donations à charge
» de rentes viagères, et les ventes à fonds
» perdu, faites en ligne directe ou collatérale,
» depuis le 14 juillet 1789 : preuve certaine
» que le législateur a mis cette dernière es-
» pèce de contrat sur la même ligne que la
» donation proprement dite ; comme l'art. 7
» de la loi du 18 pluviôse an V, en rapportant
» l'effet rétroactif de la précédente, et en
» comprenant dans sa disposition les rentes à
» fonds perdu, comme les donations à charge
» de rente viagère, a bien certainement en-
» tendu par-là décider, que ce contrat parti-
» culier était une espèce de donation tacite. »
(1)

C'est ainsi que la section civile de la cour

---

(1) 6 *Pluv. an XI.* Cass. après partage d'opinions.
Frères HENRY. Bul. de la Cour, an 11, p. 135. — Jour.
du Pal. an 11. 2, 5. p. 33. — Jur. an 11 201.

a encore jugé le 7 frimaire an XIII, en cassant un arrêt d'appel qui avait prononcé au contraire : (*) cependant,

La section des requêtes a jugé la même question dans le sens opposé et en ces termes :

« Les lois des 17 nivôse an II et du 4 ger-
» minal an VIII, en introduisant un droit
» nouveau relativement à la quotité des biens
» disponibles, n'ont rien statué à l'égard de
» la forme des actes par lesquels il serait per-
» mis de disposer à titre gratuit; d'où il
» résulte que les lois antérieures à ce sujet
» ont dû continuer de recevoir leur exécu-
» tion. »

Or « d'après la disposition de ces lois, et no-
» tamment de l'ordonnance de 1731, il n'exis-
» tait que deux manières de disposer à titre
» gratuit; savoir, par donation entre vifs ou
» par testament; chacune desquelles était
» assujettie à des formes particulières, dont
» l'inobservation entrainait la peine de nul-
» lité. »

« D'où il suit que, lorsqu'un acte ne con-
» tient pas la mention expresse, de la part
» d'une des parties, de disposer en faveur de
» l'autre à titre gratuit; et que, sans être re-
» vêtu des formes particulières à ce genre
» de disposition, il ne contient que la simple
» énonciation d'un contrat commutatif et à
» titre onéreux, il ne peut être regardé comme
» donation, par cela seul qu'il ne peut valoir
» comme contrat commutatif. »

« Car, autrement ce serait tromper la sage
» prévoyance du législateur qui, en exigeant
» l'énonciation expresse de l'intention de dis-

(*) Voyez la note de la page suivante.

» poser à titre gratuit, et le soumettant (*l'acte*)
» à l'accomplicement de certaines formali-
» tés, n'a évidemment eu d'autre objet que
» de garantir les donateurs des surprises qu'on
» pourrait leur faire, en déguisant, sous l'ap-
» parence d'un contrat onéreux, une véri-
» table libéralité qui n'était point dans leur
» intention ; et de dispenser, par ce moyen,
» le donataire des obligations résultantes d'une
» donation expresse, telles que la nécessité
» de l'insinuation, la révocation pour cause
» d'ingratitude, de survenance d'enfans, et
» autres cas semblables. »

« D'où il suit que les juges, lorsqu'ils sont
» convaincus, par l'instruction qui a eu lieu
» au procès, que les actes de vente dont il
» s'agit ne sont point sérieux, et que le prix
» n'en a point été payé, ne doivent point
» supposer que l'intention du vendeur eût
» été d'en faire donation, lorsque cette vo-
» lonté n'y est point exprimée. » (1)

Sous la forme   3.° DONATION (la) *déguisée sous la forme*
d'une vente,   *d'une vente, faite sous l'empire de la loi du*

---

(1) 8 *Frim. an XIII.* Rej. DALLAC. Jour. du Pal an
13, 2. s. p. 33. — Jour. des Aud. an 13, p. 244. — Jur.
an 13, 258. — *Nota.* M.ʳ DENEVERS, greffier de la cour,
(et en cette qualité plus à porté qu'aucun autre de
connaître les opinions et ce qui se passse dans l'intérieur de ses délibérations,) nous assure que la section
des requêtes n'avait point connaissance de l'arrêt du 7
frimaire, (la veille) rendu par la section civile, et que
la section des requêtes a examinée la question comme
si elle avait eu à statuer sur l'opposition à l'arrêt par
défaut du 6 pluviôse an XI. *C'est cependant ce que nous
ne concevons pas trop, l'arrêt de l'an XI étant rendu sur
le pourvoi des frères* Henry *contre* Géant *et consort; et
celui dont il s'agit sur celui de* Dallac, *etc.*

17 nivôse an *II*, à l'époux divorcé d'un successible . est valable.

En effet « dès lors que le contrat porte tous
» les caractères d'une vente à prix déter-
» miné ; cette vente qui, d'après la loi . aurait
» pu être faite à un successible, l'aurait été
» (en la personne de l'époux divorcé) à un
» étranger, à l'egard du vendeur ; ainsi en la
» confirmant, les juges ne seraient contre-
» venus ni à la loi du 17 nivôse an II, ni à
» celle du 22 ventôse suivant, qui ne peuvent
» être applicables à l'espèce. » (1)

4.º *DONATIONS* déguisées (*les*), *et les actes
réputés tels par la loi du 17 nivôse an II, faits
sous le régime de cette loi, ne peuvent être
attaqués de nullité par* les héritiers naturels
de ceux qui les ont souscrits, lorsque leur décès est postérieur à la publication du code
civil.

C'est-à-dire « que d'après les principes qui
» suivent, lesdits héritiers n'ont ni droit ni
» qualité pour attaquer ces actes. »

En vain, ces héritiers s'appuiraient-ils, de
l'ordonnance de 1731, de l'art. 57 de la loi de
nivôse an II, et des articles 750 et 893 du
code civil.

Il suffirait de leur opposer; « qu'il était re-
» connu, dans l'espèce, qu'à l'époque du
» décès du donateur, la promulgation du titre
» 1.er du liv. 3 du code civil, intitulé *des suc-
» cessions*, était faite, d'après le mode pres-
» crit par son article 1.er, dans le lieu où s'est
» ouverte sa succession. »

à l'époux
divorcé d'un
successible.

*Attaquées de
nullité.*
Code civil.
*Héritiers
naturels.*

---

(1) 3 *Germ. an X.* Rej. *GUÉRIN et consorts.* Jur. not.
p. 244.

Or « l'effet de cette promulgation a été de
» révoquer les dispositions des lois antérieu-
» res, et notamment de l'art 57 de la loi de
» nivôse de l'an II sur la faculté de disposer
» de ses biens en collatérale. »

D'où il suit « qu'en déclarant une vente
» consentie par *un individu*, en faveur du
» mari de sa sœur fictive et simulée, et à ces
» titres nulle ; qu'en décidant que les héri-
» tiers du vendeur sont non-recevables à at-
» taquer par voie de nullité les actes que leur
» auteur, non-interdit, aurait souscrit pour
» disposer de ses biens , vu qu'ils n'auraient
» pu (lesdits héritiers) être investis de ce droit
» qu'au moment de son décès, si ce droit
» existait à cette époque, mais non le trouver
» dans sa succession, d'après le changement
» de législation ; les juges ne pourraient vio-
» ler et ne violeraient point l'article énoncé
» de la loi du 17 nivôse an II, qui aurait été
» abrogé pendant la vie du vendeur. »

Enfin « en tirant de cette fin de non-rece-
» voir, contre l'action desdits héritiers, la
» conséquence qu'il serait inutile de s'occu-
» per de la question de savoir, s'il faudrait
» annuller la vente, vu que ces héritiers,
» d'après les principes ci dessus, n'auraient
» ni droit ni qualité pour attaquer cet acte;
» les juges ne contreviendraient ni à l'art. 3
» de l'ordonnance de 1731, ni aux disposi-
» tions du code civil dans ses articles 750 et
» 893, puisque leur décision ne porterait que
» sur le défaut de droit et de qualité, et non
» sur la validité de l'acte. » (1)

---

(1) 15 *Brum. an XIV.* Rej. *Héritiers* BRULEY. Jour.
du Pal. 1806, 1. s. p. 113.

1.º *Les* DONATIONS *anciennes sont nulles, si* Par défaut
les charges, clauses et conditions, n'ont été d'insinuation.
transcrites en entier sur le registre aux insi-
nuations, lorsqu'elles ont été assujetties, par
la loi, à cette formalité.

C'est-à-dire que, l'omission de quelques
unes des clauses, charges ou conditions, lors
de la transcription, rend l'insinuation nulle.

En effet « l'ordonnance de 1731 est précise,
» en ce qu'elle prononce la peine de nullité;
» l'absence de l'expression de nullité dans
» l'art. 24, qui ne fait que donner la défini-
» tion de l'insinuation, se rapporte toujours
» à l'art. 23 qui prononce une nullité. » (1)

2° *Celles « faites à charge par le donataire,* Pour cause de
» *de payer toutes les dettes du donateur, tant* charges
» *chirographaires que passées devant notaire,* indéterminées
» *sans distinction de celles existantes au mo-*
» *ment de la donation, d'avec celles qui pour-*
» *raient exister lors du décès du donateur ; »*
sont également nulles.

« D'un autre côté, si cette donation obligeait
» le donataire à payer encore une somme
» de . . . à chaque domestique qui serait au
» service du donateur lors de son décès ; il
» s'en suivrait que les charges imposées au
» donataire seraient indéfinies, et ne se res-
» treindraient pas au paiement des dettes exis-
» tantes au moment de la donation : »

« Dès-lors cette donation se trouverait
» frappée de nullité, et en la maintenant,

---

(1) 12 *Prair. an XI.* Rej. MASSENET. Jour. du Pal. an
11, 2. s. p. 245.

» quant à une partie, les juges violeraient
» l'art. 16 de l'ordonnance de 1731. » (1)

Nota. La nullité d'une semblable donation
pourrait être demandée par les héritiers légitimaires, et parties intéressées : c'est la
chose jugée dans l'espèce.

3.° « *Les* donations *aux enfans à naître ont*
» *dûes être faites par notaires, à peine de*
» *nullité.* »

Voyez au paragraphe des donations entre
vifs, nomb. 7.

DONATIONS. *(Des formalités.)*

Simulées
ou tacites.

1.° *DONATIONS* (les) simulées *ou* tacites « n'ont
» *besoin d'aucune autre formalité que des*
» *circonstances que la loi exige.* »

« Ces donations sont moins l'effet de
» l'homme que celui de la loi, qui les induit
» dans certaines circonstances. »

« Tacites et conjecturales, autorisées par
» les lois romaines, elles n'ont point été sup-
» primées ni abrogées par l'art. 1.ᵉʳ de l'or-
» donnance de 1731, qui exige, pour la va-
» lidité des donations entre vifs, qu'elles soient
» reçues devant notaire, parce que, suivant
» la judicieuse observation de *FURGOLE,*
» dans son commentaire sur cet article, cette
» ordonnance a voulu seulement régler la
» forme des donations expresses, et qui sont
» pratiquées le plus unanimement. » (2)

______

(1) 17 *Therm. an VII.* Cass. *Hértiers* MOSNIER. Jur.
notice, p. 235.

(2) Voyez la note page 396.

2.º « *Donations* (*les*) par contrat de ma-   Coutume de
» riage (*rédigées sous l'empire de la coutume* Normandie.
» *de Normandie*) ne sont pas moins valables ,
» bien que les contrats qui les renferment ,
» aient été rédigés sous signatures privées ;
» parce qu'il était d'usage constant , dans la
» ci-devant province de Normandie , de les
» rédiger dans cette forme , et que l'ordon-
» nance de 1731 n'y avait point dérogé ; puis-
» que, d'une part , l'art. 1.ᵉʳ ne prescrivait la
» nécessité de la rédaction pardevant notai-
» res , que des seules donations entre vifs ; et
» que de l'autre, l'article 3 qui assujettit les
» donations à cause de mort aux mêmes for-
» mes que les testamens et codicilles , excep-
» tait nommément celles faites par contrat de
» mariage. » (1)

3.º *Donations* (les renonciations *aux*) opè- *Des renoncia-*
rent *une nouvelle mutation des biens donnés :* *tions, et du*
  droit d'enre-
Et sont assujetties à un nouveau droit d'en- *gistrement.*
registrement.

En effet « par une donation dûment ac-
» ceptée et revêtue des formalités voulues par
» la loi , la propriété des biens qui y sont
» compris, passe des mains du donateur dans
» celles du donataire, et, par l'effet de la ré-
» pudiation de cette donation (acceptée par
» le donateur) ces mêmes biens retournent
» du donataire au donateur; ainsi il y a trans-
» mission réelle de propriété. »
Or « l'article de la loi du 22 frimaire an
» VII , qui place dans la classe des actes su-
» jets au droit fixe d'un franc les abstentions,

---

(1) Voyez la note (1), page 374.

» renonciations et répudiations de succes-
» sions, legs ou communautés, ne parle pas
» des répudiations des donations acceptées;
» d'où il suit qu'en jugeant *qu'une répudiation*
» *de succession*, est sujette à un droit fixe,
» au lieu de la déclarer assujettie à un droit
» proportionnel, les juges violeraient l'art. 4 du
» titre 1.er de la susdite loi de frimaire, et
» feraient une fausse application de l'art. 68,
» tit. 10, §. 1.er, n.º 1.er de ladite loi. » (1)

Voyez *Renonciation*, où ces principes sont
plus amplement établis et développés.

---

(1) 22 *Frim. an XI.* Cass. Régie de l'enregist. Bul. de
la Cour, an 11, p. 79.

Fin du troisième Volume.

DICTIONNAIRE

DE LA JURISPRUDENCE

DE LA

COUR DE CASSATION,

Ou les Maximes, Règles et Principes de cette Cour, depuis l'an *VIII* jusqu'en 1806, recueillis et rangés par ordre de matières CIVILES ET CRIMINELLES.

DICTIONNAIRE

DE JURISPRUDENCE

DE LA

COUR DE CASSATION,

Ou les Maximes, Règles et Principes de cette Cour, depuis l'an VIII jusqu'en 1806, recueillis et rangés par ordre de matières CIVILES ET CRIMINELLES;

PRÉCÉDÉ d'un Traité sur la compétence des Autorités judiciaires et des Magistrats de l'Empire français;

OUVRAGE utile à toutes les Autorités judiciaires et administratives, et aux gens d'affaires.

PAR *F. JEAN MONTAINVILLE*, Juge de 1.re instance, à Trèves (*Sarre*) de l'académie de Législation.

TROISIÈME VOLUME.

A TRÈVES,

Chez l'Auteur, rue des Dominicains, N.º 21, et aux adresses indiquées d'autre part.

MARS 1807.

Nota. Ne sont point compris ici les mots qui ne font qu'indiquer les renvois à d'autres mots, tels que *Code civil*, *Compétence*, etc.

Tous les volumes sont signés comme le présent.

Montainville

DICTIONNAIRE

DE LA JURISPRUDENCE

DE LA

COUR DE CASSATION,

CHOSE (*) JUGÉE.

CHOSE (*il y a*) JUGÉE: PRIMO, *dans la décision arbitrale, rendue en l'an III, qui déclare un enfant naturel habile à succéder à son père ou à sa mère.*

Et les juges ordinaires que cet enfant aurait saisis. en l'an VII, de sa demande en délivrance entière, tant de la succession de son père ou de sa mère, que de celle de son aïeul du même coté, qui l'auraient déclaré non-recevable, *quant à présent*, auraient porté atteinte à la chose jugée par les arbitres.

En effet « ce jugement en renvoyant au code » civil la décision du point de savoir, qu'elle » serait la quotite de la portion héréditaire

Ou il y a
chose jugée.
Enfant
naturel.
Succession.
Arbitres,

(*) *Chose*; c'est le nom qu'on donne à tout être existant dans la nature, soit réel, soit moral ; *voyez* sa définition plus particulière dans les dictionnaires de la langue française.

En rendant compte ici de ce qui a acquis l'autorité de la chose jugée, nous n'indiquons point les espèces dans lesquelles cela a été jugé ; mais nous renvoyons aux mots qui contiennent ces espèces.

III.ᵉ Vol.   A

» de l'enfant naturel dans la succession *à
» lui accordée par les arbitres*, au lieu de se
» borner à renvoyer seulement quant à la
» succession de l'aïeul, sur laquelle les arbi-
» tres n'avaient rien décidé, auraient remis
» en question ce que la sentence arbitrale
» avait jugée : ainsi ils seraient contrevenus à
» l'autorité de la chose jugée. » (1)

SECUNDO. *Dans la décision qui ordonne qu'une
partie sera tenue éventuellement de payer à
l'autre les dommages intérêts résultant de la
reconstruction d'un édifice :*

C'est-à-dire, que si après ce jugement passé
en force de chose jugée dans les formes ordinaires, il survient une nouvelle contestation
entre les mêmes parties, devant les mêmes
juges en première instance, et par appel devant la cour du ressort, les juges de cette cour
en décidant que cette partie ne serait tenue
dans aucun cas au paiement desdits dommages-intérêts, porteraient atteinte à l'autorité
de la chose jugée.

« Car, d'après les faits reconnus constans
» et les aveux des parties contenus au pre-
» mier jugement passé en force de chose ju-
» gée, dès-lors il ne peut plus, au préjudice
» de l'une des parties, y avoir lieu à une
» nouvelle contestation sur la question de
» savoir si, et dans quel cas, l'une des par-
» ties serait tenue envers l'autre des susdits
» dommages-intérêts. » (2) Voyez au mot
Appel, nomb. 38.

______

(1) 26 *Prair. an XI.* Cass. GAUDRAN. Bul. de la Cour,
an 11, p. 296.

(2) 17 *P air. an XI.* Cass. JOBERT. Bul. de la Cour,
an 11, p. 286.

TERTIO. « *Dans le jugement qui a prononcé*
» *en dernier ressort sur les oppositions dirigées*
» *contre un jugement, antérieurement rendu*
» *par défaut, notamment lorsque l'exécution*
» *en est positivement ordonnée.* »

En effet « il n'y a d'autre moyen d'em-
» pêcher l'exécution de ce jugement rendu
» sur opposition en dernier ressort, que de
» se pourvoir par requête civile ou en cas-
» sation ; par conséquent, les juges en sta-
» tuant sur l'appel de ce jugement, violeraient
» l'autorité de la chose jugée. » (1)

QUARTO. « *Dans les arrêts du ci-devant con-*
» *seil des finances qui ont contradictoirement*
» *et légalement jugé, qu'un marais ou autre*
» *bien était une propriété domaniale.* »
Parce « qu'il est aussi contraire aux an-
» ciennes lois qu'aux nouvelles, de prétendre
» que ce ci-devant conseil n'avait pas de ju-
» ridiction pour prononcer dans cette affaire.»
(2) Voyez *Conseil* des finances.

QUINTO. « *Dans les jugemens rendus par*
» *la commission établie en exécution de l'ar-*
» *rêt du conseil de* 1724, *rendu pour la limi-*
» *tation de la forêt de Chaux ;* » et celles semblables.

Et « en annullant ces jugemens ayant la
» force de chose jugée, et qui n'ont été
» anéantis par aucune loi, *comme étant an-*
» *nullés par la loi du* 28 *août* 1792) les juges

---

(1) 16 *Germ. an XI.* Cass. DELATTE. Bul. de la Cour,
an 11, p. 209.

(2) 22 *Frim. an XI.* Cass. d'office. Bul. de la Cour,
an 11, p. 81.

Ou il y a chose jugée.

» feraient une fausse application des articles
» 6 et 8 de ladite loi d'août, et, en outre at-
» tenteraient à l'autorité de la chose jugée. »
(1) Voyez *Communes* et *Réintégrande.*

Jugemens qui taxent les épices.

SEXTO. *Dans les jugemens rendus en dernier ressort par les ci-devant bailliages, et mar-
quans les épices dues tant aux juges qu'au
ministère public.*

De nouvelles difficultés, ramenant les parties devant les tribunaux, pour l'exécution
des mêmes jugemens, ne peuvent autoriser
les juges auxquels ces nouvelles difficultés
sont soumises, à modérer les épices marquées
par ces jugemens, et à condamner ceux qui
les ont reçues à rapporter l'excédant.

Car, « les mêmes juges qui ont sanction-
» né la marque des épices, s'ils existaient,
» ne pourraient, par opposition à leur premier
» jugement, modèrer des épices qu'ils au-
» raient trouvées justes et dont ils auraient
» ordonné *en dernier ressort* le paiement :
» d'où il suit qu'une Cour d'appel, substituée
» à ces juges, n'a pas à ce sujet plus de pou-
» voir qu'eux. » (2) Voyez *Epices.*

Jugement qui règle la compétence, et a été exécuté.

SEPTIMO. « *Dans un jugement, qui, statuant
» sur un point de compétence, et par consé-
» quent définitif, lorsqu'il a été exécuté par
» les parties et a acquis force de chose jugée.* »
En effet, en supposant qu'il eut été porté
appel d'un semblable jugement ; « les juges

---

(1) 26 *Vend. an XI.* Cass. *Préfet du Doubs.* Bul. de la
Cour, an 11, p. 24.

(2) 16 *Prair. an XIII.* Cass. *RICATTE.* Bul. de la Cour,
an 13, p. 534.

» en l'insinuant, auraient violé l'article 5 du
» titre 26 de l'ord. de 1667. » Voy. *Jugemens,*
Appel, nomb. 1.º et 38.º

Ou il y a
chose jugée.

OCTAVO. *Dans une décision d'arbitres de fa-*
mille, disant qu'ils ont sursi indéfiniment à
l'exécution de leur décision précédente, décla-
rant la demande en divorce bien fondée, réser-
vant à la demanderesse en divorce tous ses
droits, à l'effet de sa demande en main levée
de cette surséance: cet arrêté signé du défendeur à la demande en divorce.

Décision
arbitrale.
Divorce ,
en 1793.

S'il est arrivé que la demanderesse ayant formée en l'an XI, devant le tribunal de première
instance, sa demande en main levée de cette
surséance, elle lui ait été accordée ; et que
sur l'appel porté de ce jugement, les juges
d'appel aient déclaré ladite demanderesse
non-recevable dans sa demande en divorce:
il résulte de cette dernière disposition une
atteinte à l'autorité de la chose jugée.

Parce que « le jugement des arbitres qui a
» déclaré la demande en divorce bien fondée,
» était inattaquable par la voie de l'appel,
» avec d'autant plus de raison que le défen-
» deur, dans l'espèce, y avait formellement
» acquiescé par arrêté des arbitres , par lui
» sollicité et de lui signé ; ainsi en déclarant
» la demanderesse non-recevable, (*comme*
» *est dit ci-dessus*) les juges d'appel auraient
» violé l'autorité de la chose jugée et ac-
» quiescée. » (1)

NONO. *En faveur d'une caution, par le ju-*

En faveur
d'une caution.
Douanes.

---

(1) 1.er *Messid. an XII.* Cass. *Dame de* REIMS. Bul. de
la Cour, an 12 p, 312.

 gement en dernier ressort et non attaqué qui
a déchargé le principal obligé.

Par exemple. *EN MATIÈRE DE DOUANES.* le prévenu de contravention ayant été déchargé, tant en première instance qu'en dégré d'appel. de la contrainte contre lui décernée; sans que le jugement de condamnation ait été attaqué en cassation : il y aurait violation de la chose jugée, dans le jugement de condamnation rendu par le même juge de paix, contre la caution, pour raison de la même contravention.

En effet « le juge de paix auquel. son premier
» jugement et celui rendu sur l'appel sont con-
» nus, ne peut plus connaître de la même
» affaire déjà solemnellement jugée. et en sta-
» tuant sur une nouvelle action intentée contre
» la caution du prévenu , relativement au
» même objet . il commettrait un excès de pou-
» voir; » résultant de la violation de la chose
jugée. (1)

DECIMO. « Lorsque *la partie interessée* ayant
» attaqué , par la voie légale de la cassation,
» un jugement ou un arrêt, sa requête a été
» rejettée. » (2)

 *ON NE PEUT VALABLEMENT SOUTENIR QU'IL
Y AIT CHOSE JUGÉE;*

PRIMO. *Envers un fils , qui , après avoir agi
en qualité d'héritier de SA MÈRE , agit ensuite
en qualité d'héritier de SON PÈRE*

---

(1) 29 *Brum. an XII.* Cass. *AMALRIC.* Bul. de la Cour,
an 12, p. 94.

(2) 25 *Friss. an II.* Cass. Jur. notice, p. 59. — Voyez
Etat civil.

En effet, « dans un procès terminé, *ce fils*
» procédant comme héritier de sa mère, n'a
» exercé que les droits de sa mère ; dans un
» second procès *ce fils* n'ayant été actionné
» et n'ayant agi qu'en qualité d'héritier de
» son père, n'a exercé que les droits de son
» père ; les parties entre lesquelles le premier
» jugement serait intervenu, ne procédé-
» raient donc point dans le second, en la même
» qualité que dans le premier procès : ainsi,
» en admettant en faveur de l'héritier de son
» père, *et vice versa*, l'exception de la chose
» jugée avec lui comme héritier de sa mère,
» les juges feraient une fausse application des
» lois romaines, et des dispositions *des lois*
» *françaises*, relatives à la chose jugée. » (1)

Ou il n'y a pas chose jugée.

SECUNDO. *Envers un héritier institué; quant
à la part que le légitimaire devait avoir, d'a-
près les dispositions rétroactives de la loi du
17 nivôse an II, dans le cas où le partage avec
ce légitimaire n'a point été fait avant la loi
du 3 vendémiaire an IV.*

D'après la loi du 17 Nivôse an II. Partage.

Par exemple, si mon père avait eu procès relativement à la validité d'offres qui lui
auraient été faites, lesquelles auraient été déclarés valables, et qu'il se fut déclaré appellant du jugement qui aurait validé ses offres;

S'il avait, postérieurement au 14 juillet 1789,
institué mon frère son héritier universel ;

Si, après le décès de mon père, arrivé
avant le jugement de son appel, l'intimé avait
repris contre moi seul, cette instance, et m'a-
vait fait condamner à me contenter desdites
offres ;

---

(1) 7 *Messid. an VII.* Cass. BESSIÈRES. Jur. notice. p. 222.

Le rapport de l'effet rétroactif de la loi du 17 nivôse qui a eu lieu postérieurement par la loi du 3 vendémiaire an IV, a fait revivre l'institution contractuelle faite en faveur de mon frère, (qui avait été annullée par l'article 1.er de la première de ces lois) et *la chose jugée* avec moi ne peut porter atteinte au droit *d'héritier institué*, que la dernière de ces lois a rendu à mon frère, sans qu'aucune demande, en *partage égal*, ait été faite contre lui.

En d'autres termes, si mon frère reprend l'instance d'appel, qui n'a été jugée qu'avec moi, toujours sans qu'il ait été formé de demande en partage de la succession de mon père; l'intimé est-il fondé à lui opposer la chose jugée sans son intervention? est-il fondé à soutenir à mon frère qu'il a été jugé que nous n'étions que des héritiers légitimaires? qu'il ne peut profiter du bénéfice de l'institution qui lui a été rendu par la loi de vendémiaire an IV? et qu'il ne peut revenir que pour la moitié de la succession de notre père commun? *Non ;* car, les juges en dernier ressort, en décidant que la *chose jugée* n'a d'effet que pour ma portion légitimaire, c'est-à-dire pour un douzième, ne fourniraient point motif à la cassation de leur décision.

Ce principe se justifie par les considérations suivantes ; savoir,

« Que le jugement rendu uniquement con-
» tre moi, ne peut avoir, contre *mon frère*
» héritier représentant le père commun, la
» force de la chose jugée ; »

« Que l'on peut d'autant moins l'opposer à
» cet héritier, que *ses adversaires* ne sont
» pas dans le cas des tiers possesseurs ou créan-
» ciers dont parle l'article 1.er de la loi du 3

» vendémiaire an IV, puisqu'il n'est point
» établi que j'aie jamais demandé contre mon
» frère, donataire, l'exécution de l'effet ré-
» troactif de la loi du 17 nivôse an II, ni pro-
» voqué et fait avec lui de partage; »

« Que je n'ai pu que transmettre fictive-
» ment à *ses adversaires*, le droit de le pro-
» voquer, et que ce droit n'ayant été exercé
» contre l'héritier dans le temps où il pouvait
» l'être, ni par moi, ni par *ses adversaires*,
» il a été absolument éteint par les lois portant
» révocation de l'effet rétroactif de celle du 17
» nivôse an II. » (1)

Ou il n'y a pas chose jugée.

TERTIO. *Contre le débiteur condamné à
payer, qui offre le paiement à condition de
remboursement, s'il retrouve la preuve que la
somme n'est pas due; lorsqu'ayant retrouvé
cette preuve, il assigne le créancier en restitution de la somme par lui payée.*

Restitution de sommes payées par double emploi.

Mal-à-propos le créancier assigné en remboursement exciperait-il de la chose jugée
par le jugement rendu à son profit;

Puisque « l'action en restitution formée con-
» tre lui, n'aurait pour but que le rembour-
» sement d'une somme payée par double em-
» ploi, et non la réformation du jugement
» rendu à son profit. » (2)

QUARTO. *Contre une demande en restitution
de fruits, antérieurs à ceux adjugés par un
jugement rendu avant cette demande.*

Restitution de fruits.

----

(1) 9 *Flor. an XIII.* Rej. *Velay.* Jour. des Aud. an 13,
S. p. 126. —— La fiction de ma personne dans ce résumé,
imaginé pour simplifier le fait, est garanti de la plus
scrupuleuse exactitude.

(2) 24 *Frim. an X.* Rej. *Grisard.* Jur. an 10, p. 181.

Ou il n'y a pas chose jugée.

C'est-à-dire, « qu'encore bien qu'un juge-
» ment rendu en 1790 n'ait adjugé sur la res-
» titution des fruits demandés, depuis 1759,
» que ceux echus à dater de 1789, sans re-
» monter jusqu'à la susdite époque, cepen-
» dant on ne peut pas dire que la restitution
» des fruits antérieure à la susdite année
» 1789, redemandée depuis, ait été jugée,
» lors du jugement dont il s'agit. » (1) Voy.
Restitution de fruits.

Jugement étranger.
Ordonnance de 1629.

QUINTO. *Contre un français condamné par un jugement étranger.*

« L'article 121 de l'ordonnance de 1629 (*)
» voulant, que nonobstant un jugement étran-
» ger, le français contre lequel il aurait été
» rendu, puisse de nouveau débattre ses droits
» comme entiers ; il s'en suit qu'un juge-
» ment étranger ne peut pas opérer contre
» le français l'effet de la chose jugée. » (2)
Voy. *Jugemens.*

Jugement provisoire.

SEXTO. *Dans un jugement qui n'est que purement provisoire.*

En effet, « on ne peut attaquer, pour viola-
» tion de la chose jugée, un jugement défini-
» tif contraire à un jugement provisoire. »
(3) Voyez *Jugement*, *Servitudes* de vue.

---

(1) 6 *Therm. an XI.* Cass. SILVIUS. Bul. de la Cour,
an 11, p. 353.

(*) Sauf les exceptions contenues dans l'article 11 du
code civil.

(2) 26 *Vent. an XII.* Cass. SPORER. Jur. an 12, p. 267.

(3) 26 *Germ. an XII.* Rej. CARON. Jour. du Pal. an
12, 2. s. p. 353.

SEPTIMO. *Par un jugement qui renferme des décisions inconciliables.*

Voyez ci-après la partie criminelle de ce mot , nomb 2.º

1.º *CHOSE JUGÉE (la) ne devient point attaquable, encore qu'il survienne une loi , interprétative d'une précédente , et qui lui serait contraire.*

C'est-à-dire, que si d'après la loi du 19 floréal an VI sur la rescision des ventes faites en papier monnaie , j'ai soumis ma demande en rescision d'une vente de domaines nationaux , à un arbitrage , qui m'aurait accordé ma demande ; l'adverse serait non - recevable , après la loi du 2 prairial an VII , à demander la nullité de la sentence arbitrale , sous le prétexte que cette dernière loi, interprétative de la première, l'a déclarée non applicable aux ventes et reventes de domaines nationaux. (*)

La raison de le décider ainsi est « qu'aucune » loi ne peut avoir d'effet rétroactif, et que » la décision arbitrale dont il s'agit ayant été

DE
SES EFFETS.
En matière
civile.

(*) On conçoit que le Législateur de l'an VI n'a pas voulu favoriser *l'agio* dont les domaines nationaux sont devenu l'objet, sur tout depuis l'an Ier jusqu'en l'an VII de la république; mais, que ceux qui ont acheté, sous la sanction du souverain, en l'an 1791, qui par suite ont été ruinés par l'effet de la tourmente révolutionnaire, et obligés de vendre leur acquisition en assignats en l'an III, que ces personnes soient privées d'une faculté réclamée par l'équité, cela ne se conçoit pas ; au moins on doit taire sa pensée, et espérer de la justice de l'EMPEREUR , une loi qui, gradant la faculté de l'action en réision pour les reventes de domaines nationaux, rétablisse le système d'équité entre les vendeurs et les acquéreurs.

D'AUTRES TEMPS D'AUTRES MŒURS. *Note du Rédacteur.*

» rendue avant la promulgation de la loi du
» 2 brumaire an VII, et ayant acquis la force
» de chose jugée, doit recevoir toute son exé-
» cution : d'où il suit que les juges qui *l'au-*
» *raient déclarée non-attaquable*, *n'auraient*
» *commis* aucune contraventton aux lois ci-
» tées. » (1)

2.º *Chose jugée* (*la*) *au criminel*, *ne peut obliger les juges civils à tenir pour vrais les faits reconnus constant par les juges criminels.*

Par exemple, en fait de signature contestée, « les juges criminels n'ont point à déci-
» der qu'un billet soit faux ou vrai ; et s'il
» décide seulement qu'il n'y a pas de preu-
» ves suffisantes pour établir la fausseté du
» billet en question , sous le rapport de l'action
» publique, on ne peut plus mettre en ques-
» tion la fausseté de ce billet , mais relative-
» ment à l'action civile , il en est tout autre-
» ment : c'est au demandeur à prouver le fait
» sur lequel l'action est fondée. » *M. Merlin.*
Or, « les juges professeraient les vrais prin-
» cipes , en déclarant que quand même le
» demandeur aurait été partie au procès cri-
» minel , la vérification du billet n'en pourrait
» pas moins être exigée ; parce qu'en matière
» de grand criminel, il suffit que le délit ne
» soit pas constant pour que l'accusé soit ren-
» voyé ; tandis qu'en matière civile , *dans*
» *l'espèce*, il faut que le titre soit incontes-
» tablement reconnu être l'ouvrage de celui
» à qui il est opposé , ou de ceux qu'il re-
» présente , pour en exiger le paiement. » (2)

---

(1) 13 *Brum. an IX.* Rej. Morel. Jur. notice, p. 358.
(2) 21 *Messid. an IX.* Rej. Godier. Jur. notice , p. 463.

La même doctrine, par autre arrêt, est rapportée nomb. 8 au mot *Action*, mat. civile.

3.º Enfin, *la CHOSE JUGÉE ET EXÉCUTÉE rend
les juges incompétens pour connaître du même
objet*, même les juges supérieurs.

En effet, « des juges d'appel en prononçant
» sur un jugement de première instance, déjà
» mis à exécution, violeraient l'autorité de la
» chose jugée.»Voyez *Appel*, nomb. 1.º, p. 153.

CHOSE JUGÉE. *En matière criminelle.*

1.º *CHOSE JUGÉE (la) par les juges criminels
ne peut être déclarée commune à d'autres parties par les juges civils.*

C'est-à-dire, que sur une demande en déclaration de jugement commun, formée devant
les juges criminels de l'ancien régime, les parties ayant été renvoyées à se pourvoir à fins
civiles; si, par les événemens du procès, l'affaire est portée devant une cour d'appel,
cette cour prononçant comme cour criminelle, quoique naturellement civile, ne peut,
sans violer la chose jugée, prononcer sur la
demande en déclaration de jugement commun.

En effet, « cette cour d'appel serait incom-
» pétente pour statuer, comme tribunal cri-
» minel, sur cette demande en déclaration de
» jugement commun, renouvellée devant elle
» par *l'une des parties*, en contravention à
» l'autorité de la chose jugée; »

La disposition de son arrêt relative à la
déclaration de jugement commun serait « cas-
» sée et annullée, sauf à *la partie* à se pour-
» voir contre *ses adversaires*, ainsi qu'elle

» aviserait, défenses réservées au contraire. »
(1) Voyez *Etat civil* . § de la preuve.

Décisions   2.º *CHOSE JUGÉE (la) par une cour criminelle*
inconciliables *est sans aucune force , si elle contient des deci-*
sions inconciliables.

Telles seraient les dispositions prononcées par une cour criminelle speciale , saisie de la connaissance d'un crime de faux pour parvenir à l'introduction de marchandises anglaises : laquelle après avoir déchargé les accusés du crime de faux , les déclareraient convaincus du délit d'importation de marchandises anglaises , et les renverraient devant le tribunal correctionnel , pour l'application de la peine prononcée par la loi du 10 brumaire an V :

« Une semblable disposition laisserait , en
» même temps qu'elle ôterait , au tribunal cor-
» tionnel , le droit de juger les prévenus
» qu'elle lui renverrait ; certainement il y
» aurait impossibilité absolue d'exécuter à-la-
» fois deux dispositions aussi contradictoires »

« Un pareil arrêt, quoique non attaqué (en
» cassation) dans les trois jours , n'en devrait
» pas moins rester sans exécution , parce que
» l'autorité de la chose jugée , qui n'est qu'une
» fiction de la loi , ne peut pas l'emporter sur
» l'impossibilité physique d'exécuter deux dis-
» positions qui s'entre détruisent. »

« Eh ! comment l'autorité de la chose jugée
» serait-elle capable de faire fléchir le grand
» principe qui veut , qu'en matière crimi-
» nelle , un tribunal ne juge que d'après sa

-----

(1) 25 *Brum. an XIII*. Rej. *ROQUELAURE*. Bul. de la Cour, an 13 , part. crim. p. 27.

» propre conviction, » *Extrait des conclusions
de M. Merlin.*

Enfin , « d'après la législation particulière à
» la police correctionnelle, cette juridiction
» ne peut appliquer des peines à des faits
» qu'elle n'aurait pas approfondis , et dont elle
» n'aurait pas examiné et reconnu la culpabi-
» lité; ce qui devrait arriver, si le tribunal
» correctionnel était forcé à se soumettre ser-
» vilement à un arrêt qui aurait déclaré les
» faits et la culpabilité constans- »

« De deux dispositions simultanément inexé-
» cutables, celle-là doit être considérée comme
» nulle et non avenue, qui étant contraire à
» l'ordre public et inconciliable avec l'autre,
» arrêterait le cours libre et nécessaire de
» la justice. » (1) Voyez au mot *Réglement
de juges.*

3.º *Chose jugée* (la), *en matière de banqueroute frauduleuse, contre l'auteur de cette
banqueroute, détermine s'il y a lieu à la poursuite ultérieure de ses complices.*

En fait de banqueroute frauduleuse.

« Attendu que les jugemens n'ont l'auto-
» rité de la chose jugée qu'à l'égard de ceux
» qui y ont été partie; que la maxime *non
» bis in idem* n'est applicable non plus qu'à
» ceux contre lesquels ont été dirigées les ac-
» cusations et poursuites qui ont servies de
» bases aux jugemens. »

Donc, « si *le complice* n'a point été partie
» dans l'arrêt rendu , sous l'ancien ordre de
» choses, par un Parlement, s'il n'est point in-

____

(1) 16 *Pluv. an XIII.* Réglem. de juges, d'office. Bul.
de la Cour, an 15, part. crim. p. 129. —— Jur. an 14 et
1806, p. 41.

» tervenu de décret contre lui, il ne peut se
» prévaloir de ce jugement; »

Ainsi, « les juges, *en l'an XI*, ont pu,
» sans violer la maxime NON BIS IN IDEM,
» le déclarer complice d'une banqueroute à
» raison de laquelle il n'avait rien été jugé
» avec lui; » par le parlement. (1)

« Mais il en est autrement, si lors du ju-
» gement du prétendu banqueroutier, il a
» été déclaré par jugement qu'il était seule-
» ment en état de faillite et d'atermoiement
» duement homologué; cet atermoiement doit
» être exécuté; »

« Conséquemment il n'y a ni banqueroute
» frauduleuse, ni fauteurs, ni complices d'un
» banqueroutier frauduleux; »

Ainsi, « en accueillant une nouvelle plainte
» contre un prétendu complice de cette pré-
» tendue banqueroute, les juges méconnaî-
» traient évidemment l'autorité de la chose
» irrévocablement et souverainement jugée. »
(2)

Nota. Ces deux décisions rendues par la
cour, entre les mêmes parties, peuvent servir de règle dans beaucoup et dans presque
toutes les affaires de complicité.

Violation de dépôt. Code civil, art. 1351.

4.° CHOSE JUGÉE (la) *d'après un mode de
violation de dépôt établi dans une première
plainte, peut être opposée avec fruit à une*

---

(1) 13 *Prair. an XII.* Rej. LEVÉQUE et BOURDON. Jour.
des Aud. an 13, S. p. 3. — Jur. an 13, p. 308. — Bul.
de la Cour, an 11, part. crim. p. 213.

(2) 11 *Frim. an XII.* Cass. CALENGE. Bul. de la Cour,
an 12, part. crim. p. 52.

seconde plainte sur le même fait, mais qui aurait été basée sur un mode différent.

C'est-à-dire, que si j'ai formé une plainte en *violation de dépôt*, sur laquelle le prévenu a été mis hors de cause, il peut m'opposer cette chose jugée à la seconde plainte que je formerais, mais seulement en *retention* d'une partie de ce dépôt.

En vain croirais-je trouver dans l'article 1351 du code civil une définition de la chose jugée, justificative de ma seconde plainte.

Parce que « ma seconde plainte aurait pour
» objet la violation du même dépôt par la ré-
» tention frauduleuse de partie d'icelui ; que la
» chose demandée faisant partie de celle qui
» aurait été l'objet du premier jugement,
» la demande serait fondée sur la même cause ;
» puisque la rétention frauduleuse de partie
» du dépôt ayant été un des motifs de la pre-
» mière plainte, et la demande ayant lieu
» dans l'intérêt des mêmes parties, l'autorité
» de la chose *jugée* s'appliquerait a ma seconde
» plainte ; donc, son admission serait une con-
» travention formelle aux art. 1350 et 1351
» du code civil sur l'autorité de la chose
» jugée. » (1)

5.° *Chose jugée* (*la*) *avec le ministère pu-* Avec le minis-
blic, n'est point atténuée par l'appel de la partie tère public.
privée.

En effet, « dès que le procureur impérial
» près le tribunal correctionnel et le procureur

<hr>

(1) 10 *Messid. an XII.* Cass. Pertrand. Jur. an 12, p. 370 Jour. du Pal. an 13, 1. s p. 278. —— Voyez au *Traité de compétence*, p. 219, nomb. 118.

» général près la cour criminelle , ne se sont
» point rendus appellans du jugement dont
» il s'agit , l'appel de la partie plaignante ne
» peut plus présenter à juger que ses intérêts
» civils. » *Voyez* sur ce point de jurisprudence,
le nombr 14 au mot *Action* . mat. crim ;
et le nomb. 117 du *Traité de compétence*,
matière criminelle.

CIRCULATION. Voyez au mot *Douanes*.

CITATION. (*)

EN MATIÈRE CORRECTION- NELLE.

1.° *CITATION (en fait de) en matière correc-tionnelle, le délai fixé par l'article* 183 *du code des délits et des peines n'est point prescrit à peine de nullité.*

« Les juges, en matière de police correc-
» tionnelle, commettraient une usurpation de
» pouvoir , en se fondant sur l'article précité
» pour annuller une citation donnée et une
» procédure faite , après l'expiration du délai
» fixé par cet article , qui n'est point prescrit à
» peine de nullité. » (1)

En fait de dé- lits forestiers.

2.° *CITATION (la) donnée aux prévenus de délits forestiers n'est point assujettie au* visa *préalable du Directeur du jury.*

En effet, « il résulte des articles 1 , 2 et 5 du
» titre 9 de la loi du 29 septembre 1791. et de
» l'art. 42 du code du 3 brumaire an IV , que

(*) *Voyez pour les règles ordinaires* en fait de citation, en matière civile , les dispositions du code de procédure.

(1) 6 *Germ. an* X. Cass. d'office. Bul. de la Cour, an 10, part. crim. p. 275.

» le *visa* prescrit par l'art. 182 du même code,
» pour saisir le tribunal correctionnel, n'est
» point applicable aux citations données à la
» requête des agens forestiers, lesquels, aux
» termes des articles ci-dessus cités de la loi
» de 1791, et dudit art 42 du code de bru-
» maire, doivent être portées immédiatement
» devant les tribunaux. » (1)

3.º « CITATION (la) dont il est question dans *En matière*
» l'article 6 de la loi du 9 floréal an **VII**, à *de douanes.*
» comparaître, dans les vingt-quatre heures,
» devant le juge de paix, n'est nullement
» relative aux affaires de la compétence des
» tribunaux correctionnels ; »

« Elle a seulement pour objet les contesta-
» tions qui, en première instance, doivent
» être jugées par le juge de paix ; elle n'est
» autre chose que l'assignation à comparaître
» devant le juge de paix, à l'effet de voir ren-
» dre le jugement, et non pour voir affirmer
» le procès-verbal d'une saisie. » (2) Voyez
au mot *Douanes* §. des poursuites.

4.º CITATION (la) donnée à la requête du *A la requête*
ministère public est dispensée de tous VISA, *du ministère*
même en matière de police simple. *public.*

En effet « l'article 153 du code des délits et
» des peines, portant que la citation pour dé-
» lit de police sera faite à la requête du com-
» missaire, ne l'assujettit point à prendre la

____

(1) 9 *Therm. an XI.* Cass. d'office. Bul. de la Cour,
an 11, part. crim. p. 318.

(2) 21 *Niv. an XIII.* Cass. *Régie des douanes.* Bul.
de la Cour, an 13, part. crim. p. 103.

» cédule du juge de paix, pour faire cette ci-
» tation. » (1)

CLAUSES.

Résolutoires.
Art. 1184 du code civil.

1.º « *Les Clauses résolutoires ne sont sou-*
» *mises pour leur exécution à l'arbitrage des*
» *juges, que dans le cas où elles sont subor-*
» *données au fait de l'une des parties contrac-*
» *tantes.* »

Or, « la clause d'un bail à loyer, portant :
« *s'il arrivait que l'état rentrât dans la pro-*
» *priété et jouissance des biens donnés a bail,*
» *dont partie est de nature domaniale, le pré-*
» *sent bail demeurera dès lors résilié de plein*
» *droit en totalité, sans que les preneurs puis-*
» *sent exiger aucune indemnité,* dépendait de
» l'événement d'une loi, (*) d'où résultait
» l'inutilité de l'intervention du juge, pour
» constater mieux l'échéance de la condition. »

« Le code civil ne prescrit le contraire (art.
» 1184) que pour des cas étrangers à l'es-
» pèce, » où il s'agissait de la révocation d'une
aliénation de domaines de l'état engagés sous
l'ancien régime, « et où l'apposition du séques-
» tre national avait fait échoir l'événement
» prévu par le bail. » (2)

Pendant le pa-
pier monnaie.
Réduction.

2.º *Les clauses résolutoires et prohibitives*
expressément apposées dans les contrats d'alié-

---

(1) 4 *Brum. an XIV.* Cass. d'office. Bul. de la Cour
an 13 et 14, part. crim. p. 417.

(*) Celle du 10 frimaire an X , dont l'espèce est rapportée au mot *Caution,* nomb. 3.º

(2) 25 *Fruct. an XIII.* Rej. *Bourlon.* Jour. des Aud.
an 14 et 1806, p. 3.

nations d'immeubles, pendant la DÉPRÉCIA-
TION DU PAPIER-MONNAIE, n'ont point été at-
tenuees par les dispositions de la loi du 16 ni-
vôse an VI.

C'est-à-dire, que dans l'espèce, les clauses prohibitives peuvent (d'après l'ensemble des circonstances) être interprêtées, *EX ARBITRIO*, par les juges, sur la question de savoir si, en stipulant la prohibition d'un paiement, avant un terme convenu, elles ont eu l'intention de stipuler en numéraire.

En effet, « les lois intervenues sur les tran-
» sactions passées pendant le papier monnaie,
» n'ont pas condamné les débiteurs à payer
» en numéraire, dans le cas où il y aurait une
» stipulation expresse à se sujet; mais elles
» l'ont ainsi ordonné dans celui où il parai-
» trait, par des circonstances particulières,
» qu'elles ont indiquées, que telle avait été
» l'intention des parties. »

« D'où il suit que les juges peuvent, sans
» violer aucune loi, voir cette intention dans
» la *clause* particulière d'un contrat de ven-
» te, portant obligation de ne pouvoir rem-
» bourser la somme restée due sur le prix,
» avant le délai de dix années (comme vingt
» et plus) *attendu que ce n'est qu'à cette con-*
» *dition, et sous la foi de son exécution, que les*
» *vendeurs ont consenti la vente* dont il s'agit,
» et n'en ont porté le prix qu'à la somme
» de . . . . (1)

3.º *Il en est de même*, pour le cas où, d'a-
près une clause semblable, le vendeur aurait

---

(1) 21 *Vent. an X.* Rej. *MOYNAT.* Jur. an 10, p. 225.

formé une demande en rescision de la vente en vertu de la loi du 27 thermidor an VI ; et où l'acquéreur, de son côté aurait demandé la réduction du prix en vertu de celle du 16 nivôse même année.

Les juges qui auraient prononcé que le vendeur devait accepter les offres de paiemens, réduit d'après le tableau de dépréciation, ou déterminé par une estimation, n'auraient point fourni motif à la cassation de leur décision :

Car, « il ne résulte point de la loi du 27 » thermidor précitée, que l'apposition d'une » clause prohibitive ou résolutoire donne au » vendeur le droit d'exiger son paiement en » valeur métallique ; les juges ayant déclaré » qu'il résultait de la demande en rescision » formée par le vendeur, qu'il avait reconnu » lui même que la stipulation avait eu lieu » en valeur nominale, ils n'auraient violés » aucune loi, qui dût servir de règle à leur » décision, la législation n'en ayant prescrit » aucune qui fut applicable à l'espèce : d'où » il suit qu'il ne pourrait y avoir lieu à la » cassation de leur jugement. » (1)

De non réduction stipulée après une vente.
Papier monnaie.

4.° *Les* CLAUSES *prohibitives de réduction, avec indication de paiement sur le prix d'une vente mobiliaire, insérées dans un acte postérieur à celui de la vente, ne préjudicient point au bénéfice de la réduction introduit, par la loi en faveur de l'acquéreur.*

En effet, « lorsqu'il ne s'agit point entre les » parties d'une indication de paiement ré-

---

(1) 21 *Vend. an XI.* Rej. BEAUREPAIRE. Jour. du Pal. an 11, 1. s. p. 358.

» sultant d'un contrat de vente, ni d'une
» clause prohibitive, expressément apposée
» dans un contrat d'aliénation d'immeuble ;
» lorsque l'indication de paiement et les clau-
» ses prohibitives ont été stipulées et accor-
» dées par un acte postérieur au contrat de
» vente ; . . . . en droit, cette indication de
» paiement et les clauses prohibitives n'ont
» point opéré novation ; d'où il suit que la
» condition *des parties* n'a pu changer par une
» suite quelconque de cette indication et de
» cette clause, et que *nulle d'elles* n'a pu sous
» prétexte de cet acte, être privée du bé-
» néfice que la loi du 16 nivôse an VI accorde
» à ceux qui ont acquis des immeubles pen-
» dant le cours du papier monnaie, et dont
» l'acte de vente ne contient ni délégation,
» ni indication de paiement, ni clauses pro-
» hibitives. » (1)

5.º *La* CLAUSE *de retenue des impositions, exprimée dans un contrat de constitution de rente, antérieur à l'édit de 1749, doit encore aujourd'hui recevoir son exécution.*

De retenue sur les rentes an-ciennement constituées.

Édit de 1749.

Il suffit, pour justifier cette règle, de dire que
« l'édit de 1749, qui a imposé la contribution
» d'un vingtième sur toutes les rentes consti-
» tuées et intérêts, a voulu que cette contri-
» bution due par les rentiers et autres créan-
» ciers, fut à décharge des propriétaires grè-
» vés desdites rentes et par eux retenue,
» lorsqu'ils feraient le paiement des arréra-
» ges ; . . . . l'article 99 de la loi du 3 frimaire
» an VII, qui forme à cet égard le dernier état

(1) 10 *Niv. an XIV.* Cass. TRANCARD. Bul. de la Cour, an 13, p. 523.

» de la législation, n'ordonne l'éxecution des
» clauses de non-retenue d'impositions, que
» relativement aux prestations et rentes; mais
» l'article 98 déclare formellement que les dé-
» biteurs de rentes et intérêts créés avant la
» publication des décréts de novembre 1790,
» et qui étaient autorisés à retenir les imposi-
» tions alors existantes, feront la retenue de
» la contribution foncière » (1) Voyez des
Impositions au mot *Retenue.*

CLOTURE.

CLOTURE, (pour le mot) qui n'a lieu, en matière civile, que relativement aux *inventaires,*
aux *enquêtes,* aux procès-verbaux *d'assemblées de parens,* de *contraventions* (pour lesquelles il faut consulter les mots indicateurs
des espèces) de *saisies* et de *vente.* Voyez
ces mots.

Pour les matières criminelles, voyez principalement *procès-verbaux* de délits, de la tenue des jurys d'accusation et de jugement.

Pour les clôtures des habitations et rurales,
voyez le *Traité de compétence,* les mots *Action, Servitude, délits.* et autres indicatifs
de l'espèce suivant le fait auquel la clôture
aura donné lieu, ou du droit qui devra être
appliqué à ce fait.

CODE CIVIL.

Ne pouvant rapporter à ce mot les décisions de la cour sur les divers articles du code
civil. sans déranger l'ordre des matières, ou
sans tomber dans l'inconvénient d'une répétition au moins inutile, on s'est déterminé à

indiquer seulement ici les mots, contenant les décisions interprêtatives ou explicatives du code civil : lesquels sont,

Absent,	*Interdit*,
Action,	*Légataires*,
Adoption,	*Lésion*,
Adultérin,	*Locataires*,
Alimens,	*Oppositions*,
Arrêt (saisie)	*Ordre public*,
Autorisation,	*Partages*,
Bonnes mœurs,	*Prodigue*,
Chose jugée,	*Reconnaissance*,
Démission de biens.	*Rédaction*,
Divorce,	*Rescision*,
Domicile.	*Saisies*,
Enfans naturels,	*Servitudes*,
Etat civil,	*Successions*,
Expertise,	*Testament*,
Faux,	*Tutelles*,
Haie séparative.	

Les mots *Code civil*, placés aux notes marginales indiquent les articles, contenant l'interprêtation de ce code.

COLLATÉRALE. (*)

« *Collatérale* (*en fait de succession*), il » résulte des articles 82 à 87 inclus de la » loi du 17 nivôse an II. que la moitié, soit » paternelle, soit maternelle, des biens du dé- » funt, doit, à tout les dégrés de l ascendance,

Principes Généraux sur les droits des collatéraux.

Loi du 17 Niv. an II.

(*) *Collatérale*, terme de droit et de généalogie, qui indique le parent qui n'est point ascendant ni descendant, mais qui est comme de côté; tels sont les oncles, les tantes, les neveux, les nièces, les cousins et les cousines.

On dit au pluriel *les collatéraux*.

» et à défaut de descendance de chaque as-
» cendant, se diviser et subdiviser de moitié
» en moitié entre les descendans du dégré
» supérieur le plus proche de la ligne pater-
» nelle ou maternelle de cet ascendant, **et**
» les descendans en dégré, soit égal, soit plus
» éloigné de l'autre ascendant du même as-
» cendant. »

Car, « suivant les articles 77 à 81 inclus de
» cette loi, les ascendans pius proches n'ex-
» cluent ceux qui descendent des ascendans
» plus éloignés, que lorsque les ascendans sont
» issus les uns de la ligne paternelle, les au-
» tres de la ligne maternelle du même ascen-
» dant. »

« Enfin, les principes établis pour la suc-
» cession des ascendans, par les articles 69
» à 74 inclus de la même loi, ne peuvent avoir
» aucune influence sur le droit de recueillir
» et le mode de partager les successions col-
» latérales. »

*Voyons l'application de ces principes dans
l'espèce suivante.*

*Espèce d'une
succession
collatérale.*

Décès de A... sans enfans, sans ascendans
(père et mère, grand père ou grand'mère),
sans descendans de ses père et mère.

La moitié de la succession dévolue aux héritiers du côté paternel est recueillie sans discussion par les descendans des ayeuls de son
père.

Contestation s'élève entre les prétendans à
l'autre moitié échue aux héritiers du côté
de sa mère.

Les prétendans à cette portion de la succession sont, d'une part, les enfans d'un premier
mariage de B..., grand'mère de A...; et
d'autre part, les enfans de D... et E..., père

et mère de C..., (ce dernier, mari en secondes nôces de B...), et bisayeuls de défunt A..., duquel provient la succession dont
il s'agit.

Question de savoir si la moitié en contestation de cette succession, doit être partagée
par égales portions entre les enfans du premier mariage dé B... grand'mère, et les descendans de D... et E..., père et mère de
C..., bisayeul de A..., à défaut de descendans du mariage en secondes nôces de ladite
B... avec ledit C...;

Il ne peut y avoir de doute sur l'affirmative
de cette proposition, car, « en attribuant, à dé-
» faut de descendans de la mère de A... *DE*
» *CUJUS*, la moitié maternelle de ses biens
» aux descendans de B..., ayeule maternelle
» de A..., pour moitié, et pour l'autre moitié,
» à défaut de descendans de C... ayeul ma-
» ternel, aux descendans de B.., père de
» C..., et bisayeul de A...; le jugement *qui*
» *l'aurait ainsi ordonné* ne présenterait au-
» cune contravention à la loi, mais en ferait,
» au contraire, la juste application; » (1)

D'après le principe « qu'aux terme de l'ar-
» ticle 77 de la susdite loi de nivôse an II,
» tous collatéraux qui descendent d'ascendans
» paternels d'un défunt, quoique ces ascen-
» dans soient de diverses branches, sont ce-
» pendant de la même ligne, respectivement
» au défunt, c'est-à-dire, de la ligne pater-
» nelle; »

« On ne peut dire que ces collatéraux soient
» de lignes différentes, que lorsqu'on les con-

____

(1) 18 *Germ. an VII.* Rej. *HAVART.* Jour. du Pal. an
11, Coll. p. 2.

» sidère entr'eux, mais non pas lorsqu'on les
» considère respectivement au défunt, par
» rapport auquel ils sont bien dans la ligne
» paternelle. »

« Or, ces mêmes collatéraux ne doivent
» être considérés que dans leur rapport avec
» le défunt, puisque la parenté avec celui-
» ci est l'unique base de leur prétention à sa
» succession. »

De ces principes il résulte, qu'en succession collatérale, le descendant du *bisayeul*
du défunt, dans la ligne paternelle, exclut
le descendant du *trisayeul* paternel, mais d'une
souche différente:

Et qu'en le décidant autrement, « les juges
» contreviendraient au susdit article, et four-
» niraient motif à la cassation de leur juge-
» ment. » (1) Voyez *Ligne* et *Refente*.

COLLÈGE (*sur le mot*).

Voyez *Legs*, *Écoles de charité*.

COLONIES.

DE SAINT-DOMINGUE.

Suspension de paiemens.

1.º *COLONIE* (*dans la*) de St.-Domingue, *les payemens, et les poursuites pour raison des créances antérieures au premier janvier 1792, causées pour vente d'habitations de maisons et de nègres, ainsi que pour avances faites à la culture, sont suspendus, tant envers les débiteurs principaux, qu'envers leurs cautions,*

---

(1) 4 *Vent. an XI.* Cass. BOURLA *et* CHAUVET. Bul.
de la Cour, an 11, p. 1 7. — Jour. du Pal. an 11, Coll.
p. 16.

jusqu'au premier vendémiaire an XVI, (24 septembre 1807).

C'est la disposition de l'article 1.er de l'arrêté du 19 fructidor an X, rendu en vertu de la loi du 30 floréal même année, suivant laquelle le régime des colonies est soumis, pendant dix ans, aux réglemens qui seront faits par le Gouvernement.

2.° *Cette suspension n'est point applicable aux débiteurs, non propriétaires dans la colonie; ou qui l'étant, lors de la vente, ont cessé de l'être.*

C'est-à-dire, que si j'ai vendu, à chargé d'une rente viagère, une maison, située à St.-Domingue, à *Paul* habitant de l'île, et qu'après le décès de *Paul* et faute du service de cette rente, je poursuive sa veuve, résidante en France, cette veuve ne peut valablemeut invoquer le bénéfice de la suspension dont il s'agit.

En effet, « on ne pourrait inférer une con-
» travention formelle à l'arrêté du 19 fruc-
» tidor précité, *de ce que les juges auraient*
» *déclaré qu'on ne peut appliquer à la rente*
» *viagère dont il s'agit, la suspension ordon-*
» *née par ledit arrêté.* soit que l'on considère
» l'intitulé, l'ensemble des dispositions, et
» notamment celles des articles 2 et 3 de cet
» arrêté; soit que l'on considère la fin que
» s'est proposée le Gouvernement, qui est de
» procurer aux colons le moyen de rétablir
» leurs édifices, et de les fournir de nègres,
» et de tout ce qui peut contribuer au réta-
» blissement de la colonie. »
Puisque, « dans l'espèce, la veuve *dont il*

» *s'agit* ne pourrait être dans ce cas. » (1)

3.º *Cette suspension ne peut pas non plus être appliquée aux créances résultantes des frais de transport des denrées coloniales, du lieu de l'habitation (*) dans un magasin.*

Il est certain que « les juges ne contrevien- » draient point à l'arrêté du 19 fructidor an X, » en jugeant en *fait* que les frais de voitu- » res et de transport de denrées coloniales du » lieu des habitations, soit dans la ville du » Cap, soit dans des magasins près de la mer, » ne doivent pas être considérés comme des » *avances faites à la culture ;* et en décidant » en *droit* que l'arrêté précité n'est pas applica- » ble à l'espèce de créance dont il s'agit. » (2)

Pourvoi en cassation.

4.º *COLONIES (les habitans des) n'ont que les délais ordinaires pour se pourvoir en cassation ; la cour ne peut pour raison particulière proroger ce délai.*

Parce que « l'article 12 du réglement de 1738 » ne donne qu'un délai pour se pourvoir en » cassation contre les jugemens signifiés au » domicile des parties dans les colonies de « St.-Domingue, Martinique, Guadeloupe, » Canada et Isle royale. » (**)

---

(1) 1.ᵉʳ *Brum. an XIII.* Rej. *Veuve* DUBOR. **Jour. du Pal.** an 13, 1. s. p. 455.

(*) *Habitation*, en ce sens, signifie un établissement qu'un particulier a entrepris dans des terres nouvellement découvertes, et dans lequel il habite. *Terme usité dans toutes les colonies.*

(2) 11 *Fruct. an XII.* Rej. GRENIER. **Jour. du Pal.** an 13, 1. s. p. 452.

(**) Voyez au mot *Cayenne* une exception en faveur de cette colonie.

« Les lois modernes, et notamment l'article
» 15 de celle du 2 brumaire an IV, ont dé-
» claré impérativement et sans aucune ex-
» ception, qu'il ne serait point admis de re-
» liefs de laps de temps; ce qui détruit ou
» repousse la faculté qu'accordait l'article cité
» du réglement de 1738, qui permettait
» d'avoir égard aux circonstances pour rele-
» ver les parties du laps de temps. »

D'où il suit, « qu'après l'expiration du dé-
» lai accordé aux habitans des colonies pour
» se pourvoir en cassation, il y a impossibilité
» d'en accorder un nouveau. » (1) Voyez
Pourvoi.

On s'est dispensé de rapporter la jurisprudence sur les assignations données à l'ordinaire aux habitans des colonies à cause des
dispositions précises du code de procédure à
ce sujet : cependant, si l'on en avait besoin
pour le passé, on trouverait cette jurisprudence dans le Journal des Audiences an XIII,
pag. 56 et suivantes.

COMMAND.

COMMAND (le) est celui qui dans une adjudication volontaire ou forcée a donné à un
autre la commission d'acheter pour lui : il
signifie aussi celui qui a reçu cette commission
et qui lors d'une adjudication déclare qu'il
achete pour un ami élu ou à élire ; et dont

---

(1) 22 *Vend. an XII.* B*EAUREGARD.* Jour. du Pal.
an 12, 1. s. p. 100. *Daté du* 19 *idem.* Jour. des Aud. an
12, p. 116.

il fera sa déclaration par la suite. *Voyez Déclaration* par command. *Enregistrement.*(*)

COMMANDITAIRE. (**)

Ce qui constitue le commanditaire.

COMMANDITAIRE (le) qui a géré et administré, devient associé pur et simple : encore que l'acte de société porte en termes exprès que cette société est en commandite.

En effet « bien que l'acte de société, qua-
» lifie les associés de commanditaires, s'il
» porte aussi qu'ils administreront, exploite-
» ront l'entreprise, et auront voie délibéra-
» tive dans les assemblées, il s'en suit que
» la participation active de tous les préten-
» dus commanditaires à tous les actes d'ad-
» ministration de ladite société, devenant
» incompatible avec une société stipulée sim-
» plement en commandite, la fait dégénérer
» en société simple ; de manière que tous
» les sociétaires deviennent par le fait asso-
» ciés principaux. et comme tels. passibles
» de toutes les actions qui militent contre la
» société principale. » (1)

Ainsi « lorsque les juges ont décidé en
» fait qu'il s'agit de traites acceptées (par

(*) Par les motifs avant dits, on n'a point fait mention ici des COMMANDEMENS, qui sont des actes de pure procédure, et réglés par le nouveau code.

(**) *Commanditaire*, celui qui a une commandite : *commandite*, terme de commerce, c'est une espèce de société qui se fait entre des marchands, dont l'un ne fait que de prêter son argent sans faire aucune fonction d'associé, et l'autre donne ses soins à tout ce qui fait l'objet de la commandite. Voyez *Associé* et *Société*.

(1) 16 *Germ. an XI.* Rej. BRULEY. Jur. an 11, p. 274.

» exemple)

» exemple) par une société de banque et li-
» vrées à la confiance publique par la mise
» en circulation ; que cette société est pure
» et non en commandite, les prétendus
» commanditaires s'étant immiscés dans l'ad-
» ministration ; »

Tout pourvoi contre cette décision serait
inutile, car « les jugés peuvent le décider
» ainsi, d'après les faits et les circonstances,
» sans contrevenir à aucune loi; »

« D'où il suit que *le sociétaire et directeur de*
» *la banque en question*, serait justiciable du
» tribunal de commerce, et contraignable
» solidairement et par corps au paiement des
» effets dont est question; *le jugement qui*
» *le prononcerait* ainsi ne contiendrait au-
» cune contravention expresse à la loi. » (1)

COMMERCE.

1.° *COMMERCE* (*le*) est la communication
que les hommes ont entr'eux relativement
à leurs marchandises ; il se fait ordinairement par ventes, achats ou échanges.

Les opérations multipliées dont il se com-
pose, et les incidens résultant de ces opérations, donnent lieu à une infinité de distinctions qui ont chacune leurs termes particuliers, et sous lesquels il faut les chercher
dans ce Dictionnaire : tels sont les *effets* de
commerce, composés de *billets* et *lettres de*
change; lesquels donnent lieu à des *endos-*
semens, des *avals*, des *ordres*, des *pro-*

---

(1) 27 *Flor. an XIII.* Rej. *LAFOND-LADÉBAT.* Jour. des
Aud. an 13, S. p. 134.— Jour. du Pal. an 13, 2. s. p. 417.

têts , à des actions tant *principales* contre les débiteurs , qu'en *garantie* contre les *endosseurs* , les *cautions* , &c.; ces actions sont réglées par les *tribunaux de commerce* et les *arbitres*. La *société* est d'un grand usage dans le commerce ; elle y est usitée sous toutes les distinctions qu'elle comporte. La foi du commerce repose dans les *carnets* , *journaux* et *livres* des commerçans. Le commerce se fait souvent par le ministère de personnes tierces , que l'on nomme *Courtiers* , *Agens* , *Facteurs* , et aussi par d'autres dénominations, suivant les genres de commerce. On se déshonore dans le commerce par les *banqueroutes* , les *faillites* , les *atermoiemens* ; VOYEZ *ces mots* et autres indicatifs du fait ou du point de droit sur lequel vous désirerez des renseignemens ; car , avoir voulu réunir sous ce mot tout ce qu'il y aurait à rapporter en fait de commerce, c'eut été vouloir faire un traité de commerce et sortir des règles adoptées pour les dictionnaires.

2.° COMMERCE (*le*) *de France est régi par diverses ordonnances* , *dont la plus notable est celle de* 1673.

Cette ordonnance a été publiée , en partie , dans les départemens réunis, et a conservé toute sa force à l'exception « des articles 2 et » 3 de son titre 4 , qui déclarent nuls les ac- » tes et contrats passés , tant entre les asso- » ciés qu'avec leurs créanciers, à défaut d'en- » registrement et publication des actes de » société : *ces deux articles* sont tombés en » désuétude , et sont abrogés par l'usage » général du commerce , confirmé par la

» jurisprudence constante des tribunaux. »
(1) Voyez *Desuétude.*

COMMISSAIRES. (*) *en Mat. crimin.*

1.º « COMMISSAIRES (*les*) *de police , d* ⸱   De police.
» *nommes dans l'article* 4 *de la loi du* 7 *plu-*
» *viôse an IX. sont charges de dénoncer les*
» *crimes et délits. de dresser les procès-verbaux*
» *y relatifs :* ils sont tenus de faire , sans dé-
» lai, l'envoi des plaintes, dénonciations ,
» procès-verbaux et déclarations au substitut
» du Procureur général près la cour crimi-
» nelle. »
« Ils ne peuvent entendre des témoins et
» instruire une procédure. après qu'ils en ont
» été déssaisis par l'envoi des pièces au Di-
» recteur du jury. » (2)

2.º *Ils ne peuvent déléguer l'exercice de
leurs fonctions ni les faire exercer par les
agens qui leur sont subordonnés.* (**)
Par exemple , « la découverte et la saisie ,
» dans la maison d'un libraire , de plusieurs

---

(1) 22 *Messid. an IX.* Rej *Créanciers* NORMAND. Jour.
du Pal. an 9, 2. s. p. 7, du n.º 36.

(*) *Commissaire ,* DELEGATUS, COMMISSARIUS. C'est
célui qui est commis, délégué, préposé pour quelques
fonctions particulières. *Au palais,* c'est un juge délégué
pour l'instructiou d'une affaire, tant en matière civile,
qu'en matière criminelle; en ce qui concerne les fonctions de ces juges pour les matières civiles, voyez le code
de procédure et notre pratique judiciaire. Voyez *Pro-*
cureur généraux et impériaux , *Ministère public.*

(2) 15 *Flor an XII.* Cass. DEFRANCE. Bul. de la Cour,
an 12, part. crim. p. 183.

(**) Qui, en terme do police, se nomment observateurs.

» exemplaires prétendus contrefaits, *d'un ou-*
» *vrage quelconque*, ne peut être constatée
» que par un commissaire de police ou un
» juge de paix; »

Si c'est un agent du commissaire de police,
« qui a fait la perquisition chez le libraire et
» y a saisi les exemplaires contrefaits; le dé-
» faut de qualité legale dans la personne de
» *cet agent*, ne permettrait point de baser
» sur le procès-verbal rédigé par lui, une
» procédure correctionnelle dirigée contre *le*
» *libraire.* » (1)

De leur costume.

3.° *Ils ne sont point tenus d'énoncer dans leur procès-verbaux qu'ils étaient vêtus de leur costume.*

En effet, « aucune loi n'impose aux commis-
» saires de police l'obligation de faire men-
» tion dans leurs procès-verbaux, qu'ils étaient
» revêtus de leur costume, et n'attache la
» peine de nullité à l'omission de cette énon-
» ciation. » (2)

Des Guerres.

4.° COMMISSAIRE (*la qualité de*) DES GUER-
RES, *est attributive de juridiction aux tribunaux militaires, à l'égard de ceux qui étant
à leur service à gages, commettent des vols
envers eux.*

En effet « s'il est constant que le prévenu
» était doméstique à gage chez *un* commis-
» saire des guerres, à l'époque du délit dont

---

(1) 9 *Messid. an XIII.* Cass. BIDAULT. Bul. de la Cour, an 13, part. crim. p. 300.

(2) 9 *Niv. an XI.* Cass. d'office. Bul. de la Cour, an 11, part. crim., p. 106.

» il est accusé ; il en résulte qu'il n'est pas
» justiciable des tribunaux civils. » (1)

COMMISSION.

« *Commissions (les) militaires, extraor-*
» *dinaires ne peuvent prononcer des domma-*
» *ges-intérêts que d'après les lois qui y auto-*
» *risent les tribunaux criminels ordinaires* »
Voyez au *Traité de compétence*, partie criminelle, pag. 206 nomb. 106 à 112 inclu.

Militaires, extraordin.

Commissions (les) rogatoires ne peuvent
avoir pour objet les actes de la procédure que
la loi confie aux tribunaux eux mêmes.

Rogatoires.

C'est ainsi qu'une cour criminelle, après
avoir commencé les débats d'une affaire soumise à sa décision, ne pourrait ordonner que
l'accusé fût transféré hors de sa présence,
pour être confronté à un témoin, devant un
juge étranger, en vertu d'une commission ro-
gatoire.

Car « cette cour ne pourrait pas mieux dé-
» léguer à d'autres juges le droit de faire pour
» elle une telle procédure, qu'elle ne pourrait
» déléguer le droit de prononcer le jugement
» au fond. » Voyez au *Traité de compétence*,
partie criminelle, pag. 230 nomb. 124 et 125.

COMMISSIONNAIRE.

1.º *Commissionnaire (le mandat donné à*
un) est personnel. et ne peut s'étendre au gé-
rant de ce commissionnaire.

En matière de commerce.

---

(1) 28 *Pluv. an XI.* Cass. *Hipolyte.* Bul. de la Cour,
an 11 , part. crim. p. 156.

C'est-à-dire, que si j'ai chargé une maison de commerce, composée de plusieurs sociétaires, de vendre en commission et pour mon compte, certaines marchandises : après la dissolution de cette société, aucun de ses membres ne peut se prévaloir de la confiance que j'avais donnée à cette société entière, pour continuer seul les opérations restantes à terminer.

En effet, « le mandat ayant été donné à » la maison *tel et compagnie*, et non à *tel* » seul ; ce dernier ne peut se prévaloir de » la confiance donnée à la société entière, sans » avoir reçu *du mandant* une autorisation » spéciale. »

Du temps du papier monnaie.

2°. *COMMISSIONNAIRE* (*le*) *qui ayant fait des ventes en papier monnaie n'en a pas remis le montant à son mandant, ne peut être considéré comme dépositaire d'assignats*, lorsqu'il les a gardés pardevers lui.

« Le jugement qui aurait considéré *ce com-* » *missionnaire* comme dépositaire d'assignats » qui lui seraient restés en main par suite de » la vente, et l'aurait en conséquence auto- » risé à les fournir en mêmes espèces, quoi- » qu'il les ait retenus en ses mains près d'un » an, depuis la vente, sans en avoir donné » connaissance *à son mandant* ; contiendrait » une contrevention aux dispositions de l'art. » 12 de la loi du 15 germinal an IV. » (1)

En matière de douanes.

3.° *COMMISSIONNAIRES* (*les*), *qui participent aux contraventions en matière de douanes, sont passibles des peines prononcés par les lois.*

Mais, si le procès-verbal de saisie, dressé

______

(1) 11 *Vend. an VII.* Cass. *COMBE.* Jur. notice , p. 163.

contre moi, pour raison d'une importation de marchandises, anglaises ne fait point mention de mon épouse, elle ne peut être condamnée avec moi pour raison de cette contravention;

Car, « elle ne pourrait être traduite devant
» les tribunaux, qu'autant qu'elle serait pré-
» venue d'avoir coopéré à l'importation des
» marchandises saisies, en qualité de commis-
» sionnaire, d'après les dispositions de l'article
» 15 de la loi du 10 brumaire an V. » (1)

COMMUNAUTÉ. *Entre époux.*

1.º COMMUNAUTÉ (*la*) *existante entre mari et femme, n'a pu autoriser la condamnation solidaire de celle-ci, avec son mari, pour les dettes contractées sans son intervention.*

De ses effets envers la femme. Coutume de Paris.

En effet « lorsqu'une femme n'a, par aucun
» acte, contracté d'engagement personnel en-
» vers un créancier, il en résulte que. par sa
» renonciation à la communauté, elle doit, aux
» termes de l'article 239 de la coutume de Pa-
» ris, (et 1494 *du code civil*), être quitte de la
» dette contractée par son mari envers le
» créancier. »

Or, « ce droit lui serait enlevé par la con-
» damnation solidaire qui aurait été. *pendant*
» *le mariage*, prononcée contre elle. » (2)

2.º COMMUNAUTÉ (*la*) *est dissoute par l'émi-gration du mari.*

La renonciation par la femme d'un émigré

Dissoute par l'émigration du mari.

---

(1) 29 *Frim. an XIV.* Cass. *Dame* BOYÉ. Bul. de la Cour, an 14, part. crim. p. 496.

(2) 5 *Brum. an XI.* Cass. *L'épouse* FARGEON, Bul. de la Cour, en 11, p. 32 —— Jour. du Pal. an 12, Col. p. 258.

Chartres du Hainault.

devant l'autorité administrative . décharge la renonçante des dettes de la communauté.

La radiation . ou amnistie . du mari émigré et sa co-habitation avec sa femme n'opère point le rétablissement de la communauté.

D'abord, « la mort civile, retranchant de
» la société civile celui qui en est atteint, la
» raison se refuse à l'idée d'une communauté
» toujours subsistante avec une personne qui,
» dans l'ordre civil et aux yeux de la loi,
» n'existe plus. » (1)

Dans l'espèce, *disait M. Jourde*, les anciens principes sur le rétablissement de la communauté ne sont point applicables.

« Ainsi, la renonciation dont il s'agit. ayant
» été faite . en conformité de la loi de floréal
» an III, serait régulière, et devrait avoir son
» effet contre les créanciers de la communauté,
» comme elle l'aurait eu contre la républi-
» que ; la loi de floréal ayant. au moins taci-
» tement, abrogé à cet égard les chartres du
» Hainaut. »

D'ailleurs. « ce serait contre toute raison
» qu'on voudrait prétendre que lorsque des
» époux ont été légalement séparés de biens,
» que l'épouse a régulièrement renoncé à la
» communauté qui avait existé, cette com-
» munauté serait rétablie de plein droit en-
» tr'eux . par le fait de la radiation du mari
» de la liste des émigrés, et par celui de sa
» réunion avec sa femme. » (2)

-----

(1) 24 *Flor. an XIII.* Rej. Joubert. Jour. du Pal. an 13, 2. s. p. 481.

(2) 22 *Pluv. an XIII.* Rej. Delcroix. Jur. an 13, p. 181. — Jour. des Aud. an 13, p. 246. — Jour. du Pal. an 13, 2. s. p. 1.ᵉ

3.º *COMMUNAUTÉ* (l'état de) *dans le mariage, n'influe pour rien sur le sort des inscriptions hypothecaires que la femme peut prendre sur les biens de son mari,* sans distinction des conquêts de communauté.

Relativement aux inscript. hypothécaires de la femme.

Car, en droit, « les femmes en puissance » de mari ont le droit de conserver leurs » hypothèques par la voie de l'inscription, » sans distinction, si elles sont communes ou » séparées de biens, ni si leurs inscriptions » portent sur des biens personnels du mari » ou sur des conquêts de communauté. » (1)

4.º *COMMUNAUTÉ* (la) *s'établit quelque fois par forfait.*

De celle établie par forfait.

Par exemple ; si, par leur contrat de mariage, les parties sont convenues que « dans » le cas où la future viendrait à decéder la » première sans enfans les héritiers collaté- » raux auraient la liberté de demander au » futur époux pour tous droits dans sa succes- » sion mobiliaire et conquêts de communauté, » s'il en était fait, la somme de . . . ; interdi- » sant à sesdits héritiers collatéraux toute ac- » tion en partage de communauté contre ledit » futur époux, lesquels auraient seulement » le droit de requérir dudit futur ladite » somme de . . . ; et de la part du futur époux » qu'il s'oblige en cas de predécès de la future » sans enfans, de payer aux héritiers colla- » téraux, à compter du jour du mariage par » chacun an, et jusqu'au jour du prédécès » une somme de . . . . pour les intérêts et » revenus de ses biens propres. , . . ; »

---

(1) 16 *Fruct. an XII.* Cass. *WEILBREUNER.* Jur. an 13, p. 17.

Dans cette espèce, « il y a un véritable *for-*
» *fait de communauté*, la clause d'interdiction,
« formellement exprimée . . . . ainsi que celle
» exorbitante et singulière du paiement, pen-
» dant tout le cours du mariage, établissent
» évidemment l'intention des parties de con-
» venir d'un forfait de communauté. »

« Il ne pourrait être prononcé contraire-
» ment à ces dispositions sans une violation
» ouverte de la convention des époux, *sou-*
» *tenue* de l'article 1134 du code civil, dont
» la disposition est conforme et puisée dans
» les lois françaises anciennes et les lois ro-
» maines. » (1)

COMMUNES.

*De leurs
biens.
Règles
générales.*

1.º « *Communes* (tous les biens des) propre-
» ment dits sont les terres vaines et vagues
» (*) les lieux hermes (**) et vaquans aux-
» quels s'applique la disposition de la loi du
» 10 juin 1791, et les biens en valeur et pro-
» ductifs que la disposition de la loi du 28
» août 1792 concerne. »

Si elles agissent pour se faire « réintégrer
» dans des biens qui n'étaient pas commu-
» naux de leur nature, ou qui ont cessé de
» l'être, elles doivent justifier préalablement
» qu'elles les ont anciennement possédés et
» qu'elles en ont été dépouillées par les ci-

---

(1) 30 *Prair. an XIII.* Cass. Soyer. Bul de la Cour,
an 13, p. 348.

(*) *Vaines* et *Vagues*, d'une grande étendue et qui
ne rapportent rien.

(**) *Hermes*, terres désertes; abandonnées sans culture.

» devant seigneurs ; ce n'est qu'à cette preuve
» d'ancienne possession et de spoliation que les
» ci devant seigneurs sont obligés d'opposer
» un acte authentique qui constate qu'ils ont
» légitimement acheté lesdits biens. » (1) V.
Cassation nomb 6 et 7.

Lorsqu'elles font des concessions : voyez au *Traité de compétence*, partie civile pag. 20, nombre 19.

A l'égard des dettes des communes, et de l'envoi de leurs creanciers, en possession des biens par elles hypothéqués. voyez au *même Traité*, part. civile, p. 61, nomb. 61, et le mot *Bannalité*.

2.º *Deux ou plusieurs communes proprié-*
taires par indivis, n'ont pu ou ne peuvent
être forcées de rester dans l'indivis : même, sous le prétexte que le partage seroit nuisible à leurs intérêts

En principe, « nul n'est obligé de rester dans
» l'indivis malgré soi. »

« Une commune légalement autorisée par
» les corps administratifs, a donc pu pour-
» suivre le partage, d'une chose commune et
» susceptible d'être partagée, et devait l'ob-
» tenir ; car, en la forçant de rester dans
» l'indivis, sous le prétexte que ce partage lui
» aurait été nuisible, les juges auraient violé
» les lois romaines, qui donnent le droit de
» provoquer le partage de toutes choses indi-
» vises, qui en sont susceptibles. » (2)

Indivision de leurs biens.

Lois romaines.

(1) 14 *Vend. an IX.* Rej. Jur. notice, p. 345.

(2) 4 *Therm. an VII.* Cass. *Commune d'Ottweiler.* Jur. notice, p. 231.

Possession de leurs biens.

3.º *Elles n'ont pu valablement contester, après la loi du 21 prairial an IV, la possession à ceux qui avaient défriché et cultivé des biens communaux*

Il aurait suffi « qu'il eut été jugé en point » de fait, que *des particuliers* auraient dé- » friché, cultivé et ensemencé des portions » de communaux, dès avant la loi du 10 juin » 1793, pour, qu'en vertu de la loi du 21 » prairial an IV, qui maintient tout posses- » seur, surtout ceux qui ont défriché anté- » rieurement, » une commune eut été dé- clarée non-recevable dans le pourvoi qu'elle aurait exercé contre le jugement qui aurait maintenu ces particuliers dans leur posses- sion. (1)

Lorsqu'elles ont postulé l'action en réintégrande.
(a)

4.º *Elles ont dû* (*) *justifier pleinement leur ancienne possession, pour obtenir leur réintégration dans les biens qu'elles préten- daient leur avoir été arrachés par un abus de la puissance féodale.*

En effet « l'article 8 de la loi du 28 août 1792 » n'a autorisé à se faire réintégrer que les » communes qui justifieraient avoir ancienne- » ment possédé des biens dont elles auraient » été dépouillées par les ci-devant seigneurs; »

---

(1) 20 *Messid. an* X. Rej. Jur. an 10, p. 352. *Daté du* 24 *dito.* Jour. du Pal. an 10, 2. s. p. 449.

(*) Lorsqu'elles agissaient en vertu de la loi du 28 août 1792, contre leurs ci-devant seigneurs.

(a) *Nota.* Que les décisions de cette nature rendues par des arbitres forcés, peuvent encore être attaquées par la voie de la cassation. Voyez *Action*, nomb. 31 — Qu'en prononçant sur un pourvoi de cette nature, la cour peut examiner s'il y a erreur dans le fait. Voyez *Cassation*, nomb. 6 et 7.

Celles « qui n'ont produit à l'appui de leur
» prétention, que des transactions par lesquel-
» les les biens litigieux avaient ete abandon-
» nés au ci-devant seigneur, et ne réfutaieut
» aucun titre primordial en faveur des com-
» munes, n'ont point justifiées leurs récla-
» mations. » (1)

5.° *Les communes sont responsables des*   De leur
dommages intérets, envers les parties, pour responsabilité
raison des délits commis à force ouverte sur En fait de
leur territoire. dommages-
intérêts.

C'est la disposition principale de la loi du
10 vendémiaire an IV.

« *Cette loi autorise les tribunaux à liquider*
» *les dommages-intérêts dûs par les commu-*
» *nes, et à prononcer contre elles ces domma-*
» *ges-intérêts, sans suivre les formalités ordi-*
» *naires.* » (2)

« Elle veut que le tribunal civil (de l'arron-
» dissement) prononce dans les 10 jours sur
» le vû des procès verbaux et autres pièces
» qui constatent les délits qui ont été commis,
» sans exiger une assignation à aucune par-
» tie. »

En vain une commune ainsi condamnée
attaquerait-elle le jugement sous le motif
qu'elle n'y aurait point été appellée.

Car « les juges d'appel, en déclarant nul
» ce jugement, par le seul motif qu'il n'aurait
» point été donné d'assignation préalable aux

---

(1) 8 *Messid.* an *XII.* Cass.... Jour. du Pal. an 12,
2. s p. 515.

(2) 2 *Fruct. an VIII.* Cass. *Commune de Courtison.*
Bul. de la Cour, an 8, p. 501. —— Pour les deux para-
graphes de cet article, indiqués ci-après.

» habitans de cette commune. annulleraient
» un jugement légalement rendu, et, sous
» ce rapport. excéderaient leur pouvoir. » (1)
Mais cette condamnation ne peut avoir lieu
« que dans le seul cas où il y a eu un procès-
» verbal, dressé par les administrations dans
» la forme et dans le délai prescrit par la loi,
» parce que c'est le caractère de flagrant dé-
» lit ainsi constaté qui seul autorise une forme
» de procédure et de jugement extraordi-
» naire. laquelle ne peut pas être appliquée
» hors du cas spécial que la loi indique : la
» loi en chargeant les officiers municipaux,
» de dresser ces sortes de procès verbaux. et
» en restreignant leur mission au cas où le
» délit commis, est de la qualité de ceux,
» qu'elle prévoit. indique assez que c'est aux
» seuls officiers municipaux qu'elle confie le
» soin de juger si les délits sont de la nature
» de ceux dont elle permet de poursuivre la
» réparation par cette voie extraordinaire. »

« Le paragraphe 2 de l'article 2 de la loi
» indique clairement que, hors le cas du pro-
» cès-verbal, dressé par l'administration mu-
» nicipale, elle ne laisse plus aux parties que
» la ressource de poursuivre la réparation qui
» peut leur être due. par la voie ordinaire.» (2)
En vain : les juges, pour s'écarter de ces règles, considéreraient-ils que. dans le fait qui
leur aurait été présenté. les procès verbaux
auraient été dressés par des gendarmes qui ont
qualité à cet effet ; qu'il y aurait eu attrou-
pement pour faire évader un déserteur; qu'il

---

(1) 17 *Vend. an VIII.* Cass. d'office. Jur. notice, p. 245.

(2) Voyez la note 2 *Fruct. an VIII*, p. précédente.

s'en serait formé un second qui aurait jetté
des pierres aux gendarmes et poussé des cris
de provocation au meurtre.

Parce que « les formes et les délais *ci dessus*
» *indiqués* ne se rencontreraient point dans
» l'espèce, et qu'ainsi les juges seraient incom-
» pétens pour connaître des délits en question
» et pour liquider les dommages intérêts qui
» pourraient être dûs par la commune, et
» s'autoriseraient faussement de la susdite loi
» du 10 vendémiaire an IV. » (1)

6.º *Ces jugemens sont exécutoires sur les
vingt plus fort cotisés de la commune condamnée ; et subsidiairement sur les autres
habitans.*

Mais, les vingt plus forts cotisés peuvent se
pourvoir par appel contre ces jugemens, comme
étant intéressés *UT SINGULI*, lorsque les communes ne le peuvent ou ne le veulent pas faire.

Car, cet appel « n'aurait pas d'autre objet
» que d'échapper à des condamnations qui
» peseraient sur leurs propriétés individuel-
» les, et non sur des propriétés communa-
» les. » (2)

7.º *Lorsqu'il s'agit d'un homicide, les communes ne doivent de dommages-intérêts qu'à
la veuve et aux enfans.*

Vainement le père et la mère de l'homi-
cidé feraient ils valoir la cisconstance que leur
fils soignait leur veillesse, qu'il les protégeait

---

(1) 30 *Brum. an XIII.* Cass. *Commune de Massal.* Jour.
du Pal. an 13, 1. s. p. 305. — Bul. de la Cour, an 13,
p. 53. Un arrêté du Conseil d'état décide le contraire.

(2) 14 *Pluv. an X.* Rej. *BENOIT* Jur. an 10, p. 220.

contre l'indigence; qu'il était leur unique con-
solation, leur appui. . . .

Car, « l'article 6 de la loi de vendémiaire
» an IV, ne donne qu'à la veuve ou aux en-
» fans, le droit de réclamer les dommages-
» intérêts; et en aucun cas il n'est permis de
» donner aucune extension à une disposition
» pénale. » (1)

*Elles sont obli-
gées de se
pourvoir d'au-
torisation
pour plaider.*

8.º « *Le défaut d'autorisation des communes
» est un moyen de nullité absolue qu'on peut
» invoquer en tout état de cause;* soit que le
» jugement soit favorable ou contraire à la
» commune non autorisée. » (2)

Dès l'an IV, la cour avait annullé plusieurs
jugemens, rendus sous le régime de l'arbitrage forcé et par lesquels les arbitres avaient
adjugé à des communes non autorisées des
biens qu'elles avaient revendiqués.

Cette jurisprudence fut, par deux arrêts
des 28 brumaire et 19 thermidor an VI, étendue aux affaires jugées par les tribunaux
ordinaires.

Le contraire a été jugé, de l'avis de M.
MERLIN, à l'audience de la section criminelle
de la cour, le 27 messidor an VIII.

Enfin, par arrêts des 3 brumaire, 5 nivôse
an XII, et autres rapportés au mot *Autorisation* des communes, il a été décidé en diverses occasions et en termes différens « que
» ce n'est pas seulement pour leur intérêt
» que l'autorisation des communes est exi-

____

(1) 3 *Vend. an X.* Rej. *LACAUX.* Jur. an 10, p. 37.
(2) *Niv. an XII.* Cass. *LAMBERTY.* Jour. du Pal an 12,
1. s. p. 388.

» gée,

» gée, mais encore pour qu'elles ne tracas-
» sent pas sans raison les particuliers. » V.
le mot *Autorisation*. nomb 1.er à 6 inclut.

Voyez pour les autres cas qui intéressent les communes, les mots *Action* possessoire et en réintégrande, *Administration*, *Arbitres*, *Arrêts*, *Bannalité*, *Bois*, *Cantonnement*, *Chose jugée*, *Conseil* du Roi, *Délits*, *Dettes*. *Féodalités*, *Isle*. *Pacage*, *Parcours*, *Pâturage*, *Possession*, *Procès-verbaux*, *Rentes*, *Triages*, *Usages*.

COMMUNICATION. (*)

Les Communications, avec les personnes d'un bâtiment de mer, défendues par les lois, entraînent l'application de ces lois aux personnes qui ont communiquées avec elles.

En fait de bâtimens de mer qui n'ont pas la permission d'entrer dans les ports.

Par exemple « l'édit de septembre 1778, » (pour la Corse) dont l'exécution est ordon- » née par la loi du 9 mai 1793. a eu en vûe » d'empêcher toute communication qui pour- » rait introduire la peste dans l'île de Corse, » et d'obliger à prendre toutes les précau- » tions de sûreté, lorsque cette communica- » tion aurait eu lieu par cas fortuit ou au- » trement. »

(*) *En terme de palais*, c'est l'échange que les avocats font de leurs dossiers, de la manière indiquée par le code de procédure, pour s'éclaircir du fait, et voir sur quoi ils auront à plaider.

Elle a aussi lieu avec le ministère public.

Dans la société, c'est la fréquentation, le commerce, les liaisons qu'on a avec quelqu'un, elles sont dangereuses, en certains cas; alors elles sont défendues par les lois : c'est ce dont il s'agit ici.

Or , « les individus qui ont communiqué
» de cette manière, doivent se présenter
» d'eux mêmes pour subir les épreuves que
» l'autorité compétente peut juger nécessai-
» res. »

S'il pouvait en être autrement, « la loi serait
» éludée, les magistrats pouvant ne pas avoir
» connaissance de la communication, ou ne
» l'avoir que trop tard, pour que le prin-
» cipe de la contagion ne soit pas répandu,
» par la communication de ceux qui auraient
» puisé ces principes funestes dans une pre-
» mière communication. »

Enfin , « la contagion se communique par
» le *contact des choses*, comme par l'approche
» des *personnes*, c'est communiquer avec les
» personnes infectés ou suspectes, que de
» toucher les choses qui ont été à leur usage ;
» et l'édit de septembre 1778 est applicable
» à l'un et l'autre cas. » (1)

Nota. Il serait inutile d'observer que cette
interprétation de l'édit rendu pour la Corse,
peut servir à l'égard de toute autre loi ayant
des dispositions semblables.

COMPARUTION.

COMPARUTIONS (les) en justice étant réglées par le code de procédure, on s'abstien-
dra de s'en occuper ici, pour les causes énoncées ailleurs.

COMPARUTION (la) du défendeur aux as-

---

(1) 2 *Frim. an XIII.* Rej. ALBERTINI *et* DONATI. **Jour.**
du Pal. an 13, 1. s. p. 449.

*semblées de famille le rend non recevable à
critiquer les actes préliminaires du divorce,*
prononcé aux termes de la loi de 1792.

C'est-à-dire, que le défendeur à la demande
en divorce, pour cause d'incompatibilité d'humeur, qui a comparu aux deux premières assemblées de parens. ne peut se prévaloir de
sa non-comparution à la troisième, pour s'opposer à la prononciation du divorce.

En effet, « ce défendeur serait non-rece-
» vable à critiquer des actes qu'il aurait re-
» connus légaux , par sa comparution aux
» assemblées de famille. » (1) Voy. *Divorce.*

COMPENSATION.

1.º *Compensation* (*la*) *entre des créances
et des dettes contractées en papier monnaie,
pour des causes et à des époques différentes,
n'est point admissible,* aux termes des lois
romaines.

Parce que « les lois romaines n'admettent
» la compensation que comme un mode de
» libération, fondé sur la pure équité et l'avan-
» tage réciproque des parties, qui ne peut
» avoir lieu qu'entre créances d'une égalité
» absolument réelle. »
Donc, « on peut refuser la compensation
» entre deux créances, qui contractées en pa-
» pier monnaie , à des époques différentes,
» ne sont égales que nominalement et par
» fiction, sans l'être en réalité, ainsi que cela
» a été reconnu par les diverses lois interve-

*Aux termes
des lois
romaines.
Papier
monnaie.*

------

(1) 17 *Vend. an XIV.* Rej. *Langlois.* Jour. du Pal. an
14 et 1806, p. 21.

» nues sur les transactions passées sous l'em-
» pire du papier monnaie. » (1)

« Puisque, une somme d'assignats offerte
» en compensation, n'est point claire, liquide,
» certaine, mais au contraire un objet sujet
» à contestation, et subordonné au résultat
» de *diverses opérations.* »

« Les juges, en déclarant bonnes et vala-
» bles des offres réelles, basées sur une sem-
» blable compensation, seraient contrevenus
» à la loi romaine, *LEG. ULT.* 55 au code *DE*
» *COMPENSATIONIBUS.* » (2)

A l'égard des comptes courans.

2.º *COMPENSATION (les principes de la) ne sont point applicables aux comptes courans.*
En effet « la disposition de la coutume de
» Paris, (*) sur les compensations, ne peut
» avoir lieu pour les comptes courans, dont
» le débet et le crédit subissent des varia-
» tions continuelles, et ne se fixent qu'au
» dernier terme des négociations respecti-
» ves. » (3)

Titre exécu-toire et conservatoire.
Code civil.

3.º *COMPENSATION (la) de plein droit ad-mise par les articles 1289 et suivans du code civil, doit avoir lieu, même lorsque l'un des titres est exécutoire, et que l'autre est sim-plement obligatoire, mais exigible.*

---

(1) 21 *Vent. an XII.* Rej. *BARETI.* Jur. an 12, p. 193.
—— Jour. des Aud. an 12, p. 285. Jour. du Pal. an 12,
2. s. p. 33.

(2) 29 *Fruct. an VI.* Cass. *WENDLING.* Jur. notice,
p. 156.

(*) Non plus qu'aucune autre à notre avis, et par le
même principe.

(4) 6 *Pluv. an XIII.* Rej. *CHAILLO.* Jour. du Pal. an
13, 2. s. p. 177.

Parce « qu'il n'existe aucune loi qui veuille,
» que le débiteur nanti d'un titre *obligatoire*
» contre son créancier, commence par le faire
» condamner au paiement de la somme y
» portée avant de pouvoir l'offrir en com-
» pensation avec ce qu'il peut lui devoir ; »

« Loin d'exiger une semblable formalité,
» *le code civil*, article 1289 &c., veut que,
» lorsque deux personnes sont débitrices l'une
» envers l'autre, la compensation s'opère de
» plein droit ; »

« D'où il suit que *je peux* opposer en com-
» pensation, le billet qui a été passé à *mon*
» *ordre* (échu et protesté) puisqu'en le fai-
» sant valoir comme exception et comme
» moyen de défense à la demande que le
» *débiteur de ce billet* a formée contre *moi*;
» il est naturel que je le compense jusqu'à
» due concurrence avec pareille somme que
» je lui dois. » (1)

4.° *COMPENSATION* (*la*) *proposée par excep-* *Ces effets*
tion devant le bureau de conciliation, inter- *sur la*
rompt la prescription de l'action résultante de *prescription.*
la dette offerte en compensation.

Parce que, « si l'art. 6 de la loi du 16 août
» 1790 (et l'art. 58 du code de procédure)
» porte, que la citation au bureau de paix
» aura l'effet d'interrompre la prescription,
» lorsqu'elle aura été suivie d'ajournement,
» on ne peut en conclure que *celui* qui est
» cité en conciliation et au tribunal, et qui
» a opposé une compensation au bureau de

____

(1) 28 *Messid. an XIII.* Rej. Grouit. Jur. an 14 et
1806. p. 73. —— Jour. du Pal. an 14, 1. s. p. 246.

» paix, n'ait pu interrompre la prescription ;
» parce qu'étant cité en justice, il n'a pas été
» dans le cas d'y assigner lui même. »

« En principe. le procès-verbal du bureau
» de paix devient acte de l'instance, et ap-
» partient aux deux parties ; une compensa-
» tion proposée dans le procès-verbal reste à
» juger dans l'instance : or, si la partie qui
» l'a proposée, ne s'en est pas désistée, la
» créance opposée en compensation ne peut
» se prescrire pendant la même instance.» (1)

Émigrés rentrés.

Créances de l'état

Enregistrem.

5.° *COMPENSATION* (*la*) *autorisée par l'ar-rêté du Gouvernement du 3 floréal an XI en faveur des émigrés ne peut être étendue au delà du principe posé par cet arrêté.*

C'est à dire que, si j'ai émigré, et qu'après avoir obtenu ma radiation et la levée du se-questre apposé sur mes biens, je ne peut me mettre en possession des biens dependans de la succession de mon père, sans faire la déclara-tion prescrite pour le paiement des droits d'en-registrement ; je ne peux pas opposer en com-pensation, à la contrainte décernée contre moi pour le paiement de ses droits, le prix que le trésor public aurait reçu de la vente d'une partie de mes biens.

Parce « qu'il résulte de l'article 3 dudit
» arrêté, que les créances de l'état sur des
» individus éliminés ou amnistiés sont étein-
» tes par compensation, lorsque le trésor pu-
» blic a reçu du prix des biens vendus, une
» somme égale au montant de ces créances. »

« Qu'on ne peut entendre les créances dont

---

(1) 30 *Frim. an XI.* Rej. *DESCAMP.* Jour. du Pal. an 11, 1. s. p. 353.

» il est fait mention dans cet arrêté, d'une
» manière différente dont on les entendrait
» à l'égard des particuliers. »

« En effet le Gouvernement a entendu com-
» penser ce qui pourrait lui être dû en vertu
» de contrats ordinaires, avec ce qu'il aurait
» reçu du prix des ventes; mais on ne pour-
» rait, sans forcer les expressions de cet arrê-
» té, étendre la compensation qu'il autorise,
» à des droits d'enregistrement dûs par décès;
» formant un impôt indirect qui n'entre pas
» dans la classe des créances ordinaires établies
» par des contrats sinallagmatiques. »

Enfin « la compensation des créances sur
» le trésor public avec le montant des con-
» tributions directes n'ayant jamais été ad-
» mise, on ne peut non plus l'admettre à
» l'égard des contributions indirectes, dont
» la destination est essentiellement la même. »

Or « les droits d'enregistrement étant assi-
» milés, par leur destination, aux contribu-
» tions directes; » il en résulte que les juges
en admettant la compensation dans l'espèce
dont il s'agit, et en annullant la contrainte décernée par la régie pour le paiement du droit
d'enregistrement, « feraient une fausse appli-
» cation de l'art. 3 dudit arrêté, et violeraient
» l'art. 4 de la loi du 22 frimaire an VII. » (1)

COMPÉTENCE. (*)

COMPÉTENCE (*aux principes de*) *réunis dans
le Traité qui précède ce Dictionnaire, et qui*

____

(1) 8 *Vend. an XIV.* Cass *Administ. de l'enregist.* Bul.
de la Cour, an 13 et 14, p. 443.

(*) Cet article est extrait d'un plaidoyer de M. PONS.

sont épars, suivant les circonstances, dans les articles qui le composent, on doit ajouter ce qui suit ; pour les matières pénales :

Sur la compétence des tribunaux correctionnels.

Si l'on convient du principe que les attributions des tribunaux correctionnels sont expressement limitées au cas où il peut être prononcé une amende excédant trois journées de travail, ou un emprisonnement de plus de trois jours; comment pourrait-on ajouter que ces peines n'étant appliquées par aucune loi *à certains délits*, il s'en suivrait que les tribunaux correctionnels ne seraient pas compétens pour connaître des demandes fondées sur *ces délits*! Ce serait partir d'un faux principe, confondre deux choses bien distinctes, et cette confusion amenerait à une fausse conséquence.

Ce ne serait, *d'après cette théorie*, que la nature de la peine qui déterminerait la compétence des tribunaux correctionnels. Oui, comparativement à celle des tribunaux de police et des cours de justice criminelle : mais, s'il ne s'agissait pas d'une attribution distributive entre les tribunaux criminels, correctionnels et de police, déterminée en effet par la nature de la peine; s'il s'agissait d'une compétence absolue, d'une démarcation tranchante entre les attributions civiles et crimi-

---

(de Verdun) *Substitut du Procureur-général*, dans une affaire où il s'agissait de la contrefaçon d'un ouvrage imprimé, et de la compétence des tribunaux de police correctionnelle. La précision des principes qu'il réuni, les doutes qui accompagnent trop souvent le réglement des affaires correctionnels ; enfin, le désir de faire de notre Dictionnaire un foyer de lumière, nous a dicté cet article.

nelles; et dans ce cas, ce n'est pas la peine qui détermine, c'est le fait auquel elle s'applique ou ne s'applique pas. Ce n'est pas la peine, qui n'est que la conséquence, c'est le fait ou le délit qui est le principe.

C'est en tirant le principe de la conséquence, au lieu de tirer la conséquence du principe, *que l'on établirait la thèse contraire*, et que l'on tomberait dans l'erreur.

Les peines, *en général*, suivant qu'elles sont plus ou moins fortes, distribuent bien une compétence seconde et relative entre les tribunaux de police, correctionnels et criminels; mais elles ne fondent pas cette compétence première et absolue qui distingue la matière purement civile de la matière purement criminelle; mais elles peuvent encore moins l'écarter.

C'est le fait qui forme la matière, et la matière seule engendre la competence absolue.

Le fait est-il un délit, nécessite-t-il une déclaration de culpabilité, entraîne-t-il une condamnation d'une autre nature que les condamnations civiles ? Les tribunaux civils sont incompétens pour en connaître, à moins qu'une exception spéciale de dérogation au droit commun et aux attributions générales, ne soit établie par une loi particulière, bien claire, bien précise, bien formelle.

C'est ainsi que, pour confirmer la règle, il existe une loi d'exception, qui donne aux juges de paix la connaissance de l'usurpation d'un champ, bien qu'au premier coup-d'œil ce fait soit un attentat à la propriété particulière ;

C'est ainsi que les contrefacteurs de découvertes industrielles, ne peuvent être tirés de la voie civile, parce qu'une loi d'exception les y fixe.

Mais, il n'en existe point de semblable à l'égard des contrefacteurs d'ouvrages imprimés; sur eux le droit commun pèse dans toute sa force.

Nous avons été forcé de changer quelque mots dans cet extrait : l'intention de généraliser les principes, que *M. Pons* appliquait à la contrefaçon, à nécessité de notre part cette licence; pour le surplus nous garantissons la fidélité de cet article, extrait du Journal du Palais qui le garantit lui même volume de l'an IX, deuxième sémestre, n.° 20. page 2.

Nous espérons que le lecteur pensera comme nous sur l'importance des principes ci-dessus rapportés.

COMPLÉMENTAIRES. (*) (*Jours.*)

Sous le rapport du délai pour interjetter appel.

COMPLÉMENTAIRES (les jours) n'ont point dû être compris dans le délai de trois mois, déterminé pour l'appel.

C'est-à dire que l'appellant a eu ces jours de plus que les 90 fixés par la loi;

Parce « qu'aux termes de la loi du 3 bru- » maire an II, les jours complémentaires ne » doivent pas être compris dans les délais qui » se comptent par mois; » (1)

______

(*) *Complémentaires*; c'est la dernière dénomination sous laquelle ont été désignés les derniers jours de l'année, pendant la durée du calendrier de la république française. Le système révolutionnaire leur avait donné le nom de *Sans-culotides*; terme usité dans quelques ouvrages écrit dans le sens exagéré de ce système. Voyez *Calendrier*.

(1) 26 *Prair. an XII.* Cass. *VALAERT.* Jour. du Pal. au 12, 2. s. p. 124.

Enfin « l'exclusion des jours complémentai-
» res de la supputation du délai ne doit s'ap-
» pliquer qu'au délai qui se compte par jour,
» et non à celui qui se compte par mois : d'où
» il suit , que le délai pour la signification
» d'un jugement se comptant par mois, . . on
» ne pouvait faire entrer les jours complé-
» mentaires dans ce délai. » (1)

COMPLICES.

1.º *Le* COMPLICE *d'une tentative de banque-* *D'une banque-*
route frauduleuse ne peut être condamné comme *route frau-*
le complice d'une banqueroute frauduleuse con- *duleuse.*
sommée.

Tel serait celui qui serait convaincu d'avoir
aidé ou favorisé la supposition d'une fausse
créance ; parce que « le délit résultant de la
» simulation d'une lettre de change . *à cette*
» *fin*, est la complicité d'une tentative de
» banqueroute frauduleuse; » d'où il suit que
l'arrêt qui aurait appliqué à ce complice les
articles 30 et 31 de la section 2 du titre 2 de
la seconde partie du code pénal serait cassé,
s'il était attaqué par cette voie. (2) Voyez
Chose jugée. pag. 15 , nomb. 3.

2.º *Le* COMPLICE *d'un militaire attire le* *D'un militaire*
militaire à la juridiction ordinaire , même les *marin.*
militaires marins.

Parce « qu'aux termes de la loi du 22 mes-
» sidor an IV, lorsqu'un individu non mili-

---

(1) 21 *Vend. an* XI. Rej. GARIER Jur. an 11 , p. 86.
(2) 28 *Pluv. an* X. Cass. DÉSAUGE. Jour. du Pal. an 10,
2. s. p. 153.

» taire est accusé comme auteur ou complice
» d'un délit commis par un militaire, le pre-
» mier attire le militaire à la juridiction cri-
» minelle ordinaire; »

Or, « les motifs et les dispositions de la loi
» du 13 thermidor an VII rendant la loi du
» 22 messidor an IV commune aux militaires
» marins; et la disposition de cette dernière
» loi qui a modifié celle du 12 octobre 1791,
» n'étant ni rapportée, ni en opposition, soit
» avec l'article 83 de la constitution de l'an
» VIII, soit avec l'art. 77 de la loi du 27 ven-
» tôse an VIII, qui n'ont de rapport qu'aux
» délits commis uniquement par des militai-
» res; il en résulte qu'une cour martiale ma-
» ritime excéderait ses pouvoirs en connais-
» sant et statuant sur un délit dont un indi-
» vidu non militaire serait prévenu d'être le
» complice. » (1) Voy. *Traité de compétence*,
part. crim. pag. 208. nomb. 108.

Peut être auteur et complice en même temps.

3.° *Le* COMPLICE *d'un fait peut en être l'auteur :*

En effet « on peut être auteur, et sous d'au-
» tres rapports complice d'une dévastation
» commise dans une forêt; »

Conséquemment « les juges, en déclarant
» des prévenus auteurs et complices de ce
» fait, ne tomberaient dans aucune contra-
» diction. » (2)

Règles génér.

4.° COMPLICITÉ *(la question de) doit toujours*

---

(1) 17 *Vent. an XII.* Cass. GUILLOT. Bul. de la Cour
an 15, part. crim. p. 129.

(2) 18 *Germ. an XI.* Cass. *Inspect. des forêts du Mont-
Blanc.* Bul. de la Cour, an 11, part. crim. p. 108.

être examinée par les juges, ou être posée aux jurés, sous le rapport de la volonté du complice.

Car, « de l'ensemble et de la combinaison
» des articles 7 sect. 1.ere titre 2 partie 2 du
» code pénal, de l'art. 8 même titre, et de
» l'article 1.er du titre 3, *des complices de cri-*
» *mes ;* il résulte que pour que *le complice*
» *d'un homicide occasionné par des voies de*
» *fait,* soit passible des peines portées par cet
» article 8. il n'est pas nécessaire que les
» excès qui ont occasionné la mort de celui
» qui en a été l'objet, aient été commis dans
» le dessein de tuer ; il suffit que l'auteur de
» ces excès les ait commis volontairement,
» et que le complice l'ait assisté sciemment
» et dans le dessein du crime, c'est-à-dire,
» dans le dessein de favoriser les excès. » (1)

Exemple.

Voyez le *Traité de compétence*, part. crim. nomb. 133 et 135, les mots *ACTION domestique*, nomb. 16. part. crim. pag 71. —— *AMNISTIE*, *ASSASSINAT* et autres mots indicatifs de diverses matières, ou il peut y avoir *complicité.*

COMPOSITION.

COMPOSITION (la) d'une cour criminelle spéciale mixte est régulière, lorsqu'elle se trouve composée d'un juge criminel, de trois juges et deux suppléans du tribunal civil.

Des Cours spéciales. Mixtes.

Voyez au *Traité de compétence*, part. crim. pag. 232. nomb. 126.

———————————————

(1) 4 *Pluv. an XIII.* Cass. d'office. Bul. de la Cour, an 13, part. crim. p. 111.

Des Jurys d'accusation.

La Composition des jurys d'accusations et de jugemens est vicieuse. si l'un des jurés manque du caractère légal et nécessaire pour remplir cette fonction.

C'est-à-dire, « que s'il est justifié qu'il existe » dans un arrondissement deux citoyens du » même nom, et que l'un des deux ait concouru à former un jury d'accusation sans » être inscrit sur la liste des jurés arrêté pour » le même trimestre ; le défaut absolu de caractère legal dans la personne de ce citoyen, » pour remplir les fonctions de juré auxquelles il aurait été ou serait admis ; il s'ensuivrait que le jury ne serait, ou n'aurait » pas été composé du nombre de jurés dont » la réunion est exigée. à peine de nullité, » par l'article 205 du code des délits et des » peines » (1) Voyez les mots *Cours* d'appel et criminelle, *Tribunaux*, *Conseil*, *Jurys*.

COMPROMIS.

Par des tuteurs, au noms de leurs mineurs.

Compromis (les) sur arbitres. passés par les tuteurs pour leurs mineurs sont nuls, et peuvent être l'objet d'une demande en rescision de la part d'un mineur, lorsqu'il est devenu majeur.

« Le mineur ne peut compromettre lui » même. parce qu'il n'a pas le libre exercice de ses droits et actions. *disait M. le » Substitut Lamarque,* comment peut-on » autoriser à compromettre pour lui le tuteur, qui n'a pas le libre exercice des » droits et actions de son mineur ? »

---

(1) 1.er *Germ. an XII*, Cass. *Barthelémy.* Bul. de la Cour, an 12, p. 150.

« L'art. 3 du tit. 8 de la loi du 16 - 24 août
» 1790, (comme l'art. 83 n.º 6 , du code de
» procédure) met les intérèts du mineur sous
» la surveillance du ministère public : il veut
» qu'il soit entendu dans toutes les causes
» des mineurs. Il est contraire à l'intention
» du législateur d'autoriser le tuteur à pren-
» dre pour terminer les contestations qui
» concernent son mineur, une voie qui em-
» pêcherait le ministère public de veiller aux
» intérêts du même mineur. »

« Il ne peut donc prendre la voie de la
» décision arbitrale, lors de laquelle il ne
» peut exister de ministère public. »

Ainsi : si un individu était mineur, lors
» d'un compromis du 3 frimaire an VI , sur
» lequel serait intervenue une sentence ar-
» bitrale du 15 du même mois ; dès-lors il
» n'avait pas le libre exercice de ses droits
» et actions ; »

En conséquence, « les juges d'appel qui
» confirmeraient le jugement de première
» instance, qui l'aurait déclaré mal fondé et
» non-recevable dans sa demande en resci-
» sion dudit compromis et de la sentence
» arbitrale qui en aurait été la suite, con-
» treviendraient à l'article 2 de la loi du 16
» août 1790, qui ne distingue pas. » (1)

Nous avons rapporté la disposition ci-dessus
comme étant applicable même sous l'empire
du code de procédure ; mais, pour le surplus
de ce qui concerne les compromis , nous

____

(1) 4 *Fruct. an XII.* Cass. *DEWISCHER.* Jour. du
Pal. an 13, 1, s. p. 401. —— Bul. de la Cour an 12, p.
402.—— Jur. an 13, p. 54.

renvoyons le lecteur au code susdit, **et aux** volumes de ce Dictionnaire pour les années suivantes. Voyez *Arbitres.*

COMPTES *arrêtés.*

RÈGLES
GÉNÉRALES.

1.º *COMPTE (l'arrêté d'un) est nul, s'il est écrit d'une main étrangère, lorsque la somme y contenue n'est point approuvée par le signataire.*

Parce que, ordinairement, et comme dans l'espèce jugée. « l'écrit en question, quoiqu'annoncé être fait double, ne contient point » d'engagement réciproque, et en résultat » n'est qu'une promesse de payer une somme » déterminée pour avance et prêt d'argent » fait &c. &c. »

« Il y aurait lieu à la cassation d'un juge- » ment, pour fausse application de la loi de » 1733, s'il condamnait *la partie* à payer une » somme de. . portée *dans un semblable écrit* » *qui ne serait qu'*une promesse non écrite « par elle, ni dont la somme y portée ne se- » rait point approuvée par elle en toutes let- » tres, ainsi que l'exige ladite loi. » (1)

DES
TUTELLES.
Ordonnance
de 1539.

2.º *Les COMPTES de tutelles, ont pu avant la publication du code civil être demandés pendant 30 ans : lorsqu'il n'avait été fait qu'un réglement de compte, sans que les pièces justificatives ayent été présentées au mineur.*

Dans ce cas, lorsqu'il était démontré par l'acte même, du réglement de compte, **que**

---

(1) 7 *Juin* 1793. Cass. *DUPUY.* Jur. notice, p. 34.

les

» que présente naturellement l'état *des par-*
» *ties*, aucune violation même indirecte de
» la loi. »

Or « de ces faits et de ces circonstances,
» les juges auraient pu, sans violer aucune
» loi, et sans faire aucune interprétation
» forcée, conclure que l'état des parties avait
» été dès-lors fixé; puisque le *débiteur* au-
» rait été libéré par le placement et l'appli-
» cation des billets dont il s'agit. le silence
» du *créancier* étant considéré comme une
» acceptation; ou bien dans le cas où son si-
» lence serait regardé comme un refus, il
» résulterait de l'impossibilité, où était le
» *débiteur* de se libérér autrement, et de son
» intention manifestée dans sa lettre, (ci-
» dessus transcrite) qu'il serait redevenu dans
» *le simple état de débiteur par compte cou-*
» *rant ; »*

Car « l'article 12 de la loi du 11 frimaire
» an VI uniquement relatif aux dépositaires
» ordinaires, et aux sequéstres judiciaires et
» volontaires, n'a point été fait pour régler
» les intérêts des négocians et des banquiers ;
» tandis que le titre 5 de la loi du 16 nivôse
» de la même année, a suffisamment pourvu
» à ce qui concerne les engagemens et les
» liquidations du commerce, l'article 22 de
» ce titre étant le seul qui ait trait à la libé-
» ration de tout débiteur par compte cou-
» rant. »

« Enfin il résulte de toutes ces considéra-
» tions, dans l'espèce, que les juges ne vio-
» leraient ni n'appliqueraient faussement les
» articles 21 et 22 de la loi du 16 nivôse, ni
» l'article 12 de la susdite loi de frimaire, en
» donnant au *créancier* l'option de s'appli-

» quer les billets d'assurance sur la vie ou
» de recevoir son paiement comme solde de
» compte courant. » (1) V. *Assignats, Com-*
missionnaire, Compensation.

CONCESSION.

CONCESSION (une) de terrain et de droits féo-
daux abolis, est maintenue quant au droit
utile moyennant la réduction de la redevance.
Voyez *Bail* emphytéotique, nomb. 3.º, *Rede-*
vances, Féodalité, Suppression.

CONCESSION (la) faite par une commune,
n'empêche point que l'action possessoire relative au terrain concédé, ne soit de la compétence du juge de paix. Voyez *Action*, part.
civ. nomb. 20. pag 21 , *Traité de compétence,*
part. civ. nomb. 19. pag. 20.

CONCILIATION. (*)

Devant quel tribunal le dé-faut de conci-liation peut être opposé.

1.º *CONCILIATION (le défaut de) articulé par*
une partie doit être prouvé, par cette partie,
devant les premiers juges.

En effet, « si rien ne constate que les pré-

(1) 8 *Germ. an* XI. Rej. *VANOVERSTRAETEN.* Jour. du
Pal. an 12, Coll. p. 154. *Voyez dans ce recueil la sa-*
vante dissertation de M. MERLIN. —— Jur. an 12, p. 150.
Voyez dans celui-ci un parère *délivré par trente ban-*
quiers ou négocians, sur la nature des comptes courans:
du 16 pluviôse an XI.

(*) Les règles de la conciliation préalable à la comparution en justice , étant indiquées par les articles 48,
49 et 345 du code de procédure, il n'est ici question
que de quelques décisions relatives à des cas particuliers.

» liminaires de la conciliation n'ayent pas été
» remplis; la partie qui, avant le code de
» procédure se prévalait de cette nullité, se
» trouvait dans la nécessité de l'établir. »
(1)

« N'ayant pas opposé, devant les premiers
» juges, le défaut d'un essai de conciliation
» préalable à la demande, cette partie était
» non-recevable à s'en faire un moyen de
» nullité et de cassation. » (2)

2.º CONCILIATION (*la partie non comparante en*) *pouvait être relevée de l'amende contre elle prononcée, lorsqu'elle justifiait de sa maladie.* *Les parties pouvaient être relevées du défaut de comparution.*

« Dès que cette partie avait prouvée qu'elle
» était malade et incapable de paraitre au
» bureau de paix, le jour où elle avait été
» citée, elle était justement déchargée de
» l'amende, et, sous ce rapport, le jugement
» qui l'avait ainsi prononcé, n'était contre-
» venu à aucune loi. » (3)

3.º CONCILIATION (*les tentatives de*) *inter-rompaient la prescription de 6 mois, prononcée par l'article 14 de la loi du 20 septembre 1792; en fait de divorce pour incompatibilité d'humeurs.* *En matière de divorce, aux termes de la loi de 1792.*

C'est-à-dire, que « lorsque les trois procès-
» verbaux de non conciliation (exigés par

_____

(1) 12 *Germ.* an X. Rej. *La veuve PAUL et JAC.* Jour. du Pal. an 11, 2. s. p. 113.

(2) 22 *Therm.* an XI. Cass. *LECIAQUE*, Bul. de la Cour, an 11, p. 380.

(3) 19 *Flor. an XII.* Rej. *Régie de l'enregist.* Jour. du Pal. an 12, 1. s. p. 266.

» cette loi) avaient été annullés, et la demande
» seule conservée ; s'il était constant en fait,
» et de l'aveu des parties, que le temps écoulé
» depuis le jugement d'annullation (*) avait
» été employé en tentatives de conciliation,
» soit de la part de la famille, soit de la part
» des époux ; *c'était le cas de dire*, que la
» prescription de six mois établie par l'article
» 14 de la susdite loi, n'était pas applicable
» à l'espèce ; car il était impossible de faire
» marcher de front et les voies de conciliation
» et les poursuites judiciaires. » (1)

CONCLUSIONS. (**) *Règles générales.*

Subsidiaires.

1.º « *Conclusions* (les) *subsidiaires ne font*
» *que remplacer les conclusions principales,*
» *dans le cas où les juges viendraient à les*
» *rejetter ;* »
« Mais, les conclusions subsidiaires n'étant
» pas, comme les principales, le véritable ob-
» jet du procès, il est indifférent, pour le
» pourvoi en cassation (et en appel) qu'elles
» aient été accordées ou rejettées... » (2)
Voyez au *Traité de compétence*, part. civ.
pag. 5. nomb. 2. —— pag. 95. nomb. 95.

(*) C'est-à dire, les six mois dans lesquels la de-
demande en divorce devait être poursuivie.

(1) 10 *Fruct. an XIII.* Rej. Toupelin. Jour. du Pal.
an 13, Coll. p 207.

(2) 27 *Flor. an XI.* Rej. Lambert. Jour. du Pal. an
11, 2. s. p. 273. —— *Daté 7 Flor.* Jur. an 11, p. 356.

(**) Il en est ici des conclusions comme de la conciliation, pour lesquels il faut consulter le code de procédure, ou notre nouvelle Pratique judiciaire.

2.º *CONCLUSIONS* (*les*) *prises par le Procureur impérial, en matière correctionnelle, en faveur du prévenu, ne privent point le Procureur général près la cour criminelle de la faculté d'appeller.*

En matière corectionnelle

Parce « qu'aucune loi n'interdit aux Pro-
» cureurs généraux près les cours criminel-
» les, l'appel des jugemens des tribunaux cor-
» rectionnels, rendus conformément aux
» conclusions prises par les Procureurs impé-
» riaux près ces tribunaux. » (1)

CONFESSION (*sur la*) *en justice :*

Voyez les mots *Aveu* et *Preuve*.

CONFISCATION.

1.º *CONFISCATION* (*la*) *des marchandises saisies en contravention aux lois est indépendantes de la validité des procès-verbaux de saisies.*

Règles générales.

En principe, « l'existance des fraudes et
» des contraventions aux lois, étant indé-
» pendantes de la régularité des procès-ver-
» baux qui peuvent en être dressés pour les
» constater, les tribunaux ne peuvent, sans
» violer les dispositions des lois qui les répri-
» ment, rejetter, en cas de nullité desdits
» procès-verbaux pour vice de forme, les au-
» tres preuves qui existent, et celles qui leur
» sont administrées. » (2)

---

(1) 18 *Vent. an XII.* Cass. d'office. Jour. des Aud.
an 12 , 292. — Bul. de la Cour, an 12 , part. crim. p. 135.

(2) 18 *Niv. an IX.* Cass. d'office. Jour. du Pal. an 10,
p. s. p. 83. — Bul. de la Cour, an 9 , part. crim., p. 167.

D'où il suit, « que des basins dont l'entrée,
» dans le cercle des douanes de la France
» est prohibée, s'ils ne sont accompagnés
» d'un certificat d'origine française, doivent,
» même dans le cas de la nullité du procès-
» verbal de leur saisie, être confisques; » (1)

« Aux termes de la loi du 15 août 1793,
» chaque fois qu'un tribunal annulle un pro-
» cès-verbal de saisie en matière de douanes,
» pour vices de formes, le Procureur impé-
» rial est tenu d'en requerir sur-le-champ et
» dans la même audience la confiscation. »
(2) V. *Certificat* d'origine, nomb 4, pag. 376.
Anglaises (marchand.) nomb. 3, p. 146, 2. vol.

« Dès qu'une saisie a eu lieu dans le rayon
» prohibé, elle est réputée faite à l'importa-
» tion ; dès-lors ce n'est pas le cas de recourir
» à une vérification d'experts, pour détermi-
» ner l'origine des marchandises saisies, la
» confiscation doit être prononcée par appli-
» cation de l'article 23 du tit. 10 de la loi du
» 22 août 1791. » (3)

2.º « *Confiscations* (*les*) *et amendes aux-*
» *quelles donnent lieu les contraventions en*
» *matière de douanes ne peuvent, en règle*
» *générale, être poursuivies que civilement;* »
« Ainsi qu'il résulte des principes dévélop-
» pés dans l'arrêté directorial du 27 thermi-
» dor an IV. »
« Les tribunaux correctionnels et criminels

---

(1) 16 *Bru.* Cass. *an X. Rég. des douanes.* Jour. du Pal. an
10, 1. s. p. 82. — Bul de la Cour, an 10, part. crim. p. 67.

(2) 8 *Fri. an XI.* Cass. *id.* Jour. du Pal. an 11, 1. s. p. 257.

(3) 3 *Flor. an X.* Cass. *idem.* Bul. de la Cour, an 10,
part. crim. p. 305.

» n'ont d'attribution, à cet égard, que dans *En matière*
» les cas où elle leur est conférée par des lois *de douanes.*
» particulières ; » (1)

3.° Mais *la* CONFISCATION *considérée comme*
« *peine, est nécessairement du nombre des pei-*
» *nes correctionnelles,* »
« Puisqu'elle n'est ni afflictive ni infamante,
» et qu'elle excède la valeur de trois jour-
» nées de travail : aussi est-elle énoncée parmi
» les peines correctionnelles dans la loi du 19
» juillet 1791 , maintenue formellement par
» l'article 609 du code des délits et des pei-
» nes. » (2)

4.° CONFISCATION *(la) est insuffisante lors-*
que la saisie des marchandises réputées anglai-
ses est déclarée valable.
Car « lorsque les marchandises saisies sont
» de la classe de celles mentionnées dans l'ar-
» ticle 1.er de l'arrêté du 8 fructidor an IX,
» le délinquant est passible des peines d'amen-
» des et d'emprisonnement, outre la confis-
» cation : toute décision contraire est en con-
» travention à la loi. » (3)
Voyez *Traité de compétence.* pag. 258. nomb.
153. pour la compétence des cours spéciales en
fait de confiscation.

5.° CONFISCATION *(la) des tabacs , saisis en*   *En fait*

---

(1) 21 *Vent. an XIII.* Cass. SANS. Bul. de la Cour, an
13, part. crim. p. 101.

(2) 28 *Vent. an IX.* Rej. d'office. Jour. du Pal. an 9 , 2.
s. n.° 20 p. 1.re

(3) 18 *Messid. an XII.* Cass. *Régie des douanes.* Bul.
de la Cour, an 12, part. crim. p. 267.

*contravention aux lois, est soumise aux mê-
mes règles indiquées ci-dessus.*

En effet, « la nationalité des tabacs ne peut
» être reconnue qu'à l'observation des formes
» établies tant par l'art. 17 de la loi du 22
» brumaire an VII, que par l'art. 38 de celle
» du 5 ventôse an XII; »

« L'inobservation de ces formalités sur les
» tabacs saisis, *chez un marchand*, constatée
» par un procés-verbal, donne lieu, dans l'hy-
» pothèse même de la nullité de ce procès-
» verbal, à la confiscation sans amende, con-
» formément à l'article 23 du titre 10 de la loi
» du 22 août 1791, et à l'art. 4 de la loi du 15
» août 1793. » (1)

Par exemple, « le fait d'un entrepôt de ta-
» bac qui n'a pas été déclaré, et à raison
» duquel la taxe prescrite n'a pas été payée,
» est essentiellement frauduleux, d'après les
» dispositions de la loi du 22 brumaire an VII;
» et l'article 45 de celle du 5 ventôse an XII,
» prononce la confiscation des tabacs saisis en
» contravention, dans des entrepôts fraudu-
» leux; »

En supposant « que les juges seraient bien
» fondés à prononcer la nullité du procès-
» verbal, néanmoins, d'après l'article 34 du
» décret impérial du 1.ᵉʳ germinal an XIII,
» ils seraient impérieusement tenus de pro-
» noncer la confiscation des tabacs trouvés
» en contravention. » (2)

______

(1) 22 *Germ. an XIII.* Cass. *Régie des droits réunis.*
Bul. de la Cour, an 13, part. crim. p. 213.

(2) 14 *Frim. an XIV.* Cass. *Régie des droits réunis.*
Bul. de la Cour, an 13 et 14, part. crim. p. 468.

6.° *Confiscation (la) des ouvrages d'or et* *En fait de* *d'argent, trouvés non marqués, dans la bouti-* *matières d'or* *que d'un marchand, entraine la confiscation* *et d'argent.* *des choses avec lesquelles ces ouvrages sont unis de manière à ne faire qu'un tout ;* comme le mouvement d'une montre ne fait qu'un tout avec sa boëte.

Car, dans cette espèce, » les mouvemens » et les montres une fois réunis, forment » dans la main de l'horloger auquel ils appar- » tiennent, un tout qui soumet les mouve- » mens à la confiscation encourue par les boë- » tes, à défaut de marque, lors de la saisie; »

Puisque « les expressions *ouvrages et objets,* » employées par le législateur, embrassent gé- » néralement, et sans aucune distinction, ce » qui fait un tout avec la matière en contra- » vention. »

Or, « le tout doit donc être confisqué, au » préjudice du marchand ou fabriquant chez » qui il est trouvé, non revêtu de la marque » prescrite par la loi; la confiscation étant une » peine qui doit être infligée au marchand » ou fabriquant auquel l'injonction de la loi » est adressée, et qui est le propriétaire de » la matière en délit. » (1)

7.° *Confiscation (la) prononcée des biens* Donation, *d'un donataire, frappé de mort civile, mais* retour légal. *non exécutée, n'empêche point le donateur de* Mort civile. *rentrer dans la propriété des biens donnés; même* dans le cas ou le donataire ou ses des- cendans auraient survécu le donateur.

C'est-à-dire que par l'effet de la mort ci-

____

(1) 15 *Frim. an XIV.* Cass. d'office *Régie des droits réunis.* Bul. de la Cour, an 13 et 14, part. crim. p. 470.

vile encourue par le donataire. en vertu d'un jugement exécuté, le donateur recouvre l'incommutable propriété des biens qu'il avait donnés au condamné ; il en est saisi de plein droit et par la force du retour légal. quoiqu'en thèse générale l'existence des enfans du donataire mette obstacle au retour légal ; à cause de l'exception résultante. dans l'espèce particulière, de la confiscation : exception énoncée par la plupart des auteurs, entr'autres par *FROMENTAL, LAPEYRERE, DUFERIER* et *ROUSSILHE* (*)

« Loin de violer la loi ou de l'appliquer
» faussement à l'espèce, cette décision se se-
» rait justement conformée à la jurisprudence
» la plus favorable aux enfans, en décidant
» que par la mort civile du donataire avec
» confiscation de ses biens, l'ascendant do-
» nateur rentre dans la propriété des biens
» donnés. quoique le donataire ait des en-
» fans. » (1)

Des biens des condamnés. Hypothèque. 8.° *CONFISCATION (la) des biens des condamnés révolutionairement a détruit les hypothèques dont leurs biens étaient grévés.*

La loi du 1.er floréal an III avait, *dit M. MERLIN*, définitivement fixé la législation sur les biens confisqués, en abolissant l'hypothèque affectée sur ces biens. et rendant les créanciers des émigrés ou de ceux qui y étaient assimilés. créanciers directs de la nation, pourvu que l'individu frappé de confiscation ne fut pas failli ou insolvable.

(*) *Extrait* de l'arrêt de la cour de Monpellier.

(1) 13 *Messid. an XIII.* Rej. *ROMIEU.* Jour. des Aud. an 13, p. 475.

En effet, « les lois relatives aux émigrés et
» aux condamnés par jugemens,.... ayant
» placé sous la garantie nationale les débi-
» teurs qu'elles obligaient de se libérer, il
» est impossible de ne pas demeurer con-
» vaincu que l'edit de 1771, (comme toutes
» autres lois sur les hypothèques) dans les
» dispositions qui ne pouvaient pas se con-
» cilier avec elles, est démeuré abrogé ou
» modifié pendant que leur exécution a
» duré. »

« Ainsi, *les débiteurs des condamnés* ont
» été libérés par les versemens qu'ils ont été
» obligés de faire, et les veuves ou héritiers
» *desdits condamnés* ne peuvent plus avoir
» contre eux ni leurs immeubles, d'action
» directe ou hypothécàire, au préjudice de
» la quittance qui leur était donnée pour
» solde ; la loi de restitution des biens des
» condamnés n'ayant donné ni à leurs héri-
» tiers, ni à leurs créanciers le droit de re-
» venir sur ce qui avait eté fait avant cette
» loi. » (1)

9.º « *Par la loi du* 21 *prairial an* ***III***, *toutes* Restitutions
» *les confiscations de biens prononcées depuis* des biens des
» *le* 4 *mars* 1793 *par les tribunaux ou com-* condamnés.
» *missions révolutionnaires, ont été déclarées*
» *comme non avenues ;* Voy. *Succession* des
condamnés.

« Elle n'a laissé subsister les effets de la
» confiscation, pour le temps qui s'est écoulé
» depuis la condamnation jusqu'à sa publi-
» cation, qu'à l'égard des acquéreurs des
» biens vendus et de ceux qui avaient traité

---

(1) 6 *Vent. an* X. Rej. LECOMTE. Jur. an 10, p. 239.

» avec la nation. elle en a entièrement anéanti
» les effets à l'égard des condamnés. puis-
» qu'elle a ordonné la restitution du prix
» des immeubles vendus et des bois cou-
» pés. » (1)

CONFLIT. (*)

Règles générales.

CONFLIT (le) *légalement élevé met les tribunaux dans l'impossibilité de juger.*
C'est la disposition formelle « de la loi du
» 21 fructidor an III, laquelle décide qu'après
» un conflit légalement élevé, les tribunaux
» doivent s'abstenir de tout jugement, jusqu'à
» ce que l'autorité supérieure ait décidé; »
« C'est ainsi, que d'après le conflit d'attri-
» bution élevé par un Préfet, les juges ne
» doivent pas se déclarer eux mêmes incom-
» pétens, mais attendre que le conseil d'état
» ait prononcé sur ce débat. » (2)
La Cour de cassation fournit elle même
l'exemple de la soumission à ce principe; «lors-
» qu'il résulte des pièces respectivement pro-
» duites par les parties, qu'il y a conflit entre
» l'autorité administrative et l'autorité judi-
» ciaire; elle surseoit à prononcer jusqu'à ce

---

(1) 23 *Therm. an X.* Rej. *DAUXY.* Jur. an 11 p. 33.

(*) *Conflit,* se dit figurément des contestations qui
ont lieu dans les procès et dans les écoles.

CONFLIT *de juridiction.* terme de jurisprudence. C'est
la contestation entre les officiers de diverses juridictions
qui prétendent respectivement que la connaissance d'une
affaire leur appartient; c'est le rapport sous lequel nous
nous occupons de ce mot.

(2) 18 *Pluv. an XI.* Cass. *PHILIPPART.* Jour. du Pal.
an 11, 2. s. p. 70. —— Bul. de la Cour, an 11 p, 147.

» que

» que le conflit ait été vuidé par le conseil
» d'état. » (1)

« Il en est de même, dans le cas où un Pré-
» fet a déclaré son incompétence, et ren-
» voyé aux tribunaux la contestation dont
» il s'agit, et que de l'autre côté les juges
» ont déclaré leur propre incompétence, et
» refusent de connaître de cette contestation;
» ce qui établit un genre de conflit négatif,
» sur lequel il n'appartient pas à la Cour de
» cassation de prononcer : alors elle déclare
» n'y avoir lieu à statuer sur le règlement de
» juges, *demandé par les parties*, et renvoie
» le demandeur à se pourvoir devant l'auto-
» rité compétente. » (2) Voyez au *Traité de
compétence*, pag. 49 nomb. 47. pag. 173. nomb.
70, et aux mots *Conseils de guerres*, *Délits*,
Poursuites, et *Réglemens de Juges*.

CONFUSION. (*)

CONFUSION (la) *résultante de la confisca-*
tion des biens de deux émigrés créanciers l'un
de l'autre n'a point produit l'extinction des
créances dans l'intérêt de ces confiscataires,

Dans le cas de la confiscation des biens de plusieurs

---

(1) 14 *Germ. an XI.* Rej. *DESPINAI.* Jour. du Pal. an
11, 2. s. p. 196.

(2) 8 *Vend. an XIII.* Cass. *COQUERET.* Jour. du Pal.
an 12, 2. s. p. 257. — Jour. des Aud. an 12, p. 261.

(*) *Confusion*, ce mot a, grammaticalement, beaucoup d'acceptions qui ne sont point de notre ressort.
En droit, il se dit quand on acquiert la propriété d'un
héritage sur lequel on avait une servitude. *Voyez* ce mot.
Elle a lieu quand un créancier devient héritier de son
débiteur : il y a *confusion* de droits et d'actions toutes
les fois qu'une personne réunit en elle les droits actifs
et passifs qui concernent le même objet.

émigrés, cré-
anciers l'un
de l'autre.

comme elle la produisait dans l'intérêt de l'état.

C'est-à-dire que les deux émigrés ayant été amnistiés, l'émigré créancier, rentré dans ses droits par l'effet de l'amnistie, peut exiger de son débiteur aussi amnistié, le paiement de sa créance.

En vain, le débiteur dirait-il: la nation, en confiscant nos biens, s'est trouvée en même temps créancière de votre chef et débitrice du mien; il y a donc eu confusion et extinction de la créance dont il s'agit, et il n'existe plus aujourd'huy de raison de la faire revivre, parce que la cause du concours de deux qualités contraires était perpétuelle.

C'est dans cet esprit, et en s'attachant aux principes généraux, que le sénatus consulte de floréal an X, art. 17, excepte de la restitution accordée aux amnistiés, les créances qui pouvaient leur appartenir sur le trésor public, et dont, est il dit, *l'extinction s'est opérée par la confusion;* ... pourquoi cette confusion ne se serait-elle pas consommée d'émigré à émigré? le principe n'est-il pas le même? la nation ne représentait-elle pas comme confiscataire l'un et l'autre; n'exerçait-elle pas sans retour *ANIMO DOMINI*, en esprit de propriété, la plénitude de leurs droits activement et passivement? leurs créances n'étaient-elles pas devenues les siennes, leurs dettes celles du trésor public qu'elle liquidait et se chargeait d'acquitter? quel motif de distinguer l'intérêt de l'état de celui des particuliers? Enfin dès que la confusion dérive d'une législation générale, elle doit atteindre dans ses effets et ces conséquences, tous les sujets de l'empire: elle n'admet point d'exception, on ne peut se permettre de lui en créer.

A toute l'adresse de cette dialectique , il suffirait d'opposer; « que l'extinction des » créances des émigrés, par le moyen de la » confusion prononcée par le sénatus con- » sulte du 6 floréal an X, ne peut avoir lieu » que dans l'intérêt de la république. » (1)

CONGÉ. *d'habitation.*

1.º *Congé (un) d'habitation n'est point vé-* Acceptation. *ritablement accepté, si par son acceptation provisoire, le locataire se reserve les sommes à lui payer, aux termes de son bail, pour cause de l'éviction à résulter de ce congé :* ce qui est conforme à l'art. 1794 du code civil.

Voyez au mot *Acceptation*, pag. 27. nomb. 2.

2.º *Congé (le) d'une ferme. ou autre domaine possédé par indivis. peut être valablement donné pour la totalité par un seul des proprié- taires indivis, s'il n'est désapprouvé par l'autre propriétaire.*

C'est-à dire, que pour valider le congé, donné à M. . . à ma requête, de la totalité d'un bien que je possède par indivis et dont l'au- tre moitié appartient à A. . . il suffit « qu'il » soit reconnu en fait que M. . . m'a toujours » considéré comme si j'avais été seul pro- » priétaire; qu'il a constamment traité avec » *moi*, comme ayant qualité pour gérer tou- » tes les actions du domaine en question : » parce que ma possession constante d'agir » pour ce qui concerne ce bien, comme si » j'étais seul propriétaire, reconnue de M. . .

----

(1) 15 *Vent. an XIII.* Rej. *Ludres.* Jour. du Pal. an 13, 2. s. p. 289. — Jour. des Aud. an 13, p. 325.

» lui même est suffisante pour prouver au-
» dit M .. que je suis autorisé à agir pour
» l'intérêt commun; »

« En droit, le propriétaire par indivis
» peut agir pour le tout, lorsqu'il a l'assen-
» timent de son co-propriétaire ; et ce qu'il
» fait avec cet assentiment est valable, quand
» il est confirmé par l'aveu du co-proprié-
» taire; »

Or, « le fermier congédié n'est pas rece-
» vable à » *attaquer le congé ainsi donné pour
défaut de qualité et à* « exciper du droit d'au-
» trui, contre son gré et contre son intérêt
» apparent; car s'il craint d'avoir à redou-
» ter le désaveu du co-propriétaire, il peut
» l'appeller en cause. » (1)

3.° *Congé (l'usage d'un faux) par un militaire, rend ce militaire justiciable des cours
spéciales mixtes.*

Voyez au *Traité de compétence*, part. crim.
p. 252, nomb. 145.

CONGÉMENT. (*) *Droit nouveau.*

*Aux termes
des lois de
1792 et de
l'an VI.*

*Congément (l'action de) ne peut être exer-
cée par l'héritier qui a remboursé le proprié-*

---

(1) 25 *Pluv. an XII.* Cass. *Lange.* Bul. de la Cour, an
12, p. 166.

(*) Pour bien faire comprendre l'importance de cette
décision, il est nécessaire de bien connaître l'état de
la nouvelle législation en fait de congément.

Les domaines congéables, bail à convenans, furent
conservés, et leur administration nouvelle établie par
décret du 6 août 1791 : *le 27 août 1792,* un décret déclara les colons domaniers propriétaires, à charge de
rembourser la rente convenancière, d'après le mode fixé

taire du domaine, en vertu de la loi du 27 août 1792, contre ses co héritiers, devenus ses co-propriétaires.

Le propriétaire du domaine qui a été remboursé est seul habile à profiter des effets de la loi du 9 brumaire an VI, qui a rapporté les dispositions de celle de 1792, abolitive du droit de congément, et qui avait déclaré les colons domaniers propriétaires.

Dans le fait: mon père tenait des biens à titre de domaines congéables, avec faculté, à mon profit, de pouvoir congédier mes frères et sœurs, après le décès de notre père commun, arrivé en 1790.

La même année, (1790) j'ai consenti le partage des droits superficiels avec mes frères et sœurs, sans réclamer mon droit de congément.

Pendant l'existence de la loi de 1792, j'ai remboursé la rente dont le domaine congéable était grèvé, et j'ai laissé mes frères et sœurs jouir, avec moi, de ce domaine : ce n'est qu'après le rapport de la loi de 1792, par celle de brumaire an VI, et dans le silence du propriétaire foncier, (qui ne m'a point offert la restitution du remboursement que je lui ai fait), que je forme une demande contre mes frères et sœurs, *mes co-héritiers,* tendante à ce qu'il soit dit que le droit de congément, à moi reservé par l'acte consenti

Comme ce droit peut être exercé.

Fait.

---

pour les rentes foncières et seigneuriales, en renvoyant à l'article 4 du décret *du 3 mai 1790,* portant que le co-débiteur de ces rentes qui les aurait remboursées ne pourrait refuser à ses co-débiteurs la faculté de racheter leur portion; *le 9 brumaire an VI,* autre loi qui abroge celle de 1791, et maintient les anciens propriétaires fonciers dans leurs propriétés.

Comme ce droit peut être exercé.

par mon père, servira à mon profit, par l'effet du rapport de la loi de 1792 ; et voulant jouir du bénéfice de celle du 6 août 1791.

« *Question* de savoir quel a été l'effet de » l'abrogation de la loi du 27 août 1792, pro-» noncée par celle du 9 brumaire, dans le » cas où le propriétaire foncier a reçu le rem-» boursement de la redevance du bail à do-» maine congéable, en vertu de ladite loi » d'août 1792. »

D'après la loi du 27 août 1792.

Deux hypothèses naissent de cette question; « La première *est de regarder les rembour-» semens faits par les domaniers aux pro-» priétaires fonciers, comme irrévocables ;* » « Or, il en résulterait : *Primo*, que moi et » mes *co-héritiers* avons été rendus propriétai-» res incommutables du domaine en question, » en vertu des articles 1.er et 2 de la loi du 27 » août, avec faculté de rembourser la rede-» vance du bail, qui a été entièrement » anéantie, et dont la prestation est deve-» nue une simple rente foncière ; » *Secundo*, « que, dans cette même hypo-» thèse, le remboursement que j'ai fait seul, » ne m'a point subrogé au droit du proprié-» taire foncier, au préjudice de la co-pro-» priété acquise en conséquence de la loi à » mes frères et sœurs, et ne les aurait point » reduits à la simple qualité de fermier. » *Tertio*, « que ne je peux pas exercer de con-» gément du chef du *domanier* qui a perdu » toute espèce de propriété foncière ; » *Quarto*, « que je n'ai été subrogé qu'au » droit de répéter contre mes *co-héritiers* » leurs portions contributoires dans la rede-» vance devenue foncière, sans pouvoir,

» comme propriétaire, exercer contre eux un
» congement qui n'a lieu que contre un fer-
» mier; »

« D'où il suit que, dans cette première hy-
» pothèse, les juges en admettant ma deman-
» de en congément, contreviendraient aux
» articles 1.ᵉʳ, 2, 12 et 15 de la loi du 27 août
» 1792, laquelle doit être regardée comme
» toujours subsistante pour le cas particulier
» où il y a remboursemeut consommé; »

La seconde, « *serait de regarder la loi du 9*
» *brumaire an VI, comme ayant maintenu et*
» *rétabli le propriétaire foncier dans tous ses*
» *droits primitifs, sous la seule charge de resti-*
» *tuer les sommes par lui reçues pour le rembour-*
» *sement de la redevance du bail congéable.* »

De cette seconde hypothèse il résulterait,
» *Primo*, que l'effet de la loi du 9 brumaire
» n'a jamais pu être, ainsi que le portait la
» seconde résolution du 17 thermidor même
» année, que de donner la faculté au pro-
» priétaire foncier de rentrer dans la pro-
» priété, en restituant les sommes par lui
» reçues en remboursement de la redevance
» du bail congéable; »

Secundo, « Que le propriétaire foncier, dans
» cette même hypothèse, est le maître d'user
» ou de ne pas user de cette faculté; »

Tertio, « Que tant qu'il n'use pas de ce
» droit, les choses demeurent, à l'égard de
» toutes les parties intéressées, dans le même
» état que si la loi du 27 août 1792 n'était pas
» révoquée; »

Quarto, « Que cette loi, entre les parties
» seulement, a dû conserver le même effet
» que dans la première hypothèse; »

Or, « dans cette seconde hypothèse, le

Comme ce droit peut être exercé.

D'après la loi du 9 brumaire an VI.

» remboursement que j'ai fait a profité à mes
» co-héritiers ; dès-lors ils ont le droit de
» m'opposer , lorsque j'exerce les droits du
» *domanier* , la même exception qu'ils pour-
» raient opposer à celui ci , lequel demeure
» toujours exproprié , tant qu'il n'use pas
» de la simple faculté que lui donne la loi
» du 9 brumaire , et dont il n'a jamais pu
» résulter . en faveur du propriétaire , qu'une
» restitution conditionnelle , et une simple fa-
» culté qui n'a point été exercée ; » celle de
restituer le remboursement.

On doit donc conclure » que dans cette
» seconde hypothèse , les juges , *en admet-*
» *tant ma demande en congément* , feraient
» une fausse application , contraire à la raison
» et à l'équité . de la loi du 9 brumaire an VI ,
» et violeraient la loi du 27 août 1792 , qui ,
» dans le droit particulier , n'a pu être ré-
» voquée que conditionnellement. » (1)

CONJOINT.

« *Conjoint (les ventes faites au) du succes-*
» *sible* sont nuls , *et doivent être considérées*
» *comme si elles étaient faites au successi-*
» *ble lui même.* »
Voyez *Avantages* , *entre époux* , page 271
du 2.ᵉ volume. nombre 7 ; *Donations* , *Suc-*
cessibles et *Vente.*

CONIVENCE.

Avec un
détenu,

« *Conivence (le fait de) avec un détenu,*
» *pour procurer son évasion,* est par lui-même

---

(1) 21 *Therm. an VIII* Cass. Brodos. Bul. de la Cour,
en 8, p. 28,. —— Jur. notice,, p. 331.

» *un fait coupable, . . . qui ne saurait être*
» *excusé par l'intention.* » (1)

Voyez au mot QUESTIONS, le § de celles
posées aux jurés, et au *Traité de compétence*,
part. crim. p. 113. nomb. 6.

CONNAISSEMENT. (*)

« CONNAISSEMENT (*en jugeant que le*) *expé*- De ses effets.
» *dié à un marchand, est insuffisant pour*
» *opérer nantissement et privilège sur des mar-*
» *chandises qui sont en route, les juges ne con-*
» *treviennent à aucune loi.* »

De cette règle il résulte que si un commissionnaire me donne avis qu'il vient de m'ex-

---

(1) 3 *Brum. an XIII.* Cass. . . Jour. du Pal. an 13, 2.
s. p. 132.

(*) *Connaissement*, terme de commerce et de mer ;
c'est un acte signé du capitaine de vaisseau et de l'é-
crivain, qui contient la déclaration des marchandises
chargées sur le vaisseau pour plusieurs personnes ; car,
si le vaisseau est chargé pour le compte d'une seule,
cet acte se nomme *charte-partie*, particulièrement sur
l'Océan : sur la *Méditerranée*, on nomme *police-de-char-*
gement, ce qu'on entend par *Connaissement* sur l'Océan.

Le *Connaissement* doit contenir la qualité des marchandises, les noms de ceux par qui elles sont chargées, et à qui elles sont adressées ; celui de l'envoi ou
du lieu où elles sont destinées et la soumission de les
y porter. Cet acte doit être fait triple, savoir : un pour
le chargeur des marchandises, un pour celui à qui elles
sont adressées, et le troisième pour le maître ou pour
l'écrivain du vaisseau.

Connaissement ne se dit pas seulement de la lettre du
capitaine de vaisseau, mais de toutes lettres, actes,
passeports etc., qui peuvent servir à faire connaître
ce qu'est le vaisseau, d'où il vient, où il va, ce qu'il
porte, etc. ; et enfin servir à sa sûreté. Nous ne nous
occupons que du *connaissement* relatif aux marchandises.

De ses effets. pédier par un *tel* navire, de *tel* port, *telle* quantité de marchandises, m'invitant à les vendre pour son compte, et à faire honneur à deux lettres de change qu'il a tirées sur moi, joignant à sa lettre d'avis le double du connaissement desdites marchandises;

Si j'ai accepté et soldé lesdites lettres de change, et que ce commissionnaire vienne à faire banqueroute avant que lesdites marchandises me soient parvenues;

Si, enfin, le fabriquant qui a adressé lesdites marchandises au commissionnaire banqueroutier, fait constater qu'il en est le propriétaire et parvient à se faire céder la police d'assurance:

Peut-il, armé de cette preuve, revendiquer ces marchandises, à leur arrivée au port, et s'opposer à leur extraction du navire de ma part?

Le connaissement qui m'a été expédié, produit-il nantissement à mon profit pour sûreté des lettres de change que j'ai acquittées, et par suite privilège sur les marchandises dont il s'agit?

La règle ci-dessus autorise à juger la négative; d'autant plus « que la conséquence » du fait qui serait jugé, qu'il n'y aurait » pas eu de nantissement, ne serait pas destructive du principe, que le nantissement » produit le privilège. » (1)

Nous observerons, comme le sage rédacteur du journal du palais, que par cet arrêt

---

(1) 3 *Brum. an XII.* Rej. P*ABECHMI.* Jour. du Pal. an 12, 1. s. p. 315. — *Nota.* Cette décision, solitaire dans son espèce, a été rapportée ici pour éviter des pourvois en cassation, et à cause de l'importance dont elle est par ses conséquences.

la Cour de cassation n'a point décidé qu'il eut été bien jugé par le tribunal de commerce qui avait refusé le privilège et décidé *que le connaissement était insuffisant pour établir ce privilège avant le débarquement ;* la cour suprême a seulement décidé qu'il n'y avait point de contravention à la loi.

Espérons que le silence de l'ordonnance du commerce, sur ce point de droit. appellera l'attention des rédacteurs du code de commerce.

CONQUÊTS (*)

Conquêt (le) *de communauté , aux termes du statut palatin, n'a plus été primé par l'hypothèque tacite reservée par ce statut, au profit du vendeur , depuis la publication de la loi du 11 brumaire an VII*, lorsque la femme avait pris inscription sur l'objet vendu pour raison de ses apports.

Question d'hypothèque.
Statut palatin
Expropriation forcée.

Par exemple : j'ai vendu ma maison sous l'empire du statut palatin , et j'avais une hypothèque tacite sur icelle, jusqu'au parfait paiement : après la publication de la loi du 11 brumaire , et faute de paiement, j'ai fait

---

(*) *Conquêts; GENERALITER SUMPTO HOC VOCABULO, SUNT BONA CUM ALIO CUNJUNCTIM ACQUISITA ;* on nommait *Conquêts*, en pays coutumiers , les immeubles acquis par le mari et la femme pendant leur communauté, à la différence de ce qui était acquis par l'un d'eux que l'on nommait *Acquêts*: (Voyez ce mot.) Il y avait des coutumes (celle de Reims) qui distinguaient les biens acquis avant le mariage *Acquêts*, et *Conquêts* ceux acquis après le mariage. D'autres coutumes admettaient une autre nature de *Conquêts* consistant en biens acquis par plusieurs personnes qui, sans être mariées, étaient en communauté tacite et admise par ces coutumes.

Hypothèque.
Statut palatin
Expropria-
tion forcée.

vendre cet immeuble, par expropriation forcée, sans avoir pris hypothèque aux termes de la loi citée.

Après l'adjudication, la femme de l'exproprié a pris hypothèque sur l'objet adjugé, et formé opposition, en due forme et pour cause légitime, à la délivrance des deniers provenans de la vente.

Les choses dans cet état; la femme doit obtenir la préférence, sur moi, d'après le nouveau système hypothècaire.

En vain dirait-on, pour le soutien de la thèse contraire: que l'objet vendu (sous l'empire du statut palatin) étant un acquêt fait pendant la communauté, il est un effet de la communauté : que le vendeur a conservé une hypothèque tacite du jour de la vente jusqu'au parfait paiement, conformément au §. 4. titre 17, part. 2 du droit statutaire palatin.

Il suffirait d'opposer à cette logique, après les règles et les principes établis au mot *Hypothèque*, « que les femmes en puissance » de mari, ont le droit de conserver leurs » hypothèques par la voie de l'inscription, » sans distinction si elles sont communes ou » séparées de biens, ni si leurs inscrip- » tions portent sur des biens personnels du » mari ou sur des *conquêts* de communauté : » que les hypothèques ne prennent rang et » n'acquièrent d'effet que du jour de leurs » inscriptions, nonobstant tous statuts locaux, » lesquels sont formellement abrogés par l'art. » 56 de la loi de brumaire précitée. » (1)

CORRECTIONNELLES (les matières) ne

---

(1) 16 *Frim. an XIII.* Cass. Dame *WEILBRENNER.* Jour.

nous ont point parus succeptibles d'être traitées en masse ; en effet, ces matières se composent de contraventions et de delits qui ont
leurs dénominations particulières ;

Le lecteur est prié de consulter les mots
Bois, *Délits*, *Douanes*, *Escroquerie*, *Forêts*
Vol, et autres indicatifs des matières dont
il aura à s'occuper.

Les règles de compétence de la juridiction
correctionnelle sont établies au *Traité de com-*
pétence ; voyez le sommaire qui le précède,
ainsi que les mots *Action* correctionnelle, *Ap-*
pel, &c.

Celles de la procédure sont indiquées à chacun des mots indicatifs des actes qui doivent y
avoir lieu, et des magistrats qui doivent y
prendre part ; voyez *Tribunal* correctionnel,
Instruction, *Informations*, *Dépens*, &c.

CONSCRIPTION. (*) CONSCRIT.

1.º *Conscription* (*d'après les lois sur la*)   *Règles*
l'autorité administrative prononce sur le fait   *générales.*
du conscrit réfractaire ; et l'autorité judiciaire
prononce la peine civile encourue par le cons-

---

du Pal. an 14, Coll. p. 85. — Jour. des Aud. an 12,
p. 507.

(*) *Conscription*, l'action de conscrire, d'appeler les
conscrits. — *Conscrit*, ceux que l'on ajoute ou que l'on
créé de nouveau ; ce terme est emprunté de l'histoire romaine, où l'on appelle les Sénateurs *pères conscrits* ;
Plutarque dit qu'on appellait conscrits ceux qui étaient

crit et ceux qui participent à sa désobéissance.

Les pères et mères des conscrits réfractaires sont passibles d'une amende de 1500 fr., au paiement de laquelle ils sont contraignables par toutes les voies de droit.

En vain, pour se soustraire à cette responsabilité, diraient-ils : l'article 7 de la loi du 17 ventôse an VIII, considère les conscrits qui manquent aux devoirs que la loi leur impose, comme déserteurs et non comme réfractaires; au surplus, nos enfans étant majeurs, sont soustraits à notre autorité et à notre surveillance; conséquemment nous ne pouvons être responsables de leur désobéissance ;

Parce qu'en principe, « d'après la déci-» sion rendue sur ce point par le sous-préfet

---

ajoutés aux anciens. Parmis nous, ce sont les jeunes hommes qui sont appellés à completter l'armée, et à remplacer ceux dont le temps est fini et qui ont obtenu leur congé.

L'acharnement des ennemis de la France, que le malheur n'a pu rebuter ni instruire sur leurs propres intérêts, a forcé les législateurs à seconder les vues du chef de l'état, en portant des lois sévères contre ceux qui étant appellés à la défense commune, préféreraient le rôle de fugitif et souvent de brigand, aux honneurs du triomphe qui, depuis douze années, et particulièrement depuis cinq, n'a point cessé d'accompagner les phalanges de l'armée française.

La sévérité nécessaire des lois, et le désir de rappeller les hommes égarés, nous portent à redoubler de soins dans la rédaction de cet article, pour faire connaitre à leurs parens et autres adhérens, les dangers auxquels une désobéissance coupable les exposent.

» de l'arrondissement, il ne reste plus à l'au-
» torité judiciaire qu'à appliquer la peine
» prononcée par la loi, contre les conscrits ré-
» fractaires, et contre leurs pères et mères. »

Or, « en jugeant qu'il n'appartient pas
» aux tribunaux d'examiner les motifs qui
» ont déterminé l'autorité administrative à
» déclarer des conscrits réfractaires, les juges
» d'une cour criminelle ne feraient que se
» conformer à la loi. » (1)

2.° CONSCRIT (celui qui prend à son service *Du recèle-*
un), quoique domicilié et marié depuis long- *ment des cons-*
temps, doit le présenter à la mairie : à plus *crits déser-*
forte raison si ce conscrit était fugitif. *teurs.*

*Faute de remplir cette formalité, il peut être
condamné comme recèleur et ayant favorisé
la désertion.*

Si cet individu disait : au premier cas, que
d'après le fait du domicile et du mariage de
ce conscrit il ignorait qu'il fut de cette condition; qu'au surplus il lui aurait été présenté
par une personne connue, et qui ne devait
point lui être suspecte.

On lui répondrait : « vous ne vous 'êtes
» point conformé aux dispositions de l'art. 5
» de la loi du 24 brumaire an VI, puisqu'avant
» de recevoir à votre service *un tel* déserteur
» du cinquième régiment de dragons, vous
» ne l'avez point présenté à l'administration
» municipale de votre canton; ainsi vous avez
» encouru les peines portées par l'article 4
» précédent, et la cour criminelle contrevien-
» drait par conséquent auxdits articles, en

---

(1) 8 *Brum. an XIV*, Rej... Jour. du Pal. an 14, Coll.
p. 222.

» confirmant, par un arrêt, le jugement du
» tribunal de police correctionnelle, qui vous
» aurait déchargé de ces peines. » (1)

S'il disait, pour le second cas: j'ignorais que
cet homme fut déserteur ; plusieurs circonstances avaient, à mes yeux comme à ceux
de tous les habitans de la commune, éloigné
l'idée que ce jeune homme fut conscrit; lorsque je le pris à mon service , il residait
dans cette commune depuis huit mois; il y
fréquentait les lieux publics , et il m'avait
même présenté un faux acte de naissance
qui le plaçait hors de la conscription ;

Enfin , il resulte bien de l'article 5 de la loi
de brumaire an VI, que je ne pourrais point
valablement proposer pour excuse que ce déserteur serait entré chez moi en qualité de
serviteur à gages , mais il n'en résulte pas,
que je ne puisse proposer d'autres excuses.

On lui opposerait , avec succès , « que la
» loi n'admet aucun équivalent, aucune ex-
» cuse , sur le fait de n'avoir pas présenté ce
» jeune homme à la municipalité de son can-
» ton, pour l'interroger, examiner ses papiers
» et passeport, et s'assurer par tous les moyens
» possibles , qu'il n'est pas dans le cas de
» la désertion ni de la réquisition ; ce qui
» s'applique également à la conscription , de-
» puis qu'elle remplace la réquisition ; » (2)
« Que de la loi citée il résulte , que ceux

____

(1) 11 *Brum. an XIV.* Cass. *ROUSSEAU.* Jour. du Pal·
an 14, Coll. p. 223. — Bul. de la Cour, an 14, part·
crim. p. 426.

(2) 24 *Messid. an XIII.* Rej. *VALLÉE.* Jour. des Aud.
an 13, S. p. 159.

» qui

» qui recoivent chez eux des conscrits fugi-
» tifs, sans les avoir présentés à l'adminis-
» tration municipale de leur canton, sont
» censés les avoir recélés sciemment. » (1)

3.° CONSCRIT (*le délit de recèlement d'un*) *Avec violen-ces et voies de fait contre la gendarme-rie.* est indépendant de celui de rebellion contre la gendarmerie ;

En sorte que les cours de justice criminelle *Cours spéciales.* spéciale sont incompétentes pour connaître dans ce cas du fait de recèlement d'un cons-crit.

En effet, « aucune loi n'attribue aux cours
» de justice criminelle et spéciale la connais-
» sance du délit de recèlement d'un conscrit
» déserteur. » (2)

« Le délit de recèlement d'un conscrit est
» totalement indépendant de celui de rebel-
» lion à la gendarmerie; le premier n'est
» pas tellement lié au second, qu'il ne puisse
» être séparé; il est sensible, au contraire,
» que quand le fait du recèlement serait faux,
» celui de la rebellion pourrait n'en être pas
» moins constant; et que ce second délit pour-
» rait n'avoir rien de réel sans qu'il s'ensui-
» vît que le premier n'existat pas. » (3)

D'où il résulte « qu'en se déclarant compé-
» tente sur l'un et l'autre délit, sous prétexte
» qu'à celui de rebellion contre la gendarme-
» rie dans l'exercice de ses fonctions, se trou-

---

(1) 17 *Brum.* an *XIV*. Cass. d'office. Jour. du Pal. an 14, Coll. p. 224. — Bul. de la Cour, an 14, part. crim. p. 443.

(2) 20 *Fruct.* an *XIII*. Cass. d'office. Bul. de la Cour, an 13, part. crim. p. 377.

(3) 18 *Fruc.* an *XIII*. Cass. d'office. Bul. idem, p. 368.

» verait lié celui de recèlement d'un conscrit
» déserteur, une cour de justice criminelle
» spéciale violerait les règles de la compé-
» tence et commettrait une usurpation de
» pouvoir. » (1)

En fait de faux noms employés pour faire admettre un remplaçant qui n'a pas rejoint.

4.° « REMPLACANT D'UN CONSCRIT (*le fait
» d'avoir fait sciemment admettre pour*) *un
» individu, en lui procurant des papiers à l'aide
» desquels il se serait présenté et aurait été
» admis sous un nom supposé;* »
Doit être puni des peines portée par la
loi du 24 brumaire an VI, et non de celles
portées par la loi du 6 fructidor an II; « lors-
» que l'individu n'a pas rejoint le corps, dont
» en sa qualité de remplaçant d'un conscrit,
» il devait faire partie. »
Parce que « ces faits reconnus constituent le
» délit prévu par la loi du 24 brum. an VI; »
Ainsi « tout arrêt qui, fondé sur la loi du
» 6 fructidor an II, *en ferait l'application à
» l'espèce dont il s'agit*, en ferait une fausse
» application, puisqu'il prononcerait contre
» les prévenus une peine moindre que celle
» prononcée par l'article 4 de la loi de bru-
» maire précitée; et fournirait motif à sa
» cassation. » (2)

CONSEIL. *Du Roi.* (*)

1.° *CONSEIL DU ROI* (*le ci-devant*) *a réglé,*

Du Roi.

---

(1) Voyez la note (2) 20 *Fruct.* page précédente.

(2) 28 *Frim. an XIV*. Cass. d'office. Bul. de la Cour,
an 14, part. crim. p. 493.

(*) Voyez *Arrêts*, deuxième vol. p. 215. nomb. 2,
Chose jugée, page 3.

par un arrêté . les droits de pâturage et de pa- Sous l'ancien
nage dans les forêts nationales . tant à l'égard ordre de chose
des communes que des particuliers : cet arrêté
est encore en vigueur.

L'article 1.er du titre 19 de l'ordonnance de 1669 ne maintient pas indéfinimeut tous les droits de pàturage et de panage que le gouvernement avait concédés jusqu'alors ; il ne maintient , *dit M. Merlin ,* que les usagers *dénoncés en l'état arrêté au conseil du roi . . . ;* en l'état qui sera arrêté à l'avenir , en exécution de l'ordonnance même ; c'est ce qui résulte de l'article 4 , du titre 17 précédent.

Donc , « les communes . (et autres usagers)
» qui ne justifient pas qu'elles sont comprises
» dans l'état arrêté au conseil du roi , en
» exécution de l'ordonnance de 1669, ne peu-
» vent exercer aucun droit de *panage* et
» *pàturage* dans les forêts domaniales ; et les
» juges peuvent d'autant moins les y mainte-
» nir , lorsqu'ils reconnaissent que les lois des
» 28 août 1792 , et 10 juin 1793, n'ont ap-
» porté aucun changement à celles relatives
» au régime de ces forêts. » (1) Voyez *Bois*
et *Communes.*

2.° *Conseil (le ci-devant) des finances était* Des finances.
compétent pour connaître des matieres conten-
tieuses résultantes des domaines du roi.

« Il serait aussi contraire aux anciennes
» lois qu'aux nouvelles de prétendre que le
» ci-devant conseil des finances n'avait pas
» juridiction pour prononcer dans ces affai-
» res. » Voyez *Choses jugées ,* p. 3.

---

(1) 1.er *Prair. an XII. Cass. Préfet de la Haute-Marne.* Jour. des Aud. an 12 , p. 448. — Bul. de la Cour, an 12, p. 270.

Des parties en contestation.

Arbitres forcés.

3.º *Le Conseil d'une des parties en contestation n'a pu valablement remplir les fonctions de tiers arbitre forcé, dans les affaires soumises à cet arbitrage.*

En effet, « lorsqu'un citoyen nommé tiers » arbitre avait été le conseil de *l'une des par-* » *ties*, il était dès lors recusable, et devait » faire sa déclaration de cette cause valable de » récusation en sa personne, sans attendre » qu'elle fût proposée. » (1)

Conseil de famille.

Ministère public.

4.º *Le ministère public ne peut d'office faire convoquer un conseil de famille.*

Voyez au *Traité de compétence*, partie civile, p. 9, nomb. 7, et les mots *Compromis*, *Interdits*, *Mineurs* et *Tutelles*.

Conseil JUDICIAIRE à un majeur non-interdit.

5.º *Conseil (un) judidiaire ne peut être nommé, par justice, à un majeur non-interdit.*

Jamais, dans l'ancienne législation même, on a vu, *disait M. Pons*, d'exemple d'un conseil donné à un majeur non interdit, pour l'autoriser dans l'aliénation de ses immeubles.

On a pourtant vu des juges reconnaître par leur jugement, qu'un *individu* n'était point en démence, et qu'il n'y avait pas lieu à l'interdiction ; et néanmoins lui donner un conseil, sans l'assistance duquel il ne pourrait vendre ni aliéner, sous le spécieux prétexte, que cet individu était atteint d'une maladie de nerfs qui ne lui permettait pas de régir ses biens par lui-même.

Cette étrange disposition a été cassée , par

______

(1) 16 *Brum. an VI.* Cass. *Dame Cointel.* Jur. notice, p. 118,

le motif « qu'aucune loi n'autorise les tribu-
» naux à interdire à un majeur d'aliéner et
» hypothéquer ses immeubles, et que les ju-
» ges *par le susdit jugement*, avoient violé
» la loi du 16 août 1790, en créant une dis-
» position qu'aucune loi n'avait admise; »
avant l'art. 513 du code civil. V. *Interdiction.*

6.º *Conseil (le) des prises*, *ne peut connaître que de la validité des prises.*

 « Ce conseil, *dit M. Merlin* , (*) n'est à
» proprement parler, que le tribunal de cas-
» sation des actes de l'armée navale auxiliaire,
» qui est composée des corsaires nationaux ;
» il confirme ces actes ou il les annulle, sui-
» vant les circonstances ; mais il ne fait rien
» de plus ; et toutes les difficultés accessoires
» à son jugement de cassation ou de rejet sont
» hors de la sphère de sa juridiction. » (1)

 Donc, *il ne peut connaître des contestations
qui peuvent s'élever par suite des décisions
qu'il a rendues sur la validité d'une prise :*

 En effet « la question sur la validité ou in-
» validité d'une prise, ayant été définitive-
» ment jugée par . . . , et ne s'agissant plus
» entre les parties que de régler le mode
» d'exécution de cette décision, les tribunaux
» ordinaires sont compétens pour y statuer , et
» il n'y a pas lieu de renvoyer l'affaire au
» conseil des prises. » (2)

Conseil
des prises.
Sa
compétence.

---

(1) 24 *Niv. an X.* Cass. *Dame Corbin*. Jour. du Pal.
an 10; 1. s. p. 381. —— Bul. de la Cour, an 10, p. 141.

(*)*Quest. de Droit* tom. 7, p. 260. —— *Nota.* Ce conseil
a été créé par la loi du 26 ventôse an VIII, et par
l'arrêté des consuls, du 26 germinal suivant.

(2) *Arrêt de la Cour, sans date.* Jour. du Pal. an 13,
1. s. p. 465.

Des prises.

« La différence est grande, *disait encore*
» M. MERLIN, entre le cas où il n'est ques-
» tion que des suites du jugement qui a
» annullé ou confirmé une prise. »

« Dans le premier cas, le neutre qui ré-
» clame, n'est en quelque façon que le dé-
» légué de sa nation, pour soutenir soit les
» droits de la neutralité en général, soit les
» droits particulièrement assurés à sa nation
» elle même par des traités antérieurs ; et
» alors comme le portent les motifs de la loi
» du 26 ventôse, c'est véritablement *entre les*
» *puissances que la discussion s'élève ;* et alors
» aussi, comme ils le disent encore, *la dis-*
» *cussion est toute politique ;* » (voila les bases
de *la compétence* du conseil des prises)

« Dans le second cas, il n'y a plus rien à
» discuter entre le Gouvernement de qui dé-
» pend le neutre saisi, et le Gouvernement
» de qui dépend l'armateur. Le saisi et l'ar-
» mateur ne sont plus que deux particuliers:
» il n'est plus question que de leurs intérêts
» privés, et il n'y a plus ni raison ni prétexte
» pour soustraire aux tribunaux ordinaires
» la connaissance de leurs différens. » (voilà le
cas de *l'incompétence* du conseil des prises.)

Conseil
de guerre.

7.° CONSEIL (un) *de guerre n'est compétent*
qu'envers un militaire ou réputé tel ;

Par exemple » à l'égard d'un *individu* qui
» était domestique à gages chez un commis-
» missaire des guerres, à l'époque du délit
» dont il est accusé. » Voyez *Commissaire* des
guerres, p. 36, nomb. 4.'

Il en est autrement pour le cas où un *indi-*
vidu « employé comme recrue dans un corps,
» mais sans engagement de sa part, aurait